十八世紀前半葉英國美學

董志剛 著

美學起源╳各派名家╳詳盡析論，
從文藝復興的遺緒到美的確立，
研究西方美學必讀之作

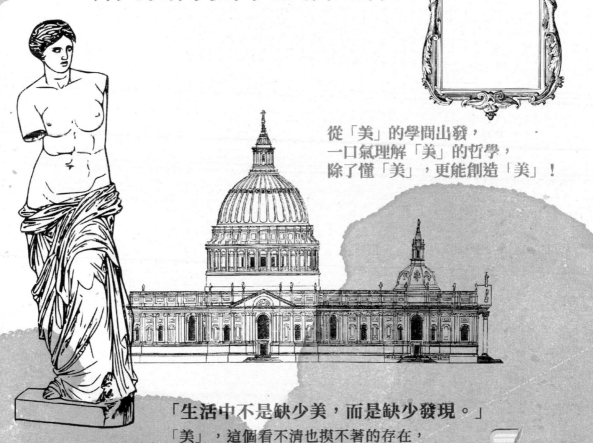

從「美」的學問出發，
一口氣理解「美」的哲學，
除了懂「美」，更能創造「美」！

「生活中不是缺少美，而是缺少發現。」
「美」，這個看不清也摸不著的存在，
人們應該如何定義？又要如何欣賞呢？

崧燁文化

U0059217

目錄

導論

十八世紀英國美學的思想淵源

文藝復興的遺響 27

經驗主義哲學的支持 45

自然神論的浸染 60

沙夫茨伯里

目的論 80

道德感 86

美的本質 93

美感理論 101

審美與社會 108

艾迪生

想像的性質 116

想像快感的性質與美的三種類型 118

藝術與自然 122

模仿 126

論文學 129

目錄 ────────────────

哈奇森

內在感官 136

絕對美 141

相對美 145

論醜 148

霍加斯

經驗主義方法 154

蛇形線與想像 159

想像與美感 163

自然與藝術 168

休謨

經驗主義與情感主義的合流 174

美是情感 181

美與想像 189

美與同情 200

趣味的標準 213

柏克

論趣味 224

論崇高 230

論美 234

語言的魅力 237

傑拉德

趣味與想像 244

七種內在感官 249

審美判斷的條件 264

完善的趣味 268

趣味的運用 276

凱姆斯

趣味與批評 284

情感及其規律 291

崇高與美 298

滑稽 304

情感的表現 309

論藝術的形式 316

趣味的標準 323

參考文獻

目錄 —————————————————————

導論

對於西方近代美學源於何時，學者們大概沒有異議，即 18 世紀。人們通常認為，鮑姆加登（Alexander Gottlieb Baumgarten, 1714～1762）於 1750 年正式出版《美學》（*Aesthetica*）一書，象徵著美學這門學科的成立，而此前他在 1735 年出版的博士論文《詩的哲學默想錄》（*Meditationes Philosophicae de Nonnullis Ad Poema Pertinentibus*）中，就已經提出了「美學」（aesthetica）一詞。鮑姆加登認為美學是感性認知的學問，美就是感性認知的完善。他打破理性認知唯我獨尊的格局，辯稱感性認知也存在普遍的規律，同樣能夠獲得真理。為感性認知請命，固然厥功至偉，但通觀他的美學，其內容與古典詩學幾無二致。他沒有確切闡明感性認知完全區別於理性認知的法則，而認為它們都是認知，都源出理性的形而上學，所以感性認知不過是理性認知的準備階段。

克羅齊（Benedetto Croce, 1866～1952）指責鮑姆加登仍沒有跳出傳統理性主義的樊籠，「在鮑姆加登的美學裡，除了標題和最初的定義之外，其餘的都是陳舊的和一般的東西」[001]。身為義大利人，克羅齊當仁不讓標舉維柯（Giovanni Battista Vico, 1668～1744）是美學學科的創立者，因為早在鮑姆加登發表《詩的哲學默想錄》10 年前，維柯便公開出版了《新科學》（*The New Science*），賦予詩性思維與理性認知截然相反的特性和法則。的確，詩性思維先於理性認知，它多用感性意象，求助於幻想，運用各種比喻，賦予事物以生命，而理性認知也並不會取代詩性思維或讓它服從於自己的目的，詩性思維一直保持著自己的本色。不僅如此，維柯還以詩性思維的名義敘述人類生活中政治、經濟、倫理、歷史、物理、天文各個領域。

---

001 克羅齊：《作為表現的科學和一般語言學的美學的歷史》，王天清譯，北京：中國社會科學出版社，1986 年，第 62 頁。

導論

這樣看來，詩性思維不單屬於自由藝術，而且還支配著整個人類生活。這讓維柯的《新科學》比鮑姆加登的美學更有理由擔負美學之名。

不過，在 1960 年代，美國美學家斯托爾尼茨（Jerome Stolnitz，1925～）發表了一系列關於 18 世紀英國美學的論文，讓 18 世紀英國美學回到了人們的視野中。在這個世紀中，英國湧現出數量眾多的美學家，比如倡導想像（imagination）的艾迪生（Joseph Addison, 1672 ～ 1719）、提出蛇形線（serpentine）理論的霍加斯（William Hogarth, 1697 ～ 1764）、因崇高（sublime）理論而聞名的柏克（Edmund Burke, 1729 ～ 1797）。斯托爾尼茨首先推出沙夫茨伯里（Anthony Ashley Cooper, 3rd Earl of Shaftesbury, 1671 ～ 1713），認其為西方現代美學的開創者，他給出的主要理由是，沙夫茨伯里第一次確立了審美的非功利性原則。[002] 而且，沙夫茨伯里的著作《論人的特徵、風俗、見解與時代》（*Characteristics of Men, Manners, Opinions, Times*，暫譯）出版的時間又比維柯的《新科學》早上10 年，其中的篇章都是在 1700 年前後寫成的。同時，沙夫茨伯里還擁有一大批追隨者，包括艾迪生、哈奇森（Francis Hutcheson, 1694 ～ 1746）、休謨（David Hume, 1711 ～ 1776）、柏克、傑拉德（Alexander Gerard, 1728 ～ 1795）、凱姆斯（Henry Home, Lord Kames, 1696 ～ 1782）、艾利森（Archibald Alison, 1757 ～ 1839）等，這還不算其他眾多的二流作家。由此，18 世紀的英國形成了一股美學熱潮，雖然沒有一個作家使用美學這一概念。

當然，單以時間先後論英雄難免有些荒唐，要把美學這門學科的創立者這個頭銜頒給誰也無實質性意義。但是美學史研究者們普遍認同，非功利性這個原則在康德（Immanuel Kant, 1724 ～ 1804）那裡是審美之能夠成立

002　Jerome Stolnitz，On the Significance of Lord Shaftesbury in Modern Aesthetic Theory，The Philosophical Quarterly, Vol. 11, No. 43. (Apr.，1961)：98．

的主要依據，也被此後的美學家們奉為圭臬。因此，只要人們承認非功利性確實是近代美學的首要原則，那麼要讓鮑姆加登和維柯讓賢也不是沒有道理。再者，就算康德的美學思想也實在是受了英國美學的影響，既有批判，也有繼承，乃至施萊格爾（Karl Wilhelm Friedrich Schlegel, 1772 ～ 1829）曾將康德比作是「德國的沙夫茨伯里勳爵」。

然而，相比於鮑姆加登和維柯，更遑論之後的德國古典美學，在如今的美學史研究中，18 世紀英國美學顯然沒有得到學者們的足夠關注。關於這一時期美學的相關論述幾乎都集中在各個版本的《西方美學史》當中，不僅原始文獻相當缺乏，內容也有些殘缺不全。有些不該屬於美學領域的作家，如波普（Alexander Pope, 1688 ～ 1744）名列其中，而本該屬於美學領域的，如傑拉德和艾利森卻不在其列。的確，雖然並不能認為這一時期所有的英國美學家的思想都有重要價值，但他們作為一個龐大的群體在美學史上的意義卻不容研究者忽視。

克羅齊在他的《美學原理》（The Essence of Aesthetics）中僅用一頁就把 18 世紀英國美學打發掉。在他看來，這段時間的眾多美學家不過是在探討自文藝復興以來就一直在其他國家流行的一些概念，如巧智（wit）、趣味、想像、情感等，而且這些美學家的辨析和描述看起來並沒有太多新意，自然不值得刻意強調。如果從近代美學所談論的這些主題來看，英國美學家們的新意是有限的，他們只是對一些已有的概念給予系統而細膩的分析和描述，但是他們也提出或借鑑了另一些與之類似的概念，比如沙夫茨伯里和哈奇森所謂的內在感官（internal sense），艾迪生從朗吉努斯（Cassius Longinus, 213 ～ 273）那裡借來了新奇、偉大和美麗的三分法，在柏克那裡被刻意渲染的崇高（sublime）。但是，克羅齊沒有提到的是，英國美學家對這些概念的解釋是建立在近代嶄新的哲學基礎上的，也就是在經驗主義哲學語言

的範圍內，這些模稜兩可的詞語有了確定而普遍的意義，當然也有了更清晰的內涵。只有這樣，這些概念才在後來的美學中確定下來，成為美學的專門語言。

鮑桑葵（Bernard Bosanquet, 1848～1943）的《美學史》（*A History Of Aesthetic*）試圖抓住美學自身的內在邏輯敘述美學的形成和發展。作為一個黑格爾主義者，鮑桑葵相信，美學是在藝術的直接表現與普遍的時代精神的辯證發展中行進的。當先前的精神在藝術和生活中得到完滿表現的時候，就代表著這種精神已經開始瓦解，繼而走向另一個階段。因此，只有當近代生活為新的精神提供新的素材，並且理性的哲學為這些素材提供新的道路的時候，近代美學才會形成，藝術才會隨之發生轉變。「近代意識卻是富於思考的，或者說龐雜的，因此，近代藝術 —— 美學理論的必要的對象材料和先決條件 —— 一直到它走完世俗興趣和宗教興趣的循環以後，才臻於完備，而這個進步過程是連續不斷的，一直延續到 18 世紀。」[003] 所以在鮑桑葵看來，在整個 17 世紀，歐洲沒有震古爍今的藝術家，因為藝術還沒有找到描繪新生活的方法，甚至新的生活尚未成型。在此期間，一切的思想和實踐都只是未來美學的準備階段，這未來的美學是以康德為代表的。

在這個主導思路之下，鮑桑葵並不認為 18 世紀英國美學家們的思想是真正的美學，因為「嚴格意義上的哲學（我指的並不是因為對美學批判有貢獻而被稱為思想家的那些人的思辨，而是因為其他原因被稱為思想家的那些人的思辨）在這一時期幾乎完全沒有在任何名目下論述美學問題，因而具有極其抽象的性質。夏夫茨伯里（沙夫茨伯里）、萊布尼茨和鮑姆加登 - 凱姆斯勛爵、萊辛（Gotthold Ephraim Lessing, 1729～1781）和伯克（柏克）都算在批評家之列，不算在哲學家當中」[004]。這個論斷即使談不上匪夷所

---

003 鮑桑葵：《美學史》，張今譯，桂林：廣西師範大學出版社，2001 年，第 138 頁。
004 同上，第 140—141 頁。

思，也很難以讓人信服。在鮑桑葵眼中，只有康德以降的美學才叫美學，而此前關於美學的思想並不具有思辨的性質，或者說未能被整合到時代精神的潮流之中，這恐怕操之過急了。

如果說諸如艾迪生、霍加斯、傑拉德等人的思想確實談不上十分有系統，還是較為中肯的，但要說沙夫茨伯里、休謨、凱姆斯的美學不過是零零星星的批評，那就有些偏頗了。鮑桑葵認為，「英國的經驗學派，從培根到休謨，都是從個人的感受或者說感官知覺出發的，並且要求根據這種感受所宣告的內容來推出關於實在的學說」[005]，因而只突出個體的意義，而忽略了整體的建構，這也未必是實情。事實上，英國美學家們恰好是透過審美來塑造凝聚整體的至善的，這是其一。其二，圍繞情感這個難題，18 世紀的英國美學家們建立起了一種前所未有的體系，這是他們的巨大貢獻之一。

康德思想之高妙、體系之宏偉，自不必說，其《判斷力批判》（*Critique of Judgment*）在美學史上的意義也毋庸置疑，但他的許多美學思想都是源自 18 世紀英國美學，這當然不是貶低他調和經驗主義和理性主義的貢獻，而是說他美學中的主要內容多取自英國美學。從其美學的主旨來看，康德將判斷力視為溝通知性和理性的橋梁，將審美看作調和認識和道德之間矛盾的仲介，實則與英國美學以審美來對抗個人主義和功利主義一脈相承。所以，為了確立康德的地位而貶低之前的美學，否認 18 世紀英國美學自身的獨特性，這個做法並不恰當，正如我們不能因為今天的美學已經超越康德的美學，就反過來否認康德的美學在那個時代的創造性。

在古爾伯特（K.E. Gilbert）和庫恩（H. Kuhn）寫的《美學史》中單列一章〈十八世紀英國美學學派〉，並且以經驗主義來標明這一學派在哲學來源上的獨特性，沙夫茨伯里則可以說是「這個新思潮的開拓者」[006]。雖然

005　鮑桑葵：《美學史》，張今譯，桂林：廣西師範大學出版社，2001 年，第 140 頁。
006　吉爾伯特、庫恩：《美學史》，夏乾豐譯，上海：上海譯文出版社，1989 年，第 310 頁。

他們強調法國古典主義在英國美學中的頑強延續，但是從其敘述中仍然可以看出 18 世紀英國美學在內容上的拓展。沙夫茨伯里和哈奇森提出內在感官，艾迪生用想像來描繪新奇、偉大和美麗，休謨對於情感的系統闡述，以及所有美學家對趣味這一概念的貫穿，都必將使這一學派呈現出新的面貌。即使是古舊的內容也在新的視野中獲得了不同的意義，尤其是情感和趣味的提綱挈領，使天才這一概念最終勝出規則，雖然天才與規則並非敵對。這無疑暗示出英國美學對未來浪漫主義的深遠影響。

較晚近的分析美學家和著名的新批評學派理論家比爾茲利（Monroe Beardsley, 1915～1985），在他的《西方美學簡史》（Aesthetics: A Short History）中同樣突出了 18 世紀英國美學的鮮明特徵，即總體上的經驗主義，在藝術創作方面突出想像的作用，在鑑賞方面標舉趣味，在美的對象的性質方面強調多樣性。在這個較為全面的分類中，比爾茲利讓人一眼看出英國美學在 18 世紀眾多美學流派中的獨特位置。

相比較，卡西勒（Ernst Cassirer, 1874～1945）的《啟蒙時代的哲學》（Philosophy of the Enlightenment，暫譯）一書由於專注於啟蒙運動這個時代，對這段時期美學整個思想背景的描述豁朗而明晰，顯現出思想領域變革之波瀾壯闊。在這個背景中，美學也有自身發展的獨特脈絡。美學的發生發展源於啟蒙時代哲學對世界、社會以及人的普遍的、系統的理性掌握，又力圖調和它們與藝術及其批評的特殊性和具體性的矛盾，後者的特性甚至改變了哲學本身的形態。「自『文藝復興』時期（文藝復興運動自認是科學藝術的再生）出現了哲學精神的更新之後，這兩門學問之間發生了直接的、重大的相互關係。而啟蒙時代更跨前一步，它對文學批評與哲學的相互關係作了更嚴格的解釋，也就是說，這種相互關係並不是因果關係，而具有原始而重大的意義。」[007] 理性要求一切經驗都不能脫離自己的權能，而由想像和

007　卡西勒：《啟蒙哲學》，顧偉銘等譯，濟南：山東人民出版社，1988 年，第 269 頁。

情感而來的文藝又顯得詭祕莫測，桀驁不馴，兩者在相互衝突中都不得不改變自身，雖然最終目的是找到能解釋一切藝術現象的內在標準，但這個標準也必須與人們對整個自然的認識保持一致。

　　同樣，在卡西勒看來，美學只有到了康德那裡才在整個哲學體系中獲得合法而恰當的位置，然而，「不管是理性與想像力之爭，還是天才與規則的衝突；不管人們認為美感的基礎在情感，還是認為它屬於某種知識；在所有這些綜合之爭都一再發生同一個基本問題，彷彿邏輯學和美學、純知識和藝術直覺在未找到自身的內在標準，並按這些標準理解自身之前，不得不彼此檢驗一番」[008]。所以，在達成一種關於藝術和批評的統一知識的過程中，人們採取了兩條不同的道路：其一是笛卡兒（René Descartes, 1596～1650）提出的理想的知識形態要求絕對的統一性，要求藝術創造必須也必然遵循嚴格的理性法則，無論是其內容還是形式都不應是隨意的、偶然的經驗的雜燴，在這個原則下產生了古典主義批評理論，其中的代表有巴托（Charles Batteux, 1713～1780）的《簡化為單一原則的美的藝術》（*The Fine Arts Reduced to a Single Principle*，暫譯），以及布瓦洛（Nicolas Boileau-Despréaux, 1636～1711）明耀後世的《詩的藝術》（*L'Art poétique*），他們宣稱「只有真的才是美的」，而要達到真的要求就必須讓藝術服從理性的規訓。在這樣的要求下，想像力、情感如果不是毫無用處，也僅僅是粉飾理性的漂亮外衣；詩人應該是天才，但只有受到理性滌盪，天才才能揭示真理，其作品才能永世長存。然而人們發現，古典主義無論在形式還是在內容方面給出的法則也不過是某個時代、某個民族、某些人的一廂情願。

　　另一條道路是從鑑賞主體的角度來標榜審美經驗的具體形式和鮮活性。藝術美不是理性強加的，也不是由「物性」自身決定的，它產生於「人性」之內。所以，研究人的心理是窺探美之神祕的不二法門。這倒不是說情感本

008　同上，第270—271頁。

身沒有任何普遍性,而是說要發現這種普遍性必須另覓他途。理性的演繹與藝術給人的快樂情感南轅北轍,理性不是維持普遍規律和價值的唯一基石。這樣,問題的關鍵是,情感是否具有普遍性,它如何維繫普遍性?藝術給人喜怒哀樂,這是經驗的直覺,本身就是普遍的,而情感的傳達則依靠想像的力量。布奧、博斯、狄德羅(Denis Diderot, 1713 ~ 1784)等人就是朝這個方向努力的,他們要為情感和想像爭得與理性同等的地位,甚至拒絕讓理性侵犯情感和想像的領地。英國的休謨甚至要讓情感一統天下。「無論情感美學的辯護者多麼熱烈地為情感的獨立性和直接性辯護,他們卻從來沒有抨擊過推理本身,也從來沒有對它的獨特的基本的功能提出過異議。……休謨就是在這個問題上邁出了決定性的一步。他冒險在其對手的這塊領地上掀起爭端,想要證明那被看作是理性主義的驕傲和真正理論的東西,實際上是它的最大弱點。情感不必再在理性法庭前為自己辯護;相反,理性被傳到感覺即純『印象』的法庭上來,它的權利也受到了質問。」[009] 由此一來,想像的地位也得以提升,不再跟在理性身後匍匐而行。在休謨那裡,想像成為引導和塑造情感的基本力量,借助想像以及同情,休謨有信心發現情感的普遍規律。然而,休謨並未取得完全的勝利,審美判斷或趣味仍然被冠以相對主義之名,因為情感並不反映事物的客觀屬性,而主體經驗也只可意會而不可言傳,難以進行有效的論證。

　　卡西勒提醒我們注意,在這兩條道路之外實際上還有人走出了第三條道路,這條道路完全跳出了古典主義和經驗主義的窠臼,轉而以另一種眼光審視自然和人性,它的目的不是對自然和人性冷眼旁觀,演繹或歸納出客觀規律,而是將哲學本身看作是培養人的性格的途徑,當作一種生活的智慧。這條道路是由沙夫茨伯里開拓出來的,「18 世紀英國美學的真正領袖們從沙夫

009　卡西勒:《啟蒙哲學》,顧偉銘等譯,濟南:山東人民出版社,1988 年,第 299—300 頁。

茨伯里那裡吸取營養，並自認是他的學生和繼承者」[010]。

「沙夫茨伯里並非僅僅，甚至也不是主要從藝術作品的觀點去研究美學問題；相反，他尋求並且需要一種美的理論，以回答性格的真正形成問題和支配著個人內心世界的結構和規律問題。」[011] 自然世界和人生活的法則是以美的形態展現出來的，換言之，關於自然和人性的形而上學本身就是一門美學。離開美，自然（人性也由此而來）就毫無規律可言。對於這種規律，人們無法透過純粹理性去解析，只能憑藉直覺去領悟。甚至可以說，自然也有生命，其規律不是自然科學或心理學意義上的客觀規律，而是像生命一樣創造化育的力量，它存在於自然中所有事物 —— 包括人 —— 的生命中，這種力量使得多樣的事物保持著內在和諧。要體會這種力量既不能單憑感官，也不能全憑理性，而必須超越兩者。所以，直覺既非經驗也非理性，它是對造就這多樣而統一現象背後生成力量的凝神觀照，是一種心懷敬畏的熱愛，或者說如卡西勒所指出，是天才，藉此人發現自己與自然的和諧一致。從這個意義上說，只有美的才是真的和善的，反過來說也是一樣，這種統一關係的內涵全然不同於古典主義的解釋。

卡西勒進而指明，在沙夫茨伯里那裡，近代美學找到了屬於自己的基礎，這也正是康德美學遵循的原則。「當康德在其《判斷力批判》一書中把天才定義為給藝術訂立規則的才能（自然天賦）時，他遵循著自己的路線，亦即對這一命題作了先驗的解釋；但僅就內容而言，康德的定義跟沙夫茨伯里的思想，即與他的『直覺美學』的原則和前提是完全一致的。」[012] 其後的美學家未必能真正領會沙夫茨伯里思想的精髓，但在沙夫茨伯里的感召下，18 世紀的英國美學蔚然成風並惠及後世。

010　同上，第 307 頁。
011　卡西勒：《啟蒙哲學》，顧偉銘等譯，濟南：山東人民出版社，1988 年，第 323 頁。
012　同上，第 308 頁。

導論

　　即使美學在 18 世紀逐漸成為一門獨立的學科，卻不可能是一個封閉的領域，新的方法和內容意味著新的社會文化的形成。從概念的源流、哲學自身邏輯進行的描述並不足以讓人理解這個時期美學之所以出現和具有獨特性質的原因，換言之，從社會文化的角度對它們予以解釋同樣是必不可少的。在這一點上，秉承馬克思主義傳統的蘇聯學者所寫的美學史值得我們回顧。

　　舍斯塔科夫（Vyacheslav Shestakov）的《美學史綱》根據一般的歷史分期，把 18 世紀英國美學歸入啟蒙運動。這個時期的美學家，「他們反對中世紀美學傳統的任何殘餘，尤其反對藝術的神祕主義的和宗教的觀點。啟蒙運動者所固有的特點是用歷史的樂觀主義去理解藝術和一般審美修養的發展前景。有鑑於此，他們賦予藝術以巨大的社會意義。他們把藝術看作施行道德教育，協調公共利益，克服人們私有的、個人主義的和公共利益之間矛盾的有效手段」[013]。這種理解既道出這段美學所依附的整體哲學思潮的特徵，也指明了美學自身主動發揮的社會功能。這種功能針對的是啟蒙運動時期歐洲社會的特有矛盾，資產階級革命使資產階級追求個人財富具有了合法性，但個人慾望又對社會整體秩序造成威脅，人們不能指望消除個人慾望，但希望在此之外找到共同的價值標準，藝術和審美活動便是實現這一目標的一種手段。「啟蒙運動者力圖解決『資產者』和『公民』之間的矛盾，他們創建了美學烏托邦，期望感情和義務、個人利益和公共利益、利己主義和互相交往只有透過藝術和建立在藝術上的審美教育的方式才能解決」[014]，儘管這一理想最終看來只能是空想。對「資產者」和「公民」之間的矛盾這種洞察和理解之準確實在是難能可貴，而這個矛盾便是近代美學之所以繁榮的重要社會原因。「資產者」意味著個人透過物質財富而獲得個體的身分和自由，作為「公民」卻期待從情感上與他人達成和諧交往，而塑造這種情感

013　舍斯塔科夫：《美學史綱》，樊莘森譯，上海：上海譯文出版社，1986 年，第 165 頁。
014　同上。

最有效的途徑就是藝術鑑賞和教育。

　　眾所周知，英國在 17 世紀經歷了近百年的內亂，雖然史學家們並不完全認為這是一場資產階級革命，但它也無疑改變了英國的社會文化格局，其思想上的變革也驚天動地。到了 18 世紀，英國美學出奇的繁榮，可以看作是長期以來社會和思想方面變革的延續和調整。舍斯塔科夫令人驚訝地把洛克（John Locke, 1632 ～ 1704）視為這段美學的開端，因為洛克倡導由心靈之善而來的言行舉止的禮貌和優雅。不過，他賦予沙夫茨伯里更顯要的地位，「沙夫茨伯里伯爵的美學學說，就其內容，就其哲學思想的深度和學術觀點的表現形式而言，是英國啟蒙運動時期美學的一個頂點」，雖然他同樣令人驚訝地稱其為「洛克的當之無愧的繼承人和學生」[015]。在他看來，這樣說並非沒有道理，因為沙夫茨伯里也是從感覺出發來談論人的本性和審美經驗的，並提出了道德感和內在的眼睛。不過，更為重要的是舍斯塔科夫發現，沙夫茨伯里的美學表面上來自新柏拉圖主義和經驗主義，但是他重新思辨了人們關於美與善的關係，「在美與善的統一形式中，美具有更高級的和決定性的意義」[016]。由此一來，美便不再是神學的婢女，也不屈居於其他形而上學之下，或者說他的美學就是一種美的形而上學，因此美學能夠發揮更重要的精神作用，也就是提升人的精神和心靈的素質。與此同時，舍斯塔科夫不忘從階級論的角度表明，沙夫茨伯里「哲學的前提不是現實的人，而是穿著紳士坎肩的、堅強剛毅的智者」。在今天看來，這樣的認知也許刻板機械，但也是一語中的。透過舍斯塔科夫超越哲學史方法的論述，人們更容易看到 18 世紀英國美學所包含的社會文化內涵。

　　奧夫相尼科夫的《美學思想史》同樣把 18 世紀英國美學歸入啟蒙運動，而且在對社會背景的介紹中能讓人清晰地看出啟蒙運動時期所有美學的旨

015　同上，第 168 頁。實際上，夏夫茲博裡對洛克的哲學懷有強烈不滿。
016　同上，第 172 頁。

歸。「啟蒙主義者的錯誤首先在於把私有制看作是新的、『理性』社會的基礎，他們認為，似乎在這樣的基礎上，就能夠把個人利益和社會利益和諧地結合起來。他們不是從經濟關係體系，而是從『自然人』的道德動機也就是說從理想化的資產階級或『公民』的道德動機推導出來的。正像他們所認為的那樣，這些人僅僅出於道德原則，就能自願地為公共的幸福而放棄個人利益。」[017] 同樣，調和社會衝突的重要手段就是審美教育，「啟蒙運動者從新的目的出發，對古典主義的原則作了重新認識。啟蒙運動美學的主旨就是捍衛具有高尚的公民激情的藝術，捍衛現實主義和人道主義原則」[018]。

在這個背景下，奧夫相尼科夫總結了英國美學的三個特徵：首先，英國美學的出發點是資產階級的人，這鮮明地表現在他們的感覺論和經驗論當中；其次，英國美學是反清教的，也就是反禁慾主義的；再次，英國美學「把藝術視為走向真正道德的指南」[019]。這些總結在今天仍然可被看作是理解英國美學的指南。當然，舍斯塔科夫和奧夫相尼科夫為 18 世紀英國美學確定基本的社會語境及其社會功能，並不代表他們對這段美學的具體分析同樣地運用了相應的方法，因而使社會語境與美學思想的關係看起來略嫌薄弱。

這種方法的一個主要缺陷是強調社會背景和思想潮流對某一作家或具體領域的觀念的單方面的決定性影響，當我們在反省這社會背景和思想潮流是如何形成的時候，就有些無能為力了，或者僅僅求助於經濟決定論。然而，我們所見到的社會背景和思想潮流也都是由這些具體的思想構成的，從某種程度上說，背景和潮流只是哲學具體思想的綜合而已。如果說經濟對它們也有著決定性作用或影響，這種作用也只是間接的。所以，我們應該知道這些具體的思想是如何在具體的語境中發生的。這些語境包括經濟或物質生產方

017　奧夫相尼科夫：《美學思想史》，吳安迪譯，西安：陝西人民出版社，1986 年，第 108 頁。

018　同上，第 109 頁。

019　同上，第 112 頁。

式的變革帶來的社會結構和政治格局的變化，也包括更微觀的語境，亦即那個時代人們的生活方式和社會交往模式，具體而言就是：哪些人在什麼樣的境遇中表達了怎樣的思想。這種微觀的方法實際上也就是文化研究的方法。

雖然文化的定義複雜而模糊，但它否認先驗存在的秩序，這些看似分明的秩序是在具體的人的生活中動態地展現並形成的，所謂經濟、政治的力量就滲透於生活的細節中——如威廉斯（Raymond Williams, 1921～1988）所說，「文化是普通平常的」。也誠如霍爾（Stuart McPhail Hall, 1932～2014）所說：「在社會和人文科學中，尤其在文化研究和文化社會學中，現在所謂的『文化轉向』傾向於強調意義在給文化下定義時的重要性。這種觀點認為，文化與其說是一組事物（小說與繪畫或電視節目與漫畫），不如說是一個過程，一組實踐。文化首先涉及一個社會或集團的成員間的意義生產和交換，即『意義的給予和獲得』。」[020]「首要的是，文化意義不『在頭腦中』。它們組織和規範社會實踐，影響我們的行為，從而產生真實的、實際的後果。」[021]

由這種觀點來看，人們對一個時代思想解讀的目的並不是要繪製出一套經濟、政治模型，而是去揣摩這些思想在人們的生活中是如何塑造和被塑造的。男女眾生在其交往中必然要運用一些媒介，以這些媒介來象徵某種等級和價值以及交往模式。但他們對這些媒介的運用並不是純粹知性的，相反倒更多是情感性的，所以文化便帶有濃厚的美學意義；反過來，如果把人們生活的全部內容都視為文化，那麼這種微觀的考察辨析更容易讓美學在其原生語境中呈現出本來的意義。同時，用這種方法來研究美學和美學史，其內容便不局限於美學家們對於藝術這個典型的但較狹隘的範圍，而必然要延伸到生活的各個方面，要研究美學家面對的具體生活現象、他們在其中的身分和

020　霍爾編：《表徵：文化表象與意指實踐》，徐亮、陸興華譯，北京：商務印書館，2003 年，第 2 頁。
021　同上，第 3 頁。

導論

地位、他們的寫作模式、他們的受眾、他們所用的概念和修辭。與此同時，越來越多的歷史學家開始關注微觀歷史，從物質生產、財富轉移到具體的劇場、咖啡館、俱樂部、旅店酒館，再到私人日記和書信。總之，日常生活的方方面面都進入今天讀者的視線。

17 世紀以來英國引領了整個歐洲的社會革命，並在 18 世紀基本上形成了一個以城市為中心的文化格局。這樣，這個時代的英國文化便受到普遍的重視，研究成果層出不窮，到了令人眼花繚亂的程度。這些無疑為文化研究提供了新鮮而詳實的材料，文化研究也可以用這些材料對抽象而宏大的理論敘述進行深入細緻的解讀，因而這些材料不會再被認為是瑣碎的而沒有任何價值。自湯普森（E. P. Thompson, 1924 ～ 1993）出版其名著《英國工人階級的形成 》（ *The Making of the English Working Class*）以來，這樣的研究越來越盛行。當然並不是所有人都像湯普森那樣著重描繪普通勞動人民的風俗習慣，以突出他們自足的文化傳統。同樣，上流社會以及中產階級或城市市民的生活也受到廣泛關注，其中的階級和性別這些話題尤為重要。

在文化研究思潮下，伊格頓（Terry Eagleton, 1943 ～）的《美學意識形態 》（ *The Ideology of the Aesthetic*）為美學史研究提供了新的嘗試，雖然作者自認為它並非是美學史著作。很明顯，他是圍繞階級這個問題來理解近代以來的美學問題的。伊格頓明言，美學在現代歐洲思想中所占的顯要地位令人吃驚，但也順理成章。在一個科學化、技術化和專業化的時代中，一切都彷彿分崩離析，各個領域的發言權都被交到了各類專家手裡，這個世界變得前所未有的陌生。在此情形下，只有在有關藝術和審美的事情上人們還保留一點共同語言，可以相互交流，也保留著一點非異化的理想。更為重要的是，美學也體現著「中產階級爭取政治領導權的鬥爭中的中心問題 」。因為美學一頭牽著最具體的經驗，另一頭又奔向抽象化、科學化的話語，從而展示出多重含義，這彷彿就是中產階級在現代社會中的地位。「美學著作的現

代觀念的建構與現代階級社會的占統治地位的意識形態的各種形式的建構、與適合於那種社會秩序的人類主體性的形式都是密不可分的。」[022] 直言之，近代美學的歷史就是資產階級塑造自身意識形態的歷史。

伊格頓關注的另一個話題是肉體。看起來，這一話題與意識形態風馬牛不相及。然而，「由於對肉體，對快感和體表、敏感區域和肉體技術的深思扮演著更不直接的頭條政治的便利和替代品的角色，也扮演著倫理代用品的角色」，所以，在這本書中伊格頓「試圖透過美學這個仲介範疇把肉體的觀念與國家、階級對立和生產方式這樣一些更為傳統的政治主題重新聯繫起來」[023]。從這個角度來看，作為資產階級意識形態的美學不是抽象的概念和邏輯體系，它們就潛藏於男女眾生的言行舉止中——美學甚至自稱就是感性認知，隱含於一切交往媒介中；它們絕非透過如法律一樣的外在規範制約人們的行為，而是試圖滲透於無意識當中，讓人們在甜美的享受中心悅誠服。從更廣泛的範圍來說，美學存在於現代的整個生產過程中，這個生產並非僅僅是物質的，而且也是符號的。在這個過程中，美學發揮著解放的作用，但也在其成熟的時候阻礙著進一步的解放，正如生產既滿足了人們的需要，同時也在塑造需要的過程中束縛著人們的真實需要。

在卡西勒看來，是理性意欲將一切領域的經驗和知識系統化的美學；在伊格頓看來，則是資產階級統治試圖將感性個體和具體的歷史納入自身管轄範圍的策略。因為如果感性個體和歷史處於理性之外，是一片純粹雜亂荒蕪的廢地，那麼社會統治便也是空洞無物的，所以作為理性話語的美學必須讓感性經驗在理性自身中找到其源泉和歸宿。感性經驗貌似多樣而雜亂，但依美學看來，這其中又隱藏著內在的統一秩序。離開了感性經驗，理性的規則越是嚴格，個體的生活就越是混亂，正如席勒（Friedrich Schiller, 1759～

022　伊格頓：《美學意識形態》，王杰等譯，桂林：廣西師範大學出版社，1997 年，導言第 3 頁。
023　同上，導言第 8 頁。

1805）痛斥現代社會中的道德禮俗變得越來越虛偽，個體的物慾變得越來越無度。新的統治法則必須在感性個體的天性中尋找，只有這樣，這種法則則真正對每一個個體有效，能獲得他們的自覺服從。所以，美學實際上並不是關於藝術的理論，而是關於感性個體的行為和交往的理論。「與專制主義的強制機構相反的是，維繫資本主義社會秩序的最根本的力量將會是習慣、虔誠、情感和愛。這就等於說，這種制度裡的那種力量已被審美化。」[024]

在英國，土地貴族很早就開始了資本主義生產方式的轉變，搖身一變成為資產階級，並在 1688 年之後贏得了政治上的主導權，同時他們也還保留著貴族身分，促使「新的社會精英和傳統的社會精英在意識形態方面的和諧相處」[025]。這種特殊優勢可以使英國人設想一種理想的社會秩序。「這種社會統治集團的理想化的自我形象與其說是『國家』階級，毋寧說是一種『共和實體』──一種植根於市民社會的政治結構，其成員既是些堅定的個人主義者，又透過開化的社會交往和一整套約定俗成的文明禮節相互聯繫在一起。」[026] 看起來，以習俗、習慣為核心的關聯，既容納自由個體，又維護了社會秩序。

然而，英國人時刻都要提防因工業化、商業化和城市化而生的個人主義和相對主義。與德國人在普遍中尋求特殊相反，英國人希望在特殊中構建普遍。尋求特殊不是簡單地設立普遍，而是要在特殊中發現普遍的潛能。個人是感覺的，感覺貌似天生就有害於整體，這在霍布斯（Thomas Hobbes, 1588～1679）和洛克的哲學中得到了淋漓盡致的表述。不過，感覺未必一定是以個人慾望為指向的，因為還存在一些特殊感覺，它們既給個體帶來快樂，這種快樂又不是因滿足個體慾望而來的，恰恰相反，它們倒是因看到普

024　伊格頓：《美學意識形態》，王杰等譯，桂林：廣西師範大學出版社，1997 年，第 8 頁。
025　同上，第 21 頁。
026　同上。

遍的整體而生的。這些感覺便是道德感，是趣味，它們發現善，欣賞美，但無害於他人，也能轉移個體對外在慾望的貪得無厭。從另一個角度說，對於整體的理解並不一定要依賴數學一樣的理性，而是可以直接透過情感來實現。這便是 18 世紀英國美學的特殊語境和內在邏輯。這等於說，人們盡可以在物質生產領域中追求個人利益的最大化，但在另一個領域，即藝術和禮儀之中，人們又摘下了自私的面具，和諧相處，其樂融融。

然而，伊格頓雖然提出了重新從社會歷史的層面、從意識形態的角度解讀整個近代美學的思路，但他對具體的歷史沒有多大興趣，或許他的目標是對構成美學的概念進行解析，從中發現近代美學的牴牾之處，最終發現資產階級統治的虛偽和脆弱。從另一方面看，這也給人們從更微觀的層面觀察近代美學留下了充分的空間。

導論

十八世紀英國美學的思想淵源

十八世紀英國美學的思想淵源

18 世紀英國美學以趣味為其象徵，著重從觀者的角度探索審美經驗的先天基礎和運行機制，形成了一套較為完整的審美經驗心理學，儘管其全部內容並不局限於此。這種審美經驗最大的特徵就是非功利性，它源於感覺，卻帶給人一種內在快樂，這期間想像發揮了至關重要的作用。它對情感和想像的推崇直接引出了後來的浪漫主義，並對整個歐洲的近代美學形成深遠影響，甚至於當今天的美學家在批判傳統美學的時候，實際上針對的就是源自這一時期的美學思想。18 世紀英國美學之所以特殊，自有其特殊的緣由，最直接的原因就是它繼承了之前的經驗主義哲學傳統，正是這派哲學中的心理學內容使隨後的美學呈現為審美經驗的心理學。這樣的觀點並不算錯，但是必須要強調的是，僅僅是經驗主義哲學還不可能造就 18 世紀的美學，因為後者的價值取向與前者可謂大相逕庭。[001] 事實上，透過各種美學史著作，人們可以發現，在 18 世紀的歐洲，美學潮流普遍盛行，這種潮流必然有更深的淵源。明顯的事實是，拉斐爾、米開朗基羅等文藝復興時期藝術家的名字頻繁地出現在各類美學著作中。在英國，莎士比亞的雅俗優劣之爭也已然成為焦點。所以，我們應該從歷史層面觀察從文藝復興以來藝術及其批評的狀況和影響。同時，英國美學也確有區別於其他美學思潮的特色，這必然與英國特有的社會文化語境密切相關，那就是資本主義發展以及伴生的城市文化所帶來的個人主義、功利主義在政治道德領域造成了巨大的震動和困惑，新興的資產階級知識分子渴望與傳統（即使是虛構的傳統）保持一定的延續性和一致性。關於這一點，本書將在最後予以關注。

001　因而有必要提醒，吉爾伯特和庫恩的《美學史》視洛克為 18 世紀英國美學的開端，這個看法即使不是完全錯誤的，但也是非常不準確的。當然，二位作者主要是從概念史的角度來敘述美學史的，理所當然地突出經驗主義哲學與隨後美學的關聯。

文藝復興的遺響

　　文藝在現世生活中地位的提高始於文藝復興時期，在後世，但丁（Dante Alighieri, 1265 ～ 1321）、佩脫拉克（Francesco Petrarca, 1304 ～ 1374）、薄伽丘（Giovanni Boccaccio, 1313 ～ 1375）、達文西（Leonardo da Vinci, 1452 ～ 1519）、米開朗基羅（Michelangelo, 1475 ～ 1564）、拉斐爾（Raffaello Sanzio da Urbino, 1483 ～ 1520）這些傑出的詩人和藝術家的名聲，已經蓋過當時的君主權貴。不過，作為一個歷史轉折期，文藝復興的影響絕不是局限於文藝領域，而是波及歐洲上流社會的思想觀念和生活方式，也就是人們不復以追求來世的幸福安寧為生活的唯一目標，財富、權力、名譽、文雅這些現世生活的價值同樣受到重視。從另一個層面來說，文藝復興時期的學術和藝術的發展為人們塑造現世生活提供了豐富的素材和工具，現世生活也需要這些感性因素來包裝，因而也顯現出更多的審美意味，正如鮑桑葵所言，它們將成為近代美學的豐富源泉和材料。

　　儘管有輝煌燦爛的文藝成就流芳後世，但文藝復興時期實在是一個動盪不安的時代。13 世紀以來，資本主義的萌芽、商業的發展，使本身腐敗盛行的教會的權威日漸式微。在整個歐洲範圍內，教會勢力受到世俗政權和民族主義的蠶食，節節敗退，而在義大利這個曾經羅馬帝國的中心，也逐漸分崩離析，剩下由各地方家族控制的城市國家。黑死病的流行使歐洲人口銳減 1/3，恐慌情緒恣肆蔓延，教會的無能為力和地主的橫徵暴斂更加劇了這番末世景象。在義大利，世俗政權也極不安穩，權力不停地在血腥暴力中輾轉更迭。自布克哈特（Jacob Christoph Burckhardt, 1818 ～ 1897）的《義大利文藝復興時期的文化》（*Die Kultur der Renaissance in Italien: ein Versuch*）開始，幾乎每一本寫文藝復興歷史的著作都要列舉無數殘酷暴虐的暴君和令人眼花繚亂的刺殺陷害事件。這樣的事件肯定不只在義大利發生，

在整個歐洲也是非常普遍的。莎士比亞的戲劇裡面也折射出許多這類現象，《羅密歐與茱麗葉》（*Romeo and Juliet*）中凱普萊特（Capulet）和蒙太古（Montague）兩個家族之間的世仇導致爭鬥不斷；哈姆雷特（Hamlet）的父親被其弟殘忍謀殺；理查三世（Richard III）為登上王位而除掉其侄子；李爾王（King Lear）的兒女們個個心懷不軌；身為將軍的奧賽羅（Othello）也身處爾虞我詐之中疑神疑鬼，最後掐死妻子苔絲狄蒙娜（Desdemona）。

在這樣鉤心鬥角、危機四伏的環境裡面保全權位乃至性命絕非易事。身為君王，必須要老謀深算、心狠手辣，正如馬基維利（Niccolò di Bernardo dei Machiavelli, 1469 ～ 1527）在《君王論》（*Il Principe*）中所說，君王絕非是美德的化身，反而是玩弄權謀的藝術家。比方說米蘭的維斯康提家族的最後一代菲利波‧馬利亞（Filippo Maria Visconti, 1392 ～ 1447），「他的安全就在於：他的臣下彼此互不信任，他的雇傭兵隊長受到間諜的監視和欺騙，他的大使和高級官員由於特意培養起來的妒忌之情，特別是由於把好人和壞人搭配在一起的安排而互相中傷、互相排擠」[002]。如果一個君王一心向善、虔誠信教，那他一定是心懷鬼胎、掩人耳目；反過來，信仰的衰落倒也把人們的思想從虛無飄渺的天堂帶到了現實的人間，一定程度上能擺脫宗教的束縛，專注於世俗生活。這樣看來，布克哈特說文藝復興的偉大貢獻在於「人的發現」，固然是時勢所迫，倒也是人心所向。這倒不是說宗教的徹底垮塌，相反，人們更加渴望往日的真誠高潔，以費奇諾（Marsilio Ficino, 1433 ～ 1499）為代表的柏拉圖主義（Neo-Platonism）便是明證，只不過宗教的虔誠也是透過個人的修行來表現的，而不是屈從教會的指導。現在，一切知識都不必借助宗教的名義來進行。

對君王和上流社會的權貴來說，人文主義學術也有別樣的用處。依靠暴

002　布克哈特：《義大利文藝復興時期的文化》，何新譯，北京：商務印書館，1979 年，第 40—41 頁。

力、專制和狡詐也許可以獲取權位，但要維護權位卻不能完全依靠這些。他們必須把非法篡取的權力合法化。他們雖然極力壓制民主，但渴望人民的歡呼擁戴；他們也尋求與教會的合作，使自己的統治符合傳統；他們貪婪地追求榮譽，炫耀自己的家世血統。毫無疑問，他們也喜歡文藝和學術，或是出於懺悔的心理，或是用來粉飾自己，或是用以炫耀。多數著名的藝術家都接受貴族和教會的合約和資助，其中包括繪畫三傑。同時，「絕大多數人文主義者肯定是站在他們的統治者一邊的，他們之中有些人，例如米蘭的雅各布·安蒂誇里奧，那不勒斯的焦維亞諾·蓬塔諾和佛羅倫薩的巴爾托洛梅奧·斯卡拉，也的確做了地位甚高的國家官吏。這些情況肯定是不足為奇的，特別是當我們不僅回想起人文主義者往往被雇傭去作政治宣傳，而且回想起他們在關於積極生活與靜修生活何者有益的論爭中所採取的立場的時候，尤其如此」[003]。

很多主教、君王、貴族推動了新的文藝和學術的發展。布克哈特敘述了他們如何收藏和雇人抄寫古代典籍。「當教皇尼古拉五世（Nicolaus PP. V, 1397 ～ 1455）還不過是一個普通教士的時候，他曾由於購買手稿或者請人抄寫手稿而身負重債。即使在那時，他也毫不掩飾他對於文藝復興時期人們最感興趣的兩件束西 —— 書籍和建築的熱情。」[004]「有名的希臘籍樞機主教貝薩里翁（Basilios Bessarion, 1403 ～ 1472），既是一個愛國主義者又是一個熱誠的文學愛好者；他以很大一筆代價（三萬個金幣）收集了異教和基督教作家的六百部手稿。」[005]「當科西莫·麥地奇（Cosimo di Giovanni de' Medici, 1389 ～ 1464）急於為他心愛的宗教團體，費埃蘇來山麓的巴迪亞修道院（今佛羅倫斯巴迪亞教堂），建立一個藏書室，他派人去請維斯帕

---

003 G. R. 波特編：《新編劍橋世界近代史》（第一卷），中國社會科學院世界歷史研究所組譯，北京：中國社會科學出版社，1988 年，第 136 頁。

004 布克哈特：《義大利文藝復興時期的文化》，何新譯，北京：商務印書館，1979 年，第 205 頁。

005 同上，第 207—208 頁。

西雅諾（Vespasiano）來，維斯帕西雅諾勸他放棄一切買書的想法，因為那些有價值的書是不容易買到的，所以不如利用抄書手。於是科西莫和他商定一天付給他若干錢，由維斯帕西雅諾雇用四十五名抄書手，在二十二個月之內交付了兩百冊圖書。」[006]

在當時，權貴們的生活本身就與文藝活動密切相關。出於政治目的，君王們把很多貴族都籠絡在身邊，自然而然地，在宮廷中就不可避免地有了各種娛樂，有些君王也經常鼓勵文藝創作。「宮廷也是某些特殊藝術產生的場所，特別是那種音樂、舞蹈、詩歌混合的形式，義大利稱之為『幕間劇』（Intermedio），因為它來自劇場中兩幕歌劇之間的插入表演；法國稱之為『宮廷芭蕾舞』（Ballet de cour），其中舞蹈占重要部分；在英國稱『假面舞劇』（Masquerade），演員都要戴面具。在這樣的表演中，紳士和貴婦人都參加，有時君主也參加。」[007] 自然而然，很多廷臣也就成了藝術家。更多的時候，宮廷是培養禮貌文雅的言行舉止，也就是貴族紳士們講究的禮儀的地方。這些禮儀既包括個人必須掌握的唱歌、跳舞等藝術技能，也包括騎馬、網球等體育運動，甚至還包括日常生活中如走路、吃飯的舉止規範。類似的風尚必然要傳播到宮廷以外的地方，成為中產階級效仿的榜樣。「個人風度和一切較高形式的社交成了人們有意識和抱有風雅美德來追求的目標。」[008] 無論人們內在是否有美德，地位是否真正高貴，但外在形式卻極盡模仿之能事。在服飾上，人們很難看出哪個是平民百姓，哪個是貴族。特別是女人們，想盡一切辦法改變自己的相貌、膚色和頭髮。「香水的使用也超過了一切合理的限度。它們被使用在每一件和人類接觸的東西上。

在節日，甚至騾子也被塗以香水和油膏，皮埃特羅·阿雷蒂諾（Pietro

---

006 同上，第 209 頁。

007 加林主編：《文藝復興時期的人》，李玉成譯，北京：生活·讀書·新知三聯書店，2003 年，第 137—138 頁。

008 布克哈特：《義大利文藝復興時期的文化》，何新譯，北京：商務印書館，1979 年，第 401 頁。

Aretino, 1492～1556）曾為收到一卷灑了香水的錢而感謝科西莫一世。」[009]
這足以說明人們如何重視自己在社會交往中的表現。當然，除了這些外在的
修飾，人們也注重培養「機智圓通」的內在品格。總之，說上流社會的人們
每天都在「表演生活」應該是不算過分的。

以上所述並不是斷言，文藝和學術僅僅是上流社會的粉飾和消遣，無論
如何，在文藝復興時期藝術比以往時代獲得了更高的地位。無論君王貴族們
是出於真心還是假意，他們也都促進了文藝和學術的發展，而文藝和學術也
真正開始發揮它們在現世生活中的作用。

藝術家實際上仍然還是工匠，為日常生活提供美化的用具。他們的店
鋪「供應各種有用的東西：家具、服裝、武器等，同時還賣兒童玩具、聖人
像和精美製品」[010]。他們遵循傳統，在工作坊裡跟著師傅做學徒。不過，
在充滿競爭的環境中，透過長期的勤奮鍛鍊，他們可以贏得生意和社會的尊
重。他們和雇主簽訂嚴格的合約，但這種合約對他們的約束力卻也不大；延
期交付不是稀罕事，他們畢竟不同於普通的工匠，他們有自己的思想。甚至
雇主的縱容導致這些藝術工匠傲慢不遜，傑出的藝術工匠，如達文西只接受
金幣支付。更不要提米開朗基羅的暴躁和固執令同樣暴躁和固執的教皇儒勒
二世（Iulius PP. II, 1443～1513）忍氣吞聲，無可奈何。藝術工匠們可以
盡情展現自己的個性，極力擺脫政治和道德的羈絆。「從日常生活中可以觀
察到，在一定時候人們的行為表現更為豐富和多樣化。社會向『工匠們』開
放，他們之間的不同特徵就表現出來：從馴服的手工業者，到吸引公眾注意
力的傲慢的天才；從令人滿意的具有創造性的供貨人，到把自己關閉起來、
憂鬱和孤獨的專家；從虔誠的藝術家，到不拘小節的玩世不恭的人。在一個
世紀、一個半世紀中，『工匠們』的生產力在各方面都得到了發展；人們不

009　布克哈特：《義大利文藝復興時期的文化》，何新譯，北京：商務印書館，1979 年，第 406 頁。
010　加林主編：《文藝復興時期的人》，李玉成譯，北京：生活·讀書·新知三聯書店，2003 年，第 234 頁。

能不看到，在這樣的環境中初始類型的人物不斷繁衍：藝術家變成了『文化人士』。」[011] 毋庸置疑，當時的藝術工匠與今天藝術家的天馬行空無論如何也不能相提並論，但是他們把藝術帶到了一個新的高度。

確實，這些藝術工匠們有自己的思想。他們不僅多才多藝，而且對自己的職業有著清醒而深刻的認識；他們不再僅僅依靠師徒相傳的經驗性技藝，而是把藝術提高到了哲學和科學的高度，正如米開朗基羅所說：「繪畫不是用手，而是用腦。」「我們認為應當得到榮譽和尊重的人，是那些既有才能又有道德的人。特別是具有為古人和現代人所崇尚的道德，例如重視以算術與幾何為基礎的建築學，因為它是最重要的自由七藝之一，是為我們讚賞與珍視的最確定和偉大的科學知識。」[012] 藝術家，特別是雕塑家和建築師，雖然滿身灰塵，但從事的不是卑微的體力勞動，而是理智和智慧的付出。眾所周知，達文西醉心於數學、幾何，尤其酷愛機械，彷彿繪畫只是他的副業。為了達到真實的效果，就必須研究事物在眼睛中呈現的原理，必須研究各類事物的細微特徵，研究空間、色彩和光照規律，這些內容必須運用數學和幾何的方法，最後，透視法逐漸形成和成熟。其他藝術亦然，音樂家加福里烏斯（Franchinus Gaffurius, 1451 ～ 1522）的《音樂的理論》（*Theorica musicae*）告訴人們，音樂同樣具有自己的規則，不是單憑直覺就可以領會的。這種趨勢與那個時代自然科學的興起也是同聲相應的。

藝術不僅是一門手藝，它們在道德、文化上同樣具有特殊價值。因為它們不單是模仿世界的外觀，重要的是它們要刻畫世界和人的靈魂，並讓它們在作品中永存。阿伯提（Leon Battista Alberti, 1404 ～ 1472）在談論繪畫的時候說：「繪畫具有一種神性的力量，它不僅能將缺席者呈現在眼前 —— 諺云友誼所具之力 —— 而且給人以起死回生的神奇。經過多少世紀的風風

---

011 同上，第 247 頁。
012 加林主編：《文藝復興時期的人》，李玉成譯，北京：生活·讀書·新知三聯書店，2003 年，第 250 頁。

雨雨，人們認出一幅畫中的人物仍然感到喜悅，對古代畫家的敬仰油然而生。」[013] 他又說：「繪畫藝術最適合於自由而又高貴的靈魂……對繪畫的欣賞乃是完美心智的最好標識。」[014] 因為人們對於作品的讚賞並不是出於對外在財富和權位的羨慕──而且這些東西還妨礙美的作品的生成，而是對才智和辛勞的褒獎。如達文西一樣，阿伯提講到使畫作真實的許多知識和技巧，但他最在意的還是作品的「istoria」[015]，也就是對人的心靈和性格的表現：「當畫中的每個人物都清楚地傳達了自己的心機，istoria 將打動觀者的靈魂。在自然界，一種狀態的存在能引發相應的情景；我們見淚則泣，見歡則笑，見悲則哀。」[016] 正如人文主義者是從人性的角度來重新評價古代經典，藝術家們的目的同樣是表現活生生的人。

有了科學的方法和普遍的理論，藝術工匠們便不再是工匠，而是獲得了與哲學家和文人們同樣的地位，他們成為自覺的、有意識的創造者，這正應了亞里斯多德（Aristotle, 384 B.C. ～ 322 B.C.）將藝術稱作創造性知識的論斷。

對於人文主義，這裡並不關心它如何復興古代的學術和文化，而是想關注它是如何在文藝復興時期發揮作用的。按照克里斯特勒（Paul Oskar Kristeller, 1905 ～ 1999）的說法，「人文主義者代表著大學和中學裡講授人文學科的職業教師階層；他們還代表著祕書和書記人員階層，這些人由於職業原因需要懂得如何起草文件、書信和演講稿。在大學裡，人文學者要與講授哲學、神學、法學、醫學和數學的教師競爭，不過人文學者在中學裡卻

013　阿伯提：《論繪畫》，胡珺、辛塵譯，南京：江蘇教育出版社，2012 年，第 26 頁。
014　同上，第 31 頁。
015　這個詞大概很難譯，所以中譯者就沒有翻譯。這個詞應該多指畫中的情境或氛圍，阿伯提說：「我認為，一幅豐富的 istoria 將包含有男女老少、家禽家畜、飛鳥走獸、房舍風景等。我欣賞符合istoria 情節的豐富性，觀眾賞畫也因其豐富性而獲得樂趣。」
016　阿伯提：《論繪畫》，胡珺、辛塵譯，南京：江蘇教育出版社，2012 年，第 45 頁。

占據著主導地位，因為他們提供了絕大多數課程。」[017]「人文學科（studia humanitatis）……包括一個相當明確的學科系列，正如我們會從一些當代文獻中知道的：語法學、修辭學、詩學、歷史學、道德哲學。」[018]「人文主義代表的主要是世俗的、非科學的學術和文學，它自給自足地獨立於 —— 但並不與之對抗 —— 神學和科學之外。」[019]「15 世紀中期之後，人文主義教育愈來愈變成了慣例。人文主義影響的性質也頗具特色：它主要在於介紹新發現的古典文化並重新闡述它們的觀點，使引用古典文學裡的雋語和典故成為時尚，運用史學和文獻學研究中最近的縝密方法，試圖用專著、對話和流暢優美的論文，替換中世紀學校裡的專門術語、辯論的拘謹方式、詳細的評注和爭論的問題。」[020]「人文學者是專業的修辭學家，即作家和批評家們不僅希望說出真理，還希望從他們的文學趣味和標準的角度說得優雅。他們堅信古典修辭學的原則，職業演說家和作家在表達任何與論題相關的看法時，要具有和表現出使大眾信服的技巧。」[021]

從上述這些定義可以看出，人文學者們希望在政治之外找到人生價值的表現領域，雖然很多人文學者也積極地參與政治，並希望實現他們的社會理想，即共和制。即使支持人文主義的君王們自有其政治目的，但這至少不同於他們在其他方面採用的直接的權謀和暴力，而是致力於將自身塑造成為高尚文雅的人，以此來獲得民眾的愛戴和敬仰。這本身也符合人文主義者的理想，「對優秀君主的讚美是許諾在來世有持久的聲名而不是天國的幸福」[022]。所以，他們希望人們從對權力的、財富的貪求中停下腳步，反躬自省，聆聽內心的聲音。「佩脫拉克認為，隱居下來過孤獨的生活意

017　克里斯特勒：《文藝復興時期的思想與藝術》，邵宏譯，北京：東方出版社，2008 年，第 7 頁。
018　同上，第 70—71 頁。
019　同上，第 71 頁。
020　同上，第 26—27 頁。
021　同上，第 27 頁。
022　克里斯特勒：《文藝復興時期的思想與藝術》，邵宏譯，北京：東方出版社，2008 年，第 45 頁。

味著去探索自己心靈中的豐富的內涵，去開闢與上帝進行更為有效接觸的道路。隱居獨處並非像僧侶一樣過野蠻的與世隔絕的生活，而是準備同更真實的社會進行對話，去實現更為有效的愛。」[023] 當然，並不是所有人都崇尚斯多葛派（Stoicism）的禁慾主義，布拉喬利尼（Poggio Bracciolini, 1380 ～ 1459）、菲萊爾福（Francesco Filelfo, 1398 ～ 1481）、拉伊蒙迪（Marcantonio Raimondi, 1470 ～ 1534）等人倡導一種享樂主義，既然人是自然的產物，就應該順應自然給人的指示。不過，他們並不是專注於肉體慾望，而是希望在兩極之間找到道德的平衡。無論是柏拉圖式的愛，還是享受自然的饋贈，人文主義者都希望重建現實生活。在這種生活中，知識、藝術和德行成為展現個人價值的地方。

由此，人們的審美範圍也開始擴張。正如布克哈特指出，文藝復興時期的文學藝術中開始出現了對自然的沉浸和讚美，開始反省自身的情感，一切都在於塑造「完美的人」。雖然他以為那個時代出現了人人平等的觀念有些偏頗，但「人格的覺醒」、「完全的人」、對後世名譽的追求這些現象也確是事實。

總而言之，義大利文藝復興時期的文化讓人想到，人生的價值固然在於靈魂的淨化，升入天堂，享受永恆的幸福，但是現世生活並不因此而必然遭受摒棄。一方面，是新柏拉圖主義對人性的深入研討和對一種內在生活的具體實踐，讓宗教生活不再留待後世；另一方面，是人文主義學術和各門藝術的發展，對理性知識的獲取、對德行的提升和對禮俗儀表的精緻化，都在充實著那個時代的人們的生活，這種生活越來越感性化了，在一定程度上說也是越來越審美化了。

所有這些政治、社會、文化、道德方面的趨勢也無疑在影響著歐洲其他國家，英國也屬於其中。本來，在 15 世紀時，英國在歐洲經濟中有著非常

023　加林主編：《文藝復興時期的人》，李玉成譯，北京：生活·讀書·新知三聯書店，2003 年，第 21 頁。

重要的地位，它是羊毛製品和布匹的主要出口國，但與漢薩同盟的地區比起來，英國長期處於劣勢，直到後來才取而代之。不過，英國的特殊之處在於它有一種特殊的政治體制，那就是自《大憲章》（*The Great Charter*）之後便一直延續下來的議會制和地方自治，這兩大優勢使英國的社會文化很容易發生變革或轉型。「從社會史和政制史方面來看，除了義大利而外，英格蘭的君主政體從中世紀的封建條件下邁出的步子最大。英國的騎士們首先喪失武裝軍事等級集團的身分。在十五世紀，他們被吸收到不再與市民階層的商業世界相隔一道鴻溝的紳士集團中去。他們與倫敦的主要商人家族相互通婚並社交往來，而在下議院中，『郡選議員』與城鎮選出的議員並肩坐在一起 —— 這是在歐洲大陸的大多數議會的會議中難以見到的社會平等的一個象徵。」[024]

說到英國與文藝復興和人文主義的關聯，可以上溯到喬叟（Geoffrey Chaucer, 1343 ～ 1400），他在 1372 年便作為宮廷官員訪問過義大利，在熱那亞、佛羅倫薩、米蘭等地留下足跡，受到當時義大利人文主義風潮的影響是自然之事。他還曾將波愛修斯（Boëthius, 480 ～ 525）的《哲學的慰藉》（*De consolatione philosophiae*）譯為英文，取名《波依斯》（*Boece*），而此書的思想也映現在其名作《坎特伯里故事集》（*The Canterbury tales*）之中。他借希西厄斯之口表達了自己的主張：「造物主以愛的美鏈束縛世界，定下生命期數，令各類事物相承相繼顯出永恆秩序，從而由萬物的規律，證明創造者的永恆。」[025] 現世生活充滿了美和愛，人沒有理由不珍視和享受它們。另者《坎特伯里故事集》本身也可看作是師法薄伽丘的《十日談》（*Decameron*），開啟了英國文學的現實主義之路。

---

024 G. R. 波特編：《新編劍橋世界近代史》（第一卷），中國社會科學院世界歷史研究所組譯，北京：中國社會科學出版社，1988 年，第 73 頁。

025 陸揚：《中世紀文藝復興時期美學》，北京：北京師範大學出版社，2013 年，第 297 頁。

在 16 世紀之前有很多英國官員和教士到義大利旅行，也有貴族聘請義大利學者擔任祕書，但他們沒有在中國發起大規模的新文化運動，雖然圖書館數量明顯增加，一些中學和大學也開始開設希臘語課程。經過了資本主義轉變的英國貴族，只有當人文主義涉及宗教問題的時候，才表現出較大的興趣。瓦拉（Lorenzo Valla, 1407 ～ 1457）修訂《聖經·新約集注》（*Notes on the New Testament*），費奇諾和皮科（Giovanni Pico della Mirandola, 1463 ～ 1494）吸收古代哲學，一定程度上拋開經院哲學建立新的神學，這些事情吸引了處於宗教紛爭中的英國人。

對於英國的文藝復興思潮來說，科利特（John Colet, 1466 ～ 1519）是一個至關重要的人物。他從 1594 年開始在義大利訪問兩年，深受費奇諾和皮科的影響，回國後在牛津大學舉行了關於《羅馬書》（*Epistle to the Romans*）的演講，甚至創辦了聖保羅學院（St Paul's School）。這象徵著他與經院哲學的公開決裂。對於《羅馬書》，他是從歷史的角度來解讀的，而不是當作一種神祕的啟示；如果說是一種啟示的話，也是以聖保羅的偉大仁慈之心靈為根基的。這意味著科利特是從人性的角度來理解宗教的，宗教的虔誠熱情應體現在世俗生活之中。科利特的思想縱然不能迅速被英國人全盤接受，但卻拉開了一場思想革新的序幕，歷經 16 世紀的凱斯、桑德森（John Sanderson, 1543 ～ 1602）、狄格比（Everard Digby, 1550 ～？）等人對古代哲學的研究以及論爭，還有著名的物理學家吉爾伯特在科學上的發現和對新方法的運用，迎來了讓英國哲學在近代自立門戶的培根（Francis Bacon, 1561 ～ 1626）。

科利特也並非一枝獨秀，在他訪問義大利的前後，英國大學和中學中業已開始教授希臘文和拉丁文，並且用拉丁文寫作的詩歌也得到了宮廷的喜愛，因為政治也找到了文雅的表達方式。這些現象象徵著修辭學在英國的興

起和流行。義大利人洛倫佐的《新修辭學》在 1479 年以來出版了 3 次，頗受歡迎。還有義大利人蘇里戈內從 1465 年起就在牛津大學講授修辭學，並推動了關於希臘學術的研究。在義大利人的影響之下，約克大主教內維爾（George Neville, 1432～1476）及其祕書，同時也是後來的大主教舍伍德（William Sherwood, ?～1482），成為造詣頗深的研究希臘的學者。此外，格羅辛（William Grocyn, 1446～1519）、林納克（Thomas Linacre, 1460～1524）同樣在人文主義學術方面有所建樹，並且因此而對舊的神學展開批判。

然而，英國人文主義者中的佼佼者當屬摩爾爵士（Sir Thomas More, 1478～1535）。他出身於倫敦一個富裕的市民家庭，卻能進入牛津大學，還結識了當時英國著名的人文主義者科利特、格羅辛和林納克，後來也與荷蘭的伊拉斯謨（Desiderius Erasmus Roterodamus, 1466～1536）成為至交。摩爾可謂文質彬彬，他身材適中，肢體勻稱，容貌俊朗，舉止優雅。他平常衣著樸素，漠視禮俗，到了正式場合卻容止得體，風度翩翩。此外，還通曉各門藝術，自然也深得旁人喜愛。在仕途上，摩爾也是飛黃騰達，出身平民，竟然能做到亨利八世（Henry VIII, 1491～1547）的掌璽大臣。

摩爾在學術上也是出類拔萃，他從林納克那裡學會了希臘文，並能用拉丁文翻譯琉善（Lucian of Samosata, 120～180）的作品，而對皮科的傳記和其他作品的英文翻譯，也堪稱英文散文的經典。他同樣關注神學，顯而易見，他是費奇諾、皮科新柏拉圖主義的支持者，反對保守而腐朽的經院哲學。此前，摩爾的那些人文主義師友們的貢獻多在語文學方面，雖然為革新英國學術多有助益，也極大地推進了宗教改革，使英國匯入文藝復興的潮流之中，但他們的視野畢竟還顯狹窄，未能觸及英國社會文化的各個層面。事實上，在文藝方面英國人仍然沉湎於騎士文學，是宮廷和上流社會的主要娛樂，而摩爾的傳世名作《烏托邦》（*Utopia*）則破除陳弊，廣開局面，

把哲學、宗教、學術和社會觀察批評熔於一爐,從這本書的全名《關於最完美的國家制度和烏托邦新島的既有益又有趣的全書》(*Libellus vere aureus, nec minus salutaris quam festivus, de optimo rei publicae statu deque nova insula Utopia*)也可見其主旨。

《烏托邦》以第一人稱敘述,第一部寫摩爾自己出使尼德蘭(Nederlanden),遇見一位精通希臘語和拉丁語的葡萄牙航海家希斯拉德(Hythloday),在兩人的交談之間,批判了英國的社會現狀;第二部則寫這位希斯拉德在航海冒險中到了一個島國烏托邦(Utopia),他細緻講述此國的所有故事。烏托邦人實行共產,蔑視迷信,崇尚理性,遵循自然原則,無論何事都以事實為依據,以實用為目的。他們並非不知美為何物,但美絕非華服美食,而是在追求真理的認識和行動中獲得的快樂,在於對美滿世俗生活的憧憬。如果說他們也崇尚感性的肉體,那也是源於自然的健康快樂。即便一個人肢體殘缺,形容畸形,也不必去譏笑,因為這是自然之過,並非他有意為之。「美觀、矯健、輕捷,這些烏托邦人視為來自大自然的特殊的令人愉快的禮品而高興地加以珍視。甚至按大自然意旨為人類所獨有的耳、眼、鼻之樂(因為其他任何生物都不能領會宇宙的燦爛外觀,除選擇食物外不能聞香味,不辨音程和諧與不和諧),他們也去追求,將其作為生活中的愉快的調味品。」[026]

這種崇尚理性、頌揚自然、熱愛世俗生活的精神,與義大利文藝復興的精神一脈相通,而且到了英國,它們又與新興的資本主義有了更緊密和現實的結合,雖然號稱烏托邦,但也並非完全空穴來風。說到底,摩爾還是把目光從神移向了人,其鵠的乃是高雅的現世生活,他身上所散發出來的是人性的光輝。在摩爾身上,人們可以看見文藝復興時期的英國宮廷、貴族、上流社

026　摩爾:《烏托邦》,戴鎦齡譯,北京:商務印書館,1982年,第80—81頁。

會的生活方式和理想在一定程度上發生了轉變。從前的貴族坐享其成，以奢侈豪華為榮，沉迷於田獵遊戲，熬鷹逗狗，少有人在文藝、學術上花費功夫。但隨著生產方式的轉變、商業貿易的發達，有越來越多的貴族捨得在後代的教育上投資，讓他們到歐洲大陸遊學，商人家庭也努力把他們的兒子送進大學，提高他們的修養，以圖進入貴族圈子，謀得一官半職，這既有利於他們的生產經營，也有助於抬升其生活地位。毫無疑問，這些轉變給英國文藝和學術的發展提供了動力，另一方面也使文藝和學術從宮廷與大學走向市民生活。

與摩爾相互輝映的另一巨星無疑是莎士比亞（William Shakespeare, 1564 ～ 1616）。這裡無意於描述莎士比亞在藝術上取得了多大的成功，在文學史上爭得了多高的地位，而是希望在他身上發現文藝在當時的英國處於何種狀態，對於推進文藝在整個社會生活中的轉型發揮了多大的作用。與摩爾相似，莎士比亞出身富裕市民，接受過教育，學過希臘文和拉丁文，但從小生活在鄉村的他熟悉並參與的是走街串巷的旅行劇團，從一個側面可見市民文化的流行。他所留下的戲劇雖有不少汙言穢語，卻很少有鄙俗之氣。他後來也為宮廷寫作和演出，卻也沒有宮廷劇的矯揉造作。莎士比亞生於市民文化，卻又出於市民文化，能將市民文化與高雅趣味雜糅在一起。

他所處的文化背景讓他能對傳統的戲劇觀念和模式予以顛覆，或者說他必須顛覆來適應新的環境。傳統戲劇遵循賀拉斯（Quintus Horatius Flaccus，65 B.C. ～ 8 B.C.）的訓誡要寓教於樂，也多以悲劇為正宗，像亞里斯多德所言，它們要寫「比平常的人好的人」，首先是地位要高。莎士比亞也寫地位高的人，有王者，有傳說中的英雄，但要注意的是，無論是哪者，多是名不見經傳，其中的英雄有些杜撰虛構的意味，甚至把這些人放在離時不遠的環境中。奧賽羅是威尼斯公國的一名將軍，馬克白（Macbeth）是蘇格蘭王的表弟，哈姆雷特是丹麥王子。說是虛構，但在當時的觀眾看來，恐怕也多認為是身邊之事，懷疑其乃是在影射自己和旁人，更別說英國

自己的歷代君王也出現在其中。比起古代戲劇來，莎士比亞的戲劇明顯帶有現實主義的傾向，這也符合喬叟的傳統，與摩爾的《烏托邦》同樣具有現實批判的意義。

縱然這些人物地位崇高，但說到其品德卻多算不上高尚。莎士比亞本來不打算塑造形象完美的角色，這倒也並不是有意要諷刺身居高位者。這些人物各有各的性格，特別是在某一點上非常突出，哈姆雷特的猶疑、奧賽羅的猜忌、馬克白的野心、理查三世的陰險、亨利五世的智謀和勇氣、亨利八世的悲涼。傳統的悲劇美學是要描寫英雄的毀滅和死亡，莎士比亞是沿襲這一傳統的，但若要有人從中得到教益，卻絕不能將他們看作自己的典範。這些人物的命運只能讓人在遠處靜觀，細細品味欣賞。換句話說，莎士比亞從不高高在上，給他的觀眾以不容置辯的教化，他要與觀眾同處劇場，一起議論，無論是英雄還是君王，都不過是與我們一樣的凡人。直白地說，這種戲劇離現實生活更近了一步，觀眾更容易走進劇中，設身處地，感同身受，觀劇可以成為生活的一部分。這無疑又開了後來狄德羅和萊辛市民劇的先河。

英國未來的哲學也並未完全走向法國理性主義，將人的本性歸於先天的理性，亦即一種機械的邏輯運算能力。在這裡，人性是體現在人的選擇和行動中的情感和衝動，這種人性自有規律，可以預測，但也必須由個人自己來抉擇和把握。由莎士比亞開啟的傳統，一路延續，在霍布斯、沙夫茨伯里、休謨的學說中清晰可見，它們不僅表現為一種理論，還有那種躁動不安或悲天憫人的氣質。

講到這裡我們可以發現，比起法國理性主義來，英國近代哲學在繼承文藝復興的人文主義和自然主義的過程中顯出自己的特色，前者把人性歸原為理性，將現實生活的理想視為宮廷和貴族所尊崇的得體禮儀，而後者則更重視人的情感屬性，英國人並不倡導放縱情感，但現實生活也必定遵循情感的規律。這種重情感而輕理性的取向雖然使很多英國哲學帶有濃重的功利主義

色彩，但這也恰恰是近代英國美學的一個重要根源，因為當這些世俗的慾望遭遇道德上的譴責時就會默默轉化，成為對於學術、德行和雅緻情趣的追求，或者說進行視角上的轉移，從旁觀者的角度來欣賞世俗的成功。

從霍布斯開始，情感一反 2000 年來所遭受的壓制，躍然進入哲學體系中，與理性一爭高下。在他眼中，人的本性至少包括兩個方面：一是機械性的運動，二是生命性的運動，前者是肉體的運動，後者是心靈的運動，而在心靈的運動當中，是主要受著慾望引導的。慾望引起了對外界的認識和價值的評判。在今天看來，是一個理性主義哲學開始席捲天下的時代，霍布斯的哲學顯示出的更多是非理性的一面。也許這多半是 17 世紀英國動盪不安的內戰局面造成的結果，霍布斯本人也因那些若有若無的政治迫害陷入恐懼之中，長期流亡國外。的確，在他的哲學中存在明顯的唯物主義和機械主義的理論，整個世界，包括人在內都遵循著嚴格的物質規律，但是如果沒有慾望和激情的推動，這個世界就不會運動，也無所謂規律，就像在牛頓（Sir Isaac Newton, 1643 ～ 1727）的世界，若沒有上帝之手，一切都將是靜止的。慾望和激情都是這個世界的生命，而物質則是其筋骨；反過來，雙方配合得緊密無間，人的精神生活和社會生活才顯示出可加解釋的規則，政治、宗教、國家等活動都必須透過它們來理解。

就美學領域來說，霍布斯同樣功不可沒。他本人鍾情於文藝，特別是古代經典，有生之年翻譯了諸多作品，有修昔底德（Thucydides，460 B.C. ～ 400 B.C.）的《伯羅奔尼撒戰爭史》（*History of the Peloponnesian War*），還有荷馬（Homer）的《奧德賽》（*Odyssey*）和《伊利亞德》（*Iliad*）。在批評理論方面，他更是繼承了培根關於想像力和判斷力的理論，指出判斷力為作品構造骨架，而想像力為作品賦予血肉，當然這些說法更多地帶有古典色彩。實際上，他對於美學的貢獻恰恰是情感理論。當他將人的本質與一切認識和行動的推動力視為慾望和激情的時候，人們對美的本質的認識就不必再

求助於形而上學，把美看作是理念或一種特殊精神，或把美的表現看作比例（proportion）。霍布斯在偶然間對美也做過定義，這個定義是以慾望和激情為基礎的。如果說慾望的實現可稱為善，否則便為惡，那麼有助於慾望實現的事物便是美的，否則為醜，慾望實現的狀態則是美的本質。固然，霍布斯一旦提到慾望和激情便讓人想起他對人的自私本性的看法，但他的確啟發後人在思考美的本質時可以選擇一條新的道路。

霍布斯對情感的理解主要以科學為依據，說起來這與笛卡兒有很大的相似之處，希望透過研究解剖學來解開情感之謎，但霍布斯還有一個重要的方法，就是對情感進行了現象學的描述，由此給情感劃分了一些類別。這種現象學又能使他脫開解剖學，把情感置於人的行動以及人際交往中來描述，包括行動的目標、慾望的狀態、實現慾望的策略、對他人的態度。從此，混沌一片的情感領域顯示出一些清晰的足跡。

沙夫茨伯里則為情感採取了不同的分類方式，包括自然情感或社交情感、自私情感和反常情感。他千方百計證明社交情感是人天生的情感，以及由因循和堅持這一情感而讓人得到的好處。同時，沙夫茨伯里完全拋棄了解剖學的方法，在他看來，人的本性與這些動物性的特徵毫無關係，人生的目標也早已超越口腹之欲，所以當人與外物相遇的時候，外物給他的不僅是肉體上的滿足，更多還是精神上的反映。只有理解這一層，才可能準確地理解人的行為和各種價值。毫無疑問，所謂美，並不存在於外物當中，而是人心內在的反映和評價，美是人對隱藏在物質背後的那種神祕的塑形力量的讚美和崇敬。如果要感知到美，人們不能依賴外在感官，而是有賴於一種內在的直覺能力，這便是內在感官。

對近代哲學那種條分縷析的方法，沙夫茨伯里譏之為礦工開礦，不屑與之為伍，但他卻開創了 18 世紀英國美學思潮，也拉開了整個西方近代美學的序幕。人們必須深入心靈內部，才能探究美的本質。同時，如果情感和理

性認識一樣有著清晰的規律，那麼對人的認識和理解就不必停留在猜測的地步，藝術也不用再依附於理性認識，抑或忍受無法則可循的指責，當然美學這門學科也就水到渠成了。

如此看來，美學的興起與文藝復興以來對世俗生活的回歸、對人性的持久關注和探索有著密不可分的關係。那個時候人文主義學者們在學術上的專注讓世俗之人找到了體現現世生活的價值和樂趣的一片沃土，藝術大師們在各個藝術領域中的探索創新讓後人體嘗到了創造的奧妙，他們留下的作品成為後人的典範，也成為美學家們闡發自己學說的範例。

真正需要注意的是，文藝復興時期人們在發掘古代學術和藝術的時候，並不是將它們作為面壁沉思的對象，而是貫徹於實實在在的生活中。如前文所述，他們關注語文學（philology）、修辭學，是要將這些運用於社會交往當中，他們研究柏拉圖、亞里斯多德以及古羅馬哲學家的思想，也還是要透過它們來思考自己的生活，或求得精神上的淨化，或追求高雅的言行，獲得今人的尊重，也留得後世英名。當涉及敏感的宗教問題時，那個時候的人們也希望把純潔的宗教信仰與高尚的現實生活結合起來，不要將美好的生活留待來世。18 世紀英國美學也同樣如此，其中對美的思考不單是為了解決理論問題，也是為了給現實生活引導方向。資本主義經濟的發展、自由的政治信念，賦予個人以獨立的精神空間，但也受到功利主義、物質主義的困擾，如何在享受自由精神和物質財富的同時保留公共秩序和高尚道德，是這個時期的哲學家們普遍思索的問題，而美學的興起和發展也是指向這個問題。近代美學一直堅持的非功利性原則，實際上同時也源於倫理學。沙夫茨伯里以來的美學家們常常提到美善同一，其含義已然不同於古代，而是奠基於新的生活和新的哲學。

經驗主義哲學的支持

　　說到 18 世紀的英國美學，自然無法繞開英國獨有的哲學傳統，吉爾伯特和庫恩在他們的《美學史》中甚至說，懷有強烈的清教徒傾向的洛克雖對藝術頗有微詞，但具有諷刺意味的是，正是洛克開啟了 18 世紀英國美學學派。這個論斷未必準確，但也有一定的合理之處，因為正是經驗主義哲學為之後的美學提供了可靠的方法，所以稱 18 世紀英國美學為經驗主義美學也同樣有其合理之處，雖然問題遠非如此簡單。

　　英國的經驗主義傳統可謂源遠流長，可以追溯到中世紀經院哲學中的唯名論（Nominalism）。唯名論與實在論（realism）爭論的焦點是：是否承認有脫離人心而存在抽象的實體或共相（universal），共相與殊相（particular）何者優先。也許這個傳統與英國的政治背景有很大關係。1066 年諾曼人入主英格蘭，成為英格蘭國王。他們原本建立集權政府，與當地的盎格魯──撒克遜人一起統治，到 12 世紀已成為歐洲最強大的國家之一。然而，13 世紀初英王約翰（John, King of England, 1166～1216）即位之後卻起了紛爭，貴族們懷疑他的王位來歷不正，是殺害其侄子阿蒂爾（Arthur I, Duke of Brittany, 1187～1203）後獲得的。同時，法國國王掠取諾曼第土地，也令英國貴族不滿，他們要求約翰奪回土地，約翰隨即於 1214 年發動對法戰爭，可惜慘敗。雪上加霜的是，約翰與教皇就坎特伯里大主教（Archbishop of Canterbury）的任命問題產生衝突，教廷要對英國施加懲罰。約翰被迫向教皇臣服，承諾每年繳納貢賦 13,000 馬克，但這又引發貴族們的怨怒。1215 年貴族們得到倫敦市民的支持，進軍倫敦，並挾持約翰，約翰被迫同意貴族們提出的《男爵法案》（*Articles of the Barons*），隨後簽署《大憲章》。《大憲章》規定國王只是貴族的一員，沒有凌駕眾人的權力，而貴族們也應效忠國王。雖然此條約被教皇宣告作廢，但無疑穩固

了英國的議會權力和地方自治，而此後歷朝歷代，一旦國王與貴族間滋生矛盾，貴族們便重提《大憲章》，要求限制國王權力。這便有了英國人引以為榮的自由傳統。在這樣的傳統中，個體不必完全服從整體，而具有相對的獨立和自由。如果將這個命題轉換成哲學術語，也就可以說，殊相並不低於共相，或者共相並不能獨立存在。

　　13 世紀時英國的羅傑‧培根（Roger Bacon, 1214 ～ 1294），被人冠以「奇蹟博士」（Doctor Mirabilis）之名。這位哲學家既堅持神祕主義、神權政體，迷戀占星術、煉金術和神話，同時卻又鍾情於科學實踐和技術發明。科學在他的思想中的確占有重要位置，因此學者們稱其為近代科學思想的開創者。在他看來，只有透過哲學和科學，人們才能認識造物主，但他實際上談得更多的還是造物，就像整個中世紀經院哲學的思維模式一樣，宗教目標是明確的，哲學的任務則是讓人們理解這些目標。不過他也確實不同於其他哲學家，因為他採取的不是演繹法，而是實驗法，而這也是他鍾情科學的結果。對於科學研究來說，羅傑‧培根除了重視數學的作用外，再就是強調實驗的意義了。首先，要獲得科學知識，必須清除四個障礙，即無力的權威、習慣的勢力、流行的偏見和假冒的知識，這恰恰是後來法蘭西斯‧培根四偶像說的來源。掃除這些障礙，須有實驗的助力。「他同法蘭西斯‧培根一樣，堅決地拒絕科學問題上的一切權威；同他一樣對知識抱著一種廣博的看法，並試圖對科學進行分類；也同他一樣把自然哲學看作最主要的科學。」[027] 其次，要獲得正確的知識，數學的論證必不可少，但這樣的前提卻是要有證據，所以，「除非透過實驗發現真理，不能使人心在自覺地掌握真理中得到安息」，「如果我們想有完全地和徹底地證明了的知識，我們必須依靠經驗可循的方法來進行」[028]。

027　索利：《英國哲學史》，段德智譯，濟南：山東人民出版社，1992 年，第 6 頁。
028　胡景釗、余麗嫦：《十七世紀英國哲學》，北京：商務印書館，2006 年，第 36 頁。

順理成章，對於共相和殊相的問題，他站在唯名論一邊，但他的看法仍有特殊的地方。他認為個別事物具有實在性，而非共相的簡單反映，不過他並不排除共相的意義，否則人的認識就很容易陷入主觀化。他實際上採納的是亞里斯多德主義，認為共相是寓於殊相之中的，共相乃是對殊相的歸納和綜合。這種唯名論也使得他在中世紀少有地尊重個體的價值，他說上帝創造的不是抽象的人，而是具體的人，是具體的人在現世生活中完成贖罪。

在羅傑‧培根之後，英國又出現了「精湛博士」（Doctor Subtilis）司各脫（Blessed John Duns Scotus, 1265～1308）。在哲學史上，他讓唯名論、經驗論與阿奎那（St. Thomas Aquinas, 1225～1274）所代表的正統經院哲學分庭抗禮。在中世紀，當哲學與神學之間形成矛盾之時，司各脫採取了一個聰明而有效的原則，看起來能讓兩者相安無事。為了維護神學的權威，他提出如上帝存在、三位一體、道成肉身等教義，只能依靠沉思冥想，而不能依靠理性來證明，反過來哲學可以自成一統，它在神學之下，不會推翻宗教信仰，而且信仰本不能消除人的懷疑，而理性思考卻能夠消除，使信仰變得更穩固。所以，「鄧‧司各脫作這樣的區分，是為了維護信仰，但是，其結果卻為哲學的解放開闢了道路」[029]。

相比於羅傑‧培根，司各脫的唯名論還要複雜一些。他承認共相的存在，但他認為不能一概而論。共相有不同的類型，共相既可作為上帝心中的形式，先於事物存在；還有共相是作為事物的本質和一般的性質，這種共相是存在於事物之中的；第三種共相是作為人心中的抽象概念，它們則後於事物而存在。第一種共相是純粹的，無物能與之匹配；第二種共相則寓於具體事物之中，與物質不可分；第三種共相需以具體事物為根基。尤其是第三種共相有些特殊，這涉及認識論（epistemology）。如果不從具體事物開始，認識便無法開始，人也談不上有思維。不過，只要有思維，人便開始運用共

---

029 梯利：《西方哲學史》，葛力譯，北京：商務印書館，1995 年，第 231 頁。

相，即一般所謂概念。如此一來，共相便分身而在，下可以光被萬物，上可以通達上帝這種最高存在。

當談到人的本質的時候，司各脫的學說也有新異之處。他認為形式和物質、靈魂和肉體構成了人的實質性的統一體。既然如此，肉體作為內藏靈魂的個體肉體，也有其特殊形式，所以每一個個體也就有特殊性。靈魂是人的本質，有不同的能力，其中最重要的便是智慧和意志。在阿奎那那裡，智慧高於意志，是抽象和單純的機能，這使人成為理性的動物，也是人達到道德的善和領會聖意的必要能力。而司各脫反其道而行之，認為意志高於智慧，因為如果意志由理性來決定的話，意志便不成為意志。靈魂有智慧，也有想像，但它們只是意志活動的前提，而意志必定要執行贊同和否定的權力，簡言之，意志必然要有可選擇和決定的對象和內容。這樣的意志便是自由意志，它可以維護道德的原則。對於後來的經驗主義，這種學說顯出兩個重要的意義：一是重行動而輕冥思，二是哲學家們可由自由意志發展出自由主義的政治理論以及與其相關的情感理論。

此後，唯名論的代表人物還有著名的奧坎的威廉（William of Ockham, 1285～1349），他是司各脫的學生。他的觀點要比其前輩激進但也簡潔。他只承認有個別的東西存在，人類的一切知識皆由個別的東西而起。不過，人可以從個別事物中抽繹出共有的性質，得到共相或概念，但他並不認為人心中有什麼特殊能力來完成這一抽繹，反言之，人依靠直觀或知覺便可完成這一任務，所謂共相只是一些符號和文字，用於表述共相或概念。即便如此，當人們做判斷的時候並非只涉及觀念，而總是關聯到具體事物。總之，人心之外沒有共相，共相不存在於事物之中。他這樣刪繁就簡，指出「不要不必要地增加實體或基質」，便被稱作奧坎剃刀（Ockham's Razor）。

對於後來的經驗主義哲學來說，威廉的影響在於他對感官知覺和直觀的重視，而直觀不僅包括感官知覺，還包括人對自身內在狀態的認識，智力作

用、意志活動、喜悅和悲傷，這些觀念比感官知覺感覺更確實。這可以看作是後世洛克提出的感覺和反省的先聲。同時，威廉承認有抽象知識，它們依靠演繹或三段論而獲得，但是這些知識的基礎卻只能依靠對經驗歸納，當然他沒有像法蘭西斯‧培根那樣系統地研究歸納方法。還有一點值得一提，威廉也寫過一些政治著作，捍衛世俗統治者的權力，反對教皇的干預，這也在一定程度上反映了世俗權力的強盛。

　　在奧坎的威廉之後兩個世紀，也就是文藝復興時期，英國哲學彷彿出現斷層，沒有有影響力的哲學家。不過，關於共相和殊相的爭論還在延續。到16世紀末期，劍橋的狄格比和坦普爾（William Temple, 1555～1627）這對師生之間展開了辯論，涉及哲學和科學的方法問題；認識的方法是否是雙重的，「即從殊相到共相與從共相到殊相，還是只有一種推理方法，即從共相開始的推理方法」[030]，狄格比恪守亞里斯多德主義，而坦普爾則提倡新邏輯，希望擺脫亞里斯多德主義的繁瑣體系。時在劍橋三一學院（Trinity College, Cambridge）讀本科的法蘭西斯‧培根應該熟悉這場爭論，這讓他尤其關注方法問題。在科學領域有一位物理學家所取得的成就也對法蘭西斯‧培根有所影響，亦即吉爾伯特（William Gilbert, 1544～1603）。他於1600年以英文發表《論磁鐵，或磁性物體》（*On the Magnet and Magnetic Bodies, and on the Great Magnet the Earth*），「吉爾伯特自己和後來的法蘭西斯‧培根一樣明確表示，期望透過純粹的思辨或透過一些空泛的實驗達到認識自然的目的都是徒勞無益的」。吉爾伯特沒有提出任何歸納理論，但他意識到自己正在倡導一種新的哲學思維類型。

　　黑格爾（G. W. F. Hegel, 1770～1831）說，英國人說有一種獨特的民族傾向：「英國在歐洲似乎是一個局限於現實理智的民族……以現實為對象，

030　索利：《英國哲學史》，段德智譯，濟南：山東人民出版社，1992年，第12頁。

卻不以理性為對象。」[031] 這種傾向加上唯名論的傳統，還有文藝復興以來科學上的發展，讓法蘭西斯‧培根開啟了英國的經驗主義哲學，而其也代表了近代哲學的精神。說到近代哲學精神，梯利（Frank Thilly, 1865～1934）的一些話足資為鑑：「新時代的歷史可以說是思考精神的覺醒，批評活躍，反抗權威和傳統，反對專制主義和集權主義，要求思想、感情和行動的自由。……在文化領域也有同樣的情況，反對控制，要求自由。理性成了科學和哲學中的權威。……個人在宗教和道德方面同一摒棄了教會的桎梏。在文化問題上尊重理性，和在信仰和行為問題上注重信念和良心，並駕齊驅。」[032]法蘭西斯‧培根自己則說：「我發現最適於我的莫過於研究真理；因為我的心靈敏銳和多才，足以覺察事物的類似性（這是主要之點），同時它又很堅定，足以盯住與分辨出事物之間比較微妙的區別；因為我天生就有求索的願望，懷疑的耐心，思考的愛好，慎於判斷，敏於考察，留心於安排和建立秩序；並且因為我這個人既不愛好新事物也不羨慕舊事物，憎恨一切欺騙行為。所以，我想我的天性與真理有一種親近與關聯。」[033] 這並非自誇，他最後的仙逝就是在考察雪的防腐性能的途中。

法蘭西斯‧培根算不上是個偉大的科學家，但他卻有一個宏偉的計畫：科學的偉大復興。這個計畫包括六個部分：科學的分類、新工具或關於解釋自然的指導、宇宙的現象或一部作為哲學基礎的自然的與實驗的歷史、理智的階梯、新哲學的先驅或預測、新哲學。重要的是，這個計畫本身的目的不是某個學科的特殊知識，而是關於科學認識的原理和方法。所謂「工欲善其事，必先利其器」，在科學研究中，只有先樹立合理的中心思想，才能取得廣博的成果，這種中心思想可稱作經驗主義。

031　黑格爾：《哲學史講演錄》（第四卷），賀麟、王太慶譯，北京：商務印書館，1978年，第18頁。
032　梯利：《西方哲學史》，葛力譯，北京：商務印書館，1995年，第282頁。
033　索利：《英國哲學史》，段德智譯，濟南：山東人民出版社，1992年，第19—20頁。

經驗主義之所以強調經驗，是因為中世紀以來以三段論（Term logic）為典範的演繹推理妨礙了知識的獲得。三段論由命題構成，命題由語詞構成，而語詞又代表概念，然而，如果概念本身就是空洞和錯誤的，或者說概念本身就混亂，那麼整個推理也就以訛傳訛，謬之千里了。所以，獲取知識的首要工作還是從具體事物開始，集腋成裘，方有正確而有用的知識。而觀察具體現象之前就應該謹防各種偏見，這便是培根所謂的四偶像（幻象）：種族偶像（Idols of the Tribe）、洞穴偶像（Idols of the Cave）、市場偶像（Idols of the Marke）和劇場偶像（Idols of the Theatre）。如果仔細觀察，得到最細微、最精確的現象，人們便可用這些材料構成知識，而如何運用這些材料也應有系統的方法，亦即經驗主義歸納法，它可以分成幾個基本步驟：第一是材料的蒐集。第二是三表法，即觀察和確立材料之間的關係。第三是排斥法。第四是「初步的收穫」。除此之外，培根也提出了一些輔助方法。

對於理解 18 世紀英國美學，培根的經驗主義歸納法自然具有很重要的參考價值，但自霍布斯開始，哲學家們關注的重點不僅僅是今天意義上的自然科學，他們同樣堅決排斥任何先天的觀念和法則，主張一切研究都必須從由人自身獲得的直接經驗開始，正如 18 世紀英國美學家們都從分析具體的審美現象開始，甚至有些美學家還直接用到了培根所提出的一些可操作的方法。就培根的哲學與後世的美學而言，我們應該關注的是：這種哲學如何促成了英國美學的產生。

首先，培根的研究計畫確實不同於今天意義上的自然科學，而是包羅萬象，可謂上至天文，下至地理，要將自然和人類的一切都包括在理性研究的範圍中，昭示了啟蒙哲學建立知識體系的雄心。且不要說在他所劃分的三類知識中，本已單列出詩歌這一類，另外兩類有歷史和哲學，而哲學中既有自然哲學、數學，也有人類哲學、人體的學問，還有心靈的知識。在人體的學

問中包括了醫學、美容學、運動學和行樂藝術，其目的是達到人體的理想狀態，即健康、美麗、力量和快樂。我們關注中世紀以來英國唯名論強調著眼於具體事物，俯察眾生，又企圖將科學和宗教神學相分離，從而促使科學的解放，當時哲學家們固然對人生之樂漠然而視，但這種傾向到了培根這裡卻結出更多成果。當培根將生活的感性領域也試圖納入理性研究的範圍時，就預示著美學這門學科必將產生，縱然在今天有很多美學家認為這一結果是讓理性統攝感性世界，但其中積極的歷史意義仍不容忽視。

其次，培根劃分三類知識乃是根據人心的三種能力，即記憶、想像和推理。這種理路與笛卡兒相得益彰，都象徵著主體性哲學的建立，當然他所理解的推理不同於笛卡兒所主張的那種演繹。培根對於這三種能力如何而來不加追問，也無暇描述它們如何運作，但與理性主義不同的是，他所引導的哲學的這種內轉，不僅產生了新的邏輯學，而且引發了後來經驗主義哲學家們對心理學的極大熱情。近代美學與心理學的關係幾乎密不可分，而培根則有開創之功。

再次，培根把詩歌歸於想像的領域，直接影響了 18 世紀英國美學將想像置於美學的核心。他認為想像是在不同的地方發現相同之處，而判斷力則在相同的地方發現不同之處，想像可以將對象隨意分合，造成不合法的「結婚和離婚」。這個學說也引導後來的美學家注意探索想像的規則，以更清晰地描述審美經驗，其成就已非培根所能企及。

然而，除了這些，在培根身上也許還有更多需要注意的事情。在哲學史上，他通常作為經驗主義哲學的奠基者現身，也因他在自然科學研究方法上的卓越思想而可能被看作是一個科學主義者，但是他絕非一個書齋式的哲學家。在那個時代，很少有哲學家因其經歷和性格而備受關注和爭議，而培根則在這少數之列。他出身於貴族，受教於劍橋，20 多歲時隨波利特爵士（Sir

Amias Paulet, 1532～1588）出使法國，彷彿前途似錦。而後卻又沒能繼承多少家業，只好從業律師，拜謁塞西爾家族（Cecil），以圖爭得名利。後來雖有升遷，卻因觸怒女王而不受重用。爾後投奔埃塞克斯伯爵（Robert Devereux, 2nd Earl of Essex, 1565～1601），又因伯爵叛亂而險遭厄運。等到詹姆士一世（James I, 1566～1625）即位，培根終於受寵，雖然不免有巴結逢迎、趨炎附勢之嫌，但也換得仕途一片光明，升至掌璽大臣，乃至大法官，受封爵位，但誰料到最後卻因一起不明不白的受賄案被褫奪公職，身陷囹圄。虧得宮廷垂憐，他才免受牢獄之苦，也未失錢財，但從此之後卻再也不能進入宮廷。

說到文界名人的仕途，培根算得上是飛黃騰達了。100 多年後，渴望榮名的休謨卻混不到一官半職。他對功名的渴望、宦海沉浮的生涯，從另一個側面也說明英國的社會文化史重視現實利益，不管這種利益事關個人還是國家，當然個人在此中也遭受著信念和情感上的顛簸起伏，他們更懂得人性之複雜、世道之難測。敏感的培根一生喜愛寫隨筆，先後 3 次增補出版其《論說文集》（Essayes），內容涵蓋宗教、政治、道德、娛樂等各個方面，上承塞內卡（Lucius Annaeus Seneca，?～65）、奧理略（Marcus Aurelius, 121～180）、西塞羅（Marcus Tullius Cicero, 106 B.C.～43 B.C.），下啟艾迪生、休謨，堪稱英國散文的典範之作。類似的人生遭遇、現實情懷，讓英國的哲學家們更留意感性生活和情感體驗，由此而言，近代美學率先在英國興盛實屬必然。事實上，在其《論說文集》中，培根就寫了諸如〈說美〉（Of Beauty）、〈論禮儀〉（Of Ceremonies and Respects）、〈說建築〉（Of Building）、〈說花園〉（Of Gardens）等篇目。這些隨筆不能說是美學論文，培根也無意改變當時的審美風尚，說到美要與德相得益彰，互增光輝，也是些老生常談的話。他指出繪畫的美不能借助公式，而要自然天成，

也算有些見地。對於美學史研究來說，這些文章能讓人看到感性的表現和裝飾如何與宗教問題剝離開來，成為社會交往中的重要媒介，各種娛樂成為正當的生活內容而積極地參與構建不同於封建社會的文化模式。這正是 18 世紀英國美學的主旨所在。

從培根到霍布斯，英國經驗主義哲學進行了一次轉向。雖然培根在其隨筆中也大範圍涉及人類生活的內容，或者說是人的心靈，但也很難說他有意地用統一的哲學原則和方法來闡述它們，而霍布斯之所以在哲學史上留下重要的一頁，正在於他在這一方面的開拓性研究。索利（William Sorley，1855～1935）講道：「他的獨創性則在於他試圖不僅用它（按：物質規律）來解釋自然，而且還用它來解釋心靈和社會。」[034] 實際上，霍布斯甚至也超越了機械的唯物主義，用他那創造性的心理學來解釋心靈和社會。

確實，在哲學史上霍布斯通常被描述為一個唯物主義哲學家，他試圖用物質規律來解釋一切。這源於近代哲學的理想，希望將哲學從由抽象概念構成的玄思中解放出來，用切實和證據及數學般明晰的邏輯來構造一個知識體系的穩固大廈。在《論物體》中，霍布斯將哲學研究的對象定為物體，「這種物體我們可以設想它有產生，並且可以透過對它的思考，把它同別的物體加以比較，或者是，這種物體是可以加以組合與分解的，也就是說，它的產生或特性我們是能夠認識的」[035]。當人們能看清具體的物體及其特性時，便有了知識的材料，接下來可以發現其間的關係。基本的關係是因果關係，構建知識就是由因到果或由果到因的推理：「哲學是關於結果與現象的知識，我們獲得這種知識，是根據我們首先具有的對於結果或現象的原因或產生的知識，加以真實的推理，還有，哲學也是關於可能有的原因或產生的知識，

034　索利：《英國哲學史》，段德智譯，濟南：山東人民出版社，1992 年，第 55 頁。

035　北京大學哲學系外國哲學史教研室編譯：《十六—十八世紀西歐各國哲學》，北京：商務印書館，1975 年，第 64 頁。

這是由首先認識它們的結果而得到的。」[036]

如果霍布斯哲學的目的不是自然世界，而是人類生活，那麼這些話只是表露出一種意圖，即希望把人類生活的所有內容都轉化為確實可見的基本材料，然後可以憑藉簡明的邏輯來解釋。然而，人類生活的內容是發生在人心中的，所以他要解釋的是人心的規律，也就是要建立一門新的心理學，把人心中那些飄渺不定的行為轉化為如物質一般可以辨認的要素，並借用數學的邏輯來加以解釋。

不過，從物質到心靈畢竟需要透過一些步驟來連接。因而我們看到，其巨著《利維坦》是從感覺開篇的。霍布斯首先以生理學的方法來解釋外物是如何進入心靈的。物體要對人的肉體施加作用，而肉體也要對這種作用有所反應，甚至是主動的反應。這樣，經過複雜的生理機制，物體及其性質變成了心裡的思想，由於這些思想全然不同於原來的事物及其性質，所以他稱這些思想為假象或幻象。感覺終究是即時性的，感官離開事物後，感覺雖然不會離開消失，但它們便會逐漸淡化，在心靈中留下一些痕跡，這些痕跡就是想像，反之「想像便不過是漸次衰退的感覺」[037]。如果我們關注感覺衰退的過程，那想像也就是所謂記憶。最終，人心中存在的都是想像。如果人們給心中的感覺和想像一個名稱，便是所謂觀念。

人們始終要面對眼前不斷流轉的事物，心中接續不斷地生成感覺和想像，接下來就要在這些感覺和想像之間建立一定的關係。在霍布斯看來，這些關係必定是心靈自己的作用，而不單依靠外物的刺激，雖然它們可以從外物那裡找到來源。實際上，在感覺衰退為想像時，我們就能觀察到這些關係。想像可以是「曾經全部一次或逐部分若干次被感官感覺到事物」，前者是同時再現，可稱作簡單的想像，而後者則指心靈把逐次感覺到的東西相疊

036 同上，第 60 61 頁。
037 霍布斯：《利維坦》，黎思復、黎廷弼譯，北京：商務印書館，1985 年，第 7 頁。

加，生成新的東西，可稱作復合的想像，例如人首馬身的怪物。當然，有些復合的想像是由於原先的感覺就是依次接續地生成的。無論如何，霍布斯相信，心靈無法在一剎那容納許多東西，而是一個一個地依次排開，而其間的關係或是由感覺順序造成的，或是由心靈自身原因造成的。但是，後者又按照什麼樣的規則形成呢？這便要導入一個重要的因素，即慾望或激情。霍布斯把連續的想像或思想稱作思維繫列或心理討論[038]，它們可以分為兩種：「一種是無定向的、無目的的和不恆定的」，「第二種思維繫列由於受到某種慾望和目的的控制，比前者更恆定」[039]。顯然，第一種毫無章法，或者即使有其規則也無助於探索人性的規律，所以第二種是哲學探討的重要內容。雖然霍布斯把各種推理看作不過是像數學上的加減運算，但這些運算一來要將心理活動包括在內，二來也必然受到慾望和激情的引導，由此可看出慾望或激情在其哲學中的重要地位。這一點在以往的哲學中從未受到重視，因此霍布斯就為後來的哲學開闢出一個嶄新的領域。

鑑於慾望或激情的獨特性，霍布斯把動物運動分為兩種：一為生命運動，二為動物運動或自覺運動。實際上，前者相對於今天所謂生理運動，後者則是心理運動，後者之所以為自覺運動，是因為它們都受著某種慾望或目的的支配。由慾望的指向、狀態、程度、實現方式及與對象和他人的關係，霍布斯可以描述出不同的心理活動，但他沒有明確用這些分類標準。慾望的潛伏狀態是意向，意向如果明確由某物引起便成了慾望，而要避開某物時則成了嫌惡，這樣的慾望和嫌惡類似於愛和恨；所慾望之物被稱作善，所嫌惡之物則為惡；一物預示善為美，預示惡為醜；如果這些狀態表現出來，我們可以稱作愉快或不愉快的情感。霍布斯列舉了上百種心理現象，不過只是現象學

---

038 「討論」一詞，霍布斯的原文是 discourse，今義為談話、論文等，但從詞源上說，discourse 的詞根是 course，即跑、跑道之意，所以 discourse 的意思是由一個觀點散發出去，也就是推理、演說，故建議將「心理討論」譯為「心理推論」。

039 霍布斯：《利維坦》，黎思復、黎廷弼譯，北京：商務印書館，1985 年，第 13 頁。

的描述，因為他的確是將它們置於各種要素的關係當中來描述的，而絕非僅僅運用生理學的原則。此後休謨根據主體、原因、對象的相互關係來對情感予以分類，當然其系統就更加完善了，但不能不說他從霍布斯這裡得到了很大的啟發。

無論如何，在霍布斯的體系中，外在世界呈現在人眼中時不再只是某些中性的性質或形象，而是心理活動的推動者或表現者：「當同一對象的作用，從眼睛、耳朵和其他器官繼續內傳到心時，其所產生的實際效果只是運動或意向，此外再也沒有其他東西可言。」[040] 由此引申開來，外在世界不僅是認識的對象，而且也是情感的對象和媒介；眾人皆知外在事物可以為美，而美的本質為何，人心中如何感覺為美，此前的哲學無法進入這些問題，甚至把美斥為一種偶然的主觀印象，從而驅逐出知識的王國。從霍布斯開始，因為情感世界的規律被呈現出來，美的神祕之門始將開啟。

霍布斯那種馬基維利主義的政治思想未免過於露骨，恐怕讓人對高尚道德、宗教虔誠的信念全盤喪失，但他在心理學上的創見為經驗主義哲學家們繼承發揚，並在將來的美學中擔當大任。比霍布斯更溫和的洛克使經驗主義哲學得到了更清晰的表達，也對 18 世紀英國美學產生了更直接的影響。

「總的說來，洛克可被看作是英國哲學方面最重要的人物。其他一些哲學家在天資方面勝過他；他沒有霍布斯那樣的綜合的理解力，也沒有巴克萊的思辨的獨創性和休謨的精明，但在坦率、睿智和敏銳性方面，則是無人能超過他的。」[041] 這個評價非常之高，也很中肯。洛克在很多方面都談不上有獨一無二的創造性，但他卻能博采眾長，熔為一爐，而往後經驗主義哲學的許多核心概念和命題也都是他提出或確立的。

這些概念中，最具代表性的便是觀念（idea）。此一概念在英文中與柏

040　霍布斯：《利維坦》，黎思復、黎廷弼譯，北京：商務印書館，1985 年，第 38 頁。
041　索利：《英國哲學史》，段德智譯，濟南：山東人民出版社，1992 年，第 109 頁。

拉圖的理念共用一詞，在那位古希臘哲學巨人那裡，這個概念指的是超越具體的感性之物的精神實體，乃是真理之所繫。但這理念究竟為何物，千餘年來哲學家們眾說紛紜，它若是普遍而抽象的共相，又是如何被肉體凡胎所知覺，現實世界又有誰所見；若是被人所見，那就應是具體之物。不過，唯名論遇到的問題是，現實世界固然皆為具體之物，人心中何來以語言名之的事物，而語言居然能人人共知共用，所以，這個爭論的核心便是如何使外在世界的具體事物與人心中的觀念聯繫起來。自培根以來，英國經驗主義便致力於駁斥天賦觀念論，而洛克也一以貫之。

　　知識由觀念構成，這是共識，而觀念何來呢？洛克堅持，一切認識皆始於感覺。這個主張與培根和霍布斯無異，培根側重於方法論，以說明如何求得知識；霍布斯用生理學的方法，來解釋感覺之緣起和心中思想的生成；洛克在很大程度上放棄了生理學的原則。雖然他承認物質對於肉體的作用毋庸置疑，但這個原則卻不能解釋一切觀念的生成機制，尤其是關於心靈自身這個世界中的觀念，例如知覺、意志、情感等。所以，洛克確認，觀念的來源基本有兩種：一是感覺，二是反省，前者對外，後者對內。但是，感覺可以有感官作為憑藉，而反省又透過何種器官來實現呢？因而生理學不能完全解釋這類觀念的形成，雖然只有感覺發生之後，人心中才有各種活動可以讓內省覺察到。如果有某種器官或機能可以作為內省由此活動的基礎的話，洛克直接稱其為內在感官，它可以直覺到心靈中的一切活動。在後來的美學中，「內在感官」一詞成為重要的概念，借此來解開美如何被知覺到這個謎團，其主要來源之一無疑是洛克，而另一個來源則是其學生沙夫茨伯里。

　　如果吉爾伯特和庫恩的《美學史》認為洛克開啟了18世紀英國美學學派這個說法可以成立，除此之外，還有一點理由是，洛克比霍布斯更清晰地闡述了觀念聯結論（associationalism）。這個學說說來並不複雜。洛克與

培根和霍布斯一樣主張原子論，也就是在獲得知識的時候首先要查明構成知識的最小元素，然後再觀察這些元素之間的關係。不過，這些元素不是外物，而是人心中的觀念。洛克斷定，人最初透過感覺得到的觀念都是簡單觀念，亦即不可再分的觀念，如外物的大小、長短、數量等，亦即心靈的各種活動，所謂知識都是由這些元素一步一步地構築起來的複雜觀念。而對於構成知識的觀念關係，洛克則提出，它們都是心靈的天賦能力造成的，即結合、比較和抽象。結合能力把幾個簡單觀念結合為一體，成為複雜觀念；比較能力把兩個簡單或是複雜的觀念放在一起彼此相鄰以同時觀察，但又不把它們結合為一體；抽象能力是把一些觀念和它們在存在中伴隨的一切其他觀念分離開來，由此造成一切一般觀念。由此構成的複雜觀念有三類：樣式複雜觀念、實體複雜觀念和關係複雜觀念。洛克沒有確切表明心靈的三種能力與三類複雜觀念之間是一一對應的，不過至少存在一定的關係，此為觀念聯結論。這一理論固然簡單且機械，卻實用有效，能從某個角度化解傳統的哲學難題，比如實體是什麼，洛克用觀念聯結論來解釋說，實體不過是人感覺到恆定地存在關聯的一些簡單觀念，比如一張桌子是個實體，實體本不在外在世界，因為外在世界存在的只是散落的各種性質，而不存在「一張桌子」；是人的心靈把這些性質結合起來，並給它們一個支撐（substance）。

　　有趣的是，洛克還因此給美下了一個定義：「美，就是形象和顏色所配合成的，並且能引起觀者的樂意來。」[042] 美屬於混雜的樣式複雜觀念，意即美是由不同種類的簡單觀念混合而成的。這樣的定義在今天看來有些滑稽可笑，但觀念聯結論給後來美學的影響卻是實實在在的。洛克的觀念聯結論確實存在不少缺陷和模糊之處，但他很明確地把知識探索的視線引向心靈內部，要用觀念及其關係來解釋一切現象，這是後來美學的基本原則。與此同

042　洛克：《人類理解論》（上冊），關文運譯，北京：商務印書館，1983 年，第 132 頁。

時，洛克還有一個觀點，即第一性質觀念和第二性質觀念，前者與外物的性質相符或是其真實復現，而後者如顏色、冷熱等觀念原因雖在外物，卻是心靈主動形成的。後來的很多美學家們也主張一個觀點，即美的原因在心外，但美本身是心靈的產物。後世美學家，尤其是艾迪生是從此來引申出其美學思想的。再一個，洛克的觀念聯結論強調了觀念之間機械或數量的疊加組合，而缺少觀念之間的「化學反應」，對於觀念聯結的方向、速度、線路等細節也沒有細緻的探究，觀念聯結與情感之間的關係也付諸闕如。不過後來的美學家們關注到了這些方面，使之成為解釋審美經驗的有力手段。

在經驗主義哲學發展成熟的過程中，每一個哲學家都貢獻了獨特的財富，到洛克時更是到了新的高度，可以用來構建整個人類生活的模式。事實上，這個哲學流派在政治性、倫理學等領域也留下了豐富的遺產，甚至為歐洲近代革命提供了強有力的武器。然而，到了 18 世紀，經驗主義仍然在不斷地延續和深化中，貝克萊、休謨、裡德都堪稱經驗主義的代表人物。所有這些思想都編織到了 18 世紀英國美學這幅圖景之中，但它們並不是其中唯一的主線，如果可以把它們比作是這幅圖景的經線，那麼還有眾多的緯線與之交織，其中很有必要提到的就是自然神論。

自然神論的浸染

在艾迪生、哈奇森以降的美學中，儘管人們可以明白地看到其中的經驗主義方法，但是，如果我們已經觀察了 17 世紀的經驗主義，便會看到，僅有經驗主義無論如何也是不可能帶來 18 世紀英國美學的繁榮的。一個最明顯的原因是：這個時期的美學開始宣揚審美的非功利性，而在培根、霍布斯和洛克的哲學中卻充斥著功利主義 043。另一個原因是經驗主義哲學依賴機械

---

043 中文的「非功利性」和「功利主義」在英文中不屬同一詞根，前者是 disinterestedness，後者是 utilitarianism。與後來邊沁的功利主義有所不同的是：霍布斯更強調個人慾望和利益的優先。這裡

論和原子論，這些觀念雖然被後來的美學所利用，但也包含著可能損害美學核心觀點的危險。吉爾伯特和庫恩雖說洛克開啟了 18 世紀英國美學，但他們仍然說這一結果具有諷刺意味。的確，兩者在現實生活的旨歸上存在重大差異。概言之，若沒有與機械論和功利主義相對的思想，近代美學是不可能形成的。

從前文所述可見，經驗主義在英國的興起與近代科學的蓬勃發展有著密切聯繫，尤其是數學、幾何的那種明晰而精確的運算和推理，幾乎被看作是哲學的典範和一切學術的楷模。梯利總結道：「近代哲學將注意力從探索超自然的事物轉到研究自然事物，從天上轉到人間；神學把她的王冠讓給科學和哲學。人們用自然的原因來解釋物質和精神世界，解釋社會、人類制度和宗教本身。」[044] 事實上，在文藝復興時期人們就希望將自然科學和人文科學區分開來，佩脫拉克舉例說：「醫生們的任務是醫治身體，把醫治心靈的工作留給哲學家和演說者們吧。」[045] 在他看來，醫生是「修理人的身體」的機械師，這隱含著一個理論傾向，即必須把物質世界與精神世界相分隔。這一傾向在未來的時代裡愈發明確。一定程度上說，消除自然世界的精神性或神祕因素乃是自然科學之擺脫束縛、取得發展的重要原因，哲學家們甚至還要得寸進尺，把自然科學的原則和方法推行到精神領域。這樣一來，但凡不能為自然規律、數學推理所解釋的現象必將是虛妄不實的。自然而然，那個時代的哲學家對藝術也就不免有揶揄之詞，或者藝術也必須要在自身發掘符合理性的法則，以獲得存在的正當理由。

在英國的思想傳統中，眾所周知，培根的理想是要建立一個合乎經驗和理性的知識體系，「把知識的各個部分，只可當作全體的線索同脈絡，不可當作各不相謀的片段同個體」[046]。這個體系包羅萬象，按照他以人的理性能

為行文方便，仍將培根到洛克重視世俗利益的思想稱作功利主義。

044　梯利：《西方哲學史》，葛力譯，北京：商務印書館，1995 年，第 281 頁。

045　加林：《義大利人文主義》，李玉成譯，北京：生活·讀書·新知三聯書店，1998 年，第 24 頁。

046　胡景釗、余麗嫦：《十七世紀英國哲學》，北京：商務印書館，2006 年，第 63 頁。

力為標準的分類，知識有歷史、詩歌和哲學三類。歷史當中有自然史、政治史、教會史、學術史，詩歌當中有敘述的、戲劇的、寓言的三類，而哲學又包括自然神學、自然哲學和人類哲學三類。這樣的廣度與他留給後人的作為一個只重自然科學的印象大有不同。與前人為避免宗教神學干擾哲學和科學而分而論之不同，培根要將所有學問都收入囊中。但是，在培根來說，無論是何種知識，研究的方法都是一樣的，那就是首先要撇開籠罩在對象之上的重重迷誤和偏見，還原其本來面目。古人幼稚的錯誤、經院哲學的瑣屑無質，都需要一一釐清。從他提出的四假象說可以看出，對獲知造成的阻礙更重要的還是來自人性中的一些缺陷。種族假像是由於「一種情感的灌注，或者是由於感官的無力，或者是由於印象產生的方式」，把一些莫須有的性質加到外物之上，簡言之，就是以人喻物，或者是習慣的勢力。洞穴假象源於個人的性格、愛好及其生長環境，以至於自以為是，一葉障目，不見森林。市場假象由人所用的語言引起，人的思維要用語言，而語言反過來又來擾亂人的思維，扭曲人的判斷；為方便起見，語詞遵循通俗的意義，所謂通俗則是庸人所好，約定俗成，而智者也須削足適履，同流合汙，這致使語詞模糊不清，不似數學的符號，一詞一物，相互對應，絕無差錯，相比之下，日常語言阻斷了見識自然的道路。劇場假象又來自學術中的權威主義、教條主義，唯前人馬首是瞻，不敢越雷池半步，好似沉迷於舞臺上的幻景，不辨真偽。

　　這些批評如果針對自然科學，無疑是鞭辟入裡，切中肯綮；如果是針對文藝，必然會顯得苛刻，並且忽略了時代的差異性。到 17 世紀後期，學術上的古今之爭引人注目，主要就是針對文藝，但不再有人刻板套用培根的意見。當然，18 世紀的美學也不是只針對文藝，而是首先基於對自然的欣賞，所以如何理解自然，關涉新的美學的哲學基礎。那麼培根是如何看待自然的呢？

　　培根繼承了古代的唯物主義，認為世界上所有事物都由物質構成，萬物由原始物質演化而來，同時世上的物質都是具體的，「抽象的物質只是議論中的物質」。不過，培根的觀點還有不可思議之處。他採納德謨克利特的學說，認為物質乃是微小分子的集合體，分子的最小單位是基本分子，這些分子之間沒有空隙，彼此精確契合。其次，他又指出基本分子有一種獨特的性質，那就是它們具有「原始感情」和「慾望」，這些性質使物體顯得稠、密、冷、熱、輕、重，成為固體和流體的樣態。這也難怪他把原始物質比作愛神，愛神在眾神中最年長，且無父無母。培根意在以此解釋物質運動的自因性，但在其中可以清晰看見古代哲學的遺風，雖然他曾諷刺以人喻物，自己也還是賦予物質和自然以生命的力量。不過，我們也不能指望他會認為人與自然之間存在什麼感應，他也從未談到自然美來自此，自然中的這些性質只是讓萬物表現出如此這般模樣的原因而已。

　　從另一個角度說，這樣的原子論是為求知的方法做鋪墊的。如果事物是由不可再分的微粒構成的，那麼只要查明其性質和關係，整個自然的本質和規律也就大白於天下了。所以，面對事物，人們首先應該做的就是切分，而不要被整體的形式干擾和迷誤。培根用了一個非常形象的比喻，我們不應該直接研究一頭獅子、一棵橡樹之類的形式，因為這些東西雖然外表有異，也許構成它們的基本分子卻相同，這就像人們使用的文字，看似形態各異，名目繁多，但究其實，不過還是由有限的一些字母組合起來的，所以，一旦得到簡單性質，再複雜的事物也能迎刃而解。「因為事情已經從複雜變成簡單，從不可通約變成可以通約，從不盡根變成有理量。從無限和不清楚變成有限而確定，如同字母系統中的單個字母和音樂中的音符一樣。」[047] 不過，從審美的角度來看，假如我們把獅子和橡樹解剖開來，列出各個器官或纖維，不知

047　胡景釗、余麗嫦：《十七世紀英國哲學》，北京：商務印書館，2006 年，第 138 頁。

有誰還能欣賞它們的美。培根大概從未思考過這樣的問題。顯而易見，在形而上學問題上，培根主張因果決定論，而非目的論，亦即整個自然都是由個別物體按照一定規律而進行的純粹個體的活動，事物之間不存在目的關係，因此說睫毛是為了保護眼球而存在，下雨是為了濕潤土地，都是自以為是。亞里斯多德的目的因「只是和人的本性有關，和宇宙的本性是沒有關係」，除非我們把最終的原因歸於上帝，否則是沒有必要討論這個最終原因的。

　　如果說培根的整個哲學指向什麼樣的目的，那便是現實的福利。確實，培根本人雖言自己一生的理想在於學術，但他執迷於官場仕途也是有目共睹的，這並非說他在德行上有何缺陷，而只是把世俗的功利放在與學術同等的地位上，或者正如他自己所說，地位可以讓自己更方便從事學術事業。人之所以認識自然，是為了能駕馭自然，為我所用；文明人之所以區別於野蠻人，也在於他們能更自覺、更熟練地運用知識。往近了說，培根自己的時代，英國之所以能在諸多強國中脫穎而出，他全歸功於伊麗莎白學識淵博，指定適當的宗教政策和法律，深諳治國之道，可以使國家安定平靜，繁榮發達；往遠了說，亞歷山大大帝之所以能夠東征西戰，功勳赫赫，也是因為受教於大哲學家亞里斯多德，任用眾多學者，而且也充分運用了得到的知識。不止於此，在他看來，知識還可以完善人性，淳化道德，也可以堅定宗教信仰，更加崇拜上帝。當然，他並不懷疑自己時代的政治、宗教、道德上遵行的價值標準是否正確。

　　就藝術而言，培根也表現出功利主義的傾向來。他把詩歌單獨歸為一類知識，是想像的產物，這使日後美學家們對想像的探究有了根源。應該是受到錫德尼《為詩一辯》的啟發，他不再堅持古希臘的傳統，視詩歌為模仿的產物，而是虛構。錫德尼面對柏拉圖抨擊詩歌之虛假時說，詩人並不說謊，因為他們承認自己就是在說謊，培根則說詩歌是「虛構的歷史」，而至於為什麼要虛構，培根也恪守賀拉斯和錫德尼堅持的「寓教於樂」的詩教傳統。

培根的這一解釋倒也令人耳目一新，他說真實的歷史總是不免平淡乏味，少了些大善大奸之人，並且善惡未必分明，因此人們便捏造出「更偉大和更富英雄色彩」的事件以褒善貶惡，滿足自己的道德欲求。[048]

談到建築的時候，培根說：「造房子為的是在裡面居住，而非為要看它底外面，所以應當先考慮房屋底實用方面而後求其整齊；不過要是二者可兼而有之的時候，那自然是不拘於此例了。把那專為美觀的房屋建造留給詩人們底魔宮好了，詩人們建這些魔宮是費錢很少的。」[049] 為了居住，具體而言就是健康、便利，所以他大談房屋的選址、坐落、布局，而且不吝筆墨，幾乎用文字繪製了一幅完美住所的圖紙。在《說花園》一文中，培根也詳細描寫花園的布局，園中一年四季應該種植什麼樣的植物以及每種植物的習性如何，又寫如何造籬牆、建假山、設噴泉，細緻入微，大大地展現了他在天文地理方面的淵博學識。這些已然不似《說美》一文所言，「假如美落在人身上落的得當的話，它使美德更為光輝，而惡德更加赧顏的」[050]，而是落實到更加實在的世俗之利上，全不談藝術如何帶來耳目之悅，進而心智之悅，簡言之，培根不認為美有獨立的價值。

不過需要一提的是，從培根那裡我們可以看出，17世紀以來審美趣味向世俗生活，乃至日常生活的轉變，美與效用開始產生關聯，正如他絕不從上帝或神性來規定美的本質。這一點在18世紀的英國美學中仍然明白可見，尤其是休謨、霍加斯等人對此有深入細緻的論述，但他們絕對沒有為了效用而拋開美；相反，他們是從審美的角度來理解效用的，是因讚歎製造者的獨具匠心而心生愉快。

如果說培根是個原子論者而非嚴格意義上的機械論者，那麼霍布斯的機械

048　Bacon, Of the Advancement of Learning, London：J. M. Dents Sons LTD., 1915：85.

049　培根：《培根論說文集》，水天同譯，北京：商務印書館，1958年，第160頁。

050　同上，第158頁。

論則更加明顯，他明確聲稱：「哲學排除關於天使以及一切被認為既非物體又非物體特性的東西的學說。」[051] 在宇宙中，所有部分都是物體，而物體最本質的規定性則是具有量的廣延性，亦即「具有量綱」，「具有長、闊、高」，或與空間的某個部分相組合，或具有同樣的廣延性。即便是有思想的人，其思想還是要附著在思想者身上，而思想者則是有形體或物質的東西。霍布斯最著名的機械論大概還是他對人體的描述：「生命只是肢體的一種運動……一切像鐘錶一樣用發條和齒輪運行的『自動機械結構』……心臟無非就是發條，神經只是一些游絲，而關節不過是齒輪。」[052] 當他解釋感覺發生的機制和心中思想的原因的時候，這種機械論便是基礎。這預示著一個世紀之後法國人拉美特利的《人是機器》。與此相應，在獲知的方法上，霍布斯深受伽利略的啟發，指出所謂推理就是組合或分解，而組合的前提還在於分解。

然而，比起機械論來，霍布斯留下的最大影響還是其功利主義。他明言：「哲學的目的或目標，就在於我們可以利用先前認識的結果來為我們謀利益，或者透過把一些物體應用到另一些物體上，在物質、力量和工業所許可的限度內，產生出類似我們心中所設想的那些結果，來為人生謀福利。」[053] 這些表述與培根如出一轍，但培根表達出來的功利主義很大程度上限於認識領域，霍布斯卻毫不猶豫地將其作為倫理道德的原則，在他那裡，所謂利益幾乎就是個人的利益。人生而自私，在自然狀態下你爭我搶，全無普遍的道德標準，乃是一切人對一切人的戰爭。霍布斯的情感理論固然意義重大，但他所謂的情感一切皆著眼於自我，善惡之分若有標準，那就是自我的慾望和利益。人之所以結成社會，其動機也還是保存自我，免得兩敗俱傷。

---

051 北京大學哲學系外國哲學史教研室編譯：《十六—十八世紀西歐各國哲學》，北京：商務印書館，1975 年，第 64 頁。

052 霍布斯：《利維坦》，黎思復、黎廷弼譯，北京：商務印書館，1985 年，第 1 頁。

053 北京大學哲學系外國哲學史教研室編譯：《十六—十八世紀西歐各國哲學》，北京：商務印書館，1975 年，第 63 頁。

　　此後的洛克雖不似霍布斯那樣激進，但其倫理學仍然帶有強烈的功利主義，他直接說：「人們所以普遍地來贊同德行，不是因為它是天賦的，乃是因為它是有利的。」[054] 這個「有利」不是個人預見到整體的利益，而是對自我有利。人之所以行善，一方面，是可以獲得他人的好感，利於繼續交往；另一方面，是害怕受到懲罰。說到底，人還是天生自私，絕非自願行善。這的確並不意味著這些哲學家們德行上的卑劣，因為只有他們的努力，英國才先於其他國家完成資產階級革命，建立現代政治體制。倒不如說，他們不願迴避人先天的缺陷，而一個社會的建立也必須基於這點認識。事實上，功利主義思潮在 17 世紀的英國普遍盛行，英國人內德漢有一句格言：「利益就是真理」（Interest will not lie），也有人在小冊子中以民謠的形式說：「自我就是城市和鄉村中的法則……自我使犁鏵直行；自我使奶牛產奶。」[055] 即便到了 18 世紀，支持功利主義的作家也大有人在，著名的如曼德維爾、休謨。

　　在這種思潮之下，17 世紀的英國人並不關注美學問題，也談不上建立一種經驗主義的美學體系，加之清教的禁慾主義思想，有些哲學家甚至反對文藝。洛克便是其中之一，在著名的《教育漫話》中，他對有些父母培養子女在詩歌方面的興趣深表遺憾：「倘若他沒有作詩的天賦，那麼世間最不合理的事情就莫過於以此去折磨幼童了，那是把他的時間浪費在他絕不可能成功的事情上面。而如果他本來就有一種詩人的氣質，那麼我認為世間最奇怪的事情則莫過於其父親還希望或者任由這種氣質得到培養、增長。我認為父母們應該盡力把這種氣質的苗頭掐滅，把它壓制下去。」[056] 他很擔心兒童沉湎於音樂、繪畫：「我認為，紳士更正經的任務是學習。等到學累了，需要放鬆、休息一下的時候，就應當做些身體的練習，以解除思維的緊張，增進他

054　洛克：《人類理解論》（上冊），關文運譯，北京：商務印書館，1983 年，第 29—30 頁。

055　J. A. Gunn，「Interest Will Not Lie」：A Seventeenth-Century Political Maxim, Journal of the History of Ideas, Vol. 29, 1968 (4)：551—564.

056　洛克：《教育片論》，熊春文譯，上海：上海人民出版社，2005 年，第 241 頁。

的健康和活力。基於這種理由，我是不贊成繪畫的。」[057] 美國社會學家默頓所著《十七世紀英格蘭的科學、技術與社會》經過統計的實證研究也發現，這個時期從事藝術的人數在減少，而從事科學的人數則在增加。

由此來看，18世紀英國美學的發生除了社會形態的轉變之外，必然還有其他的思想淵源，其中較為重要的應該是自然神論。本來，在中世紀時英國與歐洲諸國同信天主教，但宗教改革的浪潮改變了這一狀態。16世紀時都鐸王朝與資產階級和新貴族間的聯盟異常緊密，自然要求擺脫羅馬教廷的掌控，增強世俗政權的勢力，亨利八世由於離婚案甚至不惜與羅馬教廷於1533年決裂，沒收教會財產，拒絕向教廷納貢。改革之後英國建立安立甘教會，即國教教會，不過國教仍然偏重天主教，信奉者多為上流社會，而普通民眾則受加爾文教影響居多，是為英國清教，清教徒希望削減煩瑣的宗教儀式，建立清廉的民主教會。且不說國教與清教之間矛盾尖銳，清教內部也是分歧重重，形成不同教派，先後有長老會派、獨立派，獨立派內部還有平等派及掘地派。宗教上的爭論一直伴隨著資產階級革命，延續到18世紀。

縱然有諸多論爭，但宗教發展的總體方向還是世俗化以及宗教寬容，與此相應，神學上論爭也是逐漸從狂熱迷信到理智信仰。這些論爭一是涉及宗教和神學的諸多論題，也牽涉了一些哲學問題，當然哲學問題也是為了解決宗教神學問題，英國自然神論便是從這些論爭中發展成熟起來的。美國人奧爾在研究英國自然神論的著作中對自然神論者的基本原則做了如下歸納：「自然神論者的信條是造物主並不干涉他在創造的時候為這個世界所訂立的法則，由此從邏輯上得出的必然結論就是，他們不承認特殊的啟示、奇蹟、超自然的預言、神意照管、道成肉身以及基督的神性，往往同時還會對實定宗教（positive religion）的意識、教規和制度表示否定，認為它們都是只顧

---

057 同上，第266頁。

一己之私的人們虛構出來的東西，並非源自神。」[058] 簡而言之，自然神論者要求繞開已有宗教的教義、儀式和組織，而是依靠人的理性從自然中領會神意，他們重道德甚於虔誠。毫無疑問，這些原則符合現代社會的發展趨勢。

自然神論作家們常常到蘇格拉底、柏拉圖、留基波、伊壁鳩魯、埃皮克泰圖斯、西塞羅、普魯塔克等前基督教哲學家那裡尋求支持，但對自然神論帶來較大影響的除了一些特殊的宗教派別外，更多的還是近代科學的興起與發展，「近代科學在其發展初期所得到的成功，對自然神論的興起以及自然神論者們的態度產生了一種十分重要的影響，那就是使他們往往會對人類理智產生極大的自信，前提是那種理智還沒有受到權威的束縛」[059]。自然而然，17 世紀以來重視科學，並以科學方法研究自然與人類及其社會的經驗主義哲學也有力地推動了自然神論的成熟和傳播。

英國的自然神論肇始於雪堡的赫伯特於 1624 年發表的《論真理》。在這本書中，赫伯特提出了宗教的五條共同原則：「1. 存在一個至高無上的上帝；2. 他應該被崇拜；3. 神聖崇拜的主要內容是美德和虔誠；4. 我們應該為自己的罪而悔改；5. 神確實在此世和來世都施行獎懲。」[060] 這些原則在後來並非為所有自然神論者都贊同，但第一、第二和第三條則無人反駁。身處 17 世紀早期，赫伯特的主要任務是抨擊教權、迷信、啟示等觀念。這些觀念之所以盛行，乃是神職人員為了欺騙民眾，壟斷對宗教的權力，因為啟示、奇蹟，包括《聖經》到頭來只有教會才有權解釋，而信徒則只能聽從他們的教導。所以，赫伯特的自然神論也需要一套認識論，教人如何才能領會上帝之偉大。他區分了兩種真理：一種是理性經過對經驗反思之後獲得的，另一種則是天賦真理，而天賦真理人人共知，不需要外在證明，他們本身就帶有真

058　奧爾：《英國自然神論：起源和結果》，周玄毅譯，武漢：武漢大學出版社，2008 年，第 4 頁。
059　同上，第 21 頁。
060　同上，第 67 頁。

理的證據。不過，這樣一來，赫伯特就並非賦予理性以全部的權利。不過，此後的許多哲學家，無論是否是真正的自然神論者，雖然並不一定完全否認奇蹟、啟示以及宗教儀式的意義，卻主張這些東西都不能偏離理性。

然而，自然神論與科學的關係並非和諧融洽，絕大多數自然神論作家不是科學家，其目的也與哲學家有別。最著名的自然神論者托蘭德受到洛克的很大影響，但他運用洛克認識論的主要目的是駁斥宗教奧義。在他看來，觀念是一切推理的內容和基礎，認識就是觀念間一致或不一致的感覺，如果沒有確定無疑的觀念，一切宗教教義都會是虛偽的，正如超出所有人能力的啟示，也是無法理解的，無法為人所接受和信服。但問題是，僅憑理性，人們是否會對上帝產生毫無保留的崇拜，因為理性，尤其是決定論，所揭示的世界並非完美無缺，儘管傳統的宗教教義也不是那麼令人滿意。如此一來，許多學者發現自然神論者的言論多為否定性的，即批駁啟示、奇蹟和教權，但建設性地、系統地闡述自然神論的作品卻不多。與此同時，我們也發現，自然神論者們也絕非完全放棄啟示的真理，就是霍布斯、洛克等人也承認它們在庸人俗人那裡有一定的作用，正如我們在赫伯特那裡看到的那樣。

實際上，自然神論遇到的困難在於，如何在依靠理性的同時調動人們對上帝那種非理性的崇拜。解決這個問題的辦法是：要麼完全杜絕啟示和奇蹟，要麼適當調整理性的性質和界限，或者調和兩者之間的關係。很明顯，最後一種方案是可以選擇的，這也是自然神論者們並不完全依附於科學的原因。一般的自然神論研究者沒有意識到這個問題，所以他們只是關注那些自稱自然神論者的作家或者對他們的論題產生影響的作家，而沒有顧及自然神論是一種普遍但寬泛的思潮。實際上，幾乎所有的宗教作家和哲學家也都在協調理性和信仰的關係、科學和宗教的關係，畢竟在 17、18 世紀的人們要面對現實情況，不可能放棄宗教或公然反叛宗教，例如休謨由於其懷疑論而未能獲得格拉斯哥大學的教職，其《自然宗教對話錄》也不敢在生前正式出版。

　　所以，我們看到很多人試圖利用科學來維護宗教，但同時也並不完全信賴科學以及理性，反而在一定程度上批評科學對宗教的威脅，因而這也促使他們在科學之外運用其他方式證明宗教崇拜的合理性。16 世紀的宗教作家卡沃戴爾在《古老的信仰》一書中這樣說道：

　　因為當他（上帝）設計人類之創造的時候，而這個時代已然來臨，這時他那神性的智慧和天意已經頒布，他首先為人類指定了一個奇妙的住所，同時也加以裝點，並且更加美妙。……這智慧和忠誠的主人的手筆揮灑得更為廣闊，去表現、去愉快地裝點這種奇妙的作品；誠然，他不僅裝點了它，而且為了人類使它豐富而便利，而人類便是即將到來的過客和居住者。

　　並且，既然人類應該安居於這土地上，他（上帝）事先就裝點了它，為它著上優美的綠裝；這就是用一種實體，他首先用花朵和成群的牛羊加以裝飾，這種實體不僅看起來令人愉悅、美輪美奐，有著賞心悅目的趣味和美妙的色彩，並且為食物和種種妙藥提供了便利。[061]

　　這無疑是一種明顯的自然神論。卡沃戴爾在描述上帝的豐功偉績時沒有強調超越人類之外的奇蹟和啟示，上帝創造自然萬物為人提供了便利，這可以為科學所證明，但同時上帝還為人裝點了自然世界，使其「看起來令人愉悅、美輪美奐，有著賞心悅目的趣味和美妙的色彩」。上帝的裝點、自然顯出的美妙，是人能感受到的，卻不一定能為科學所證明，因為當這些東西被分解時，人們便不能感受到，所以這些不依賴理性，而依賴情感和直觀。與之類似，對上帝的崇拜也未必是理性的表現，而是一種情感或激情。

　　多年後，布萊爾仍說，上帝賦予人趣味和想像力，「廣泛地擴大了人生快樂的領域，而這些快樂是最純潔、最無害的」[062]。所以，從目的論或有機論的角度解釋自然，從美的角度來看待自然，在近代英國思想中也同樣存在

061　H. V. S. Ogden，The principles of Variety and Contrast in Seventeenth Century Aesthetics and Milton』s poetry, Journal of the History of Ideas, Vol. 10, No. 2. (Apr., 1949)：161.

062　Blair，A Bridgment of Lectures on Rehtoric, Carlisle, 1808：21.

並流行，這在一定程度上也是自然神論的表現或其所需，反過來這種思想也孕育著新的美學。

17 世紀，這些思想集中體現在劍橋柏拉圖學派那裡。這個學派的成員多信奉國教，他們很多人畢業於劍橋大學伊曼努爾學院，之後又在此執教。在政治上，他們不採取任何偏向，超然世外，這也讓他們在內戰中免受干擾，得以留存壯大。大體上說，這些成員反對羅馬天主教，拒斥無神論，但同時也反對新教中的卡爾文主義，即一種非理性主義。他們反對宗教狂熱，支持宗教寬容，主張宗教信仰應與理性相和諧。與被研究者們所稱的自然神論者一樣，他們強調宗教中的道德因素，反對教權主義。然而，另一方面他們雖然不滿於盛行於中世紀後期的亞里斯多德的學說，廣泛接納近代科學和哲學，但也對後者保持警惕，唯恐其唯物主義導致無神論。所以，他們多繼承柏拉圖和新柏拉圖主義思想，著力維護精神生活，也希望能將近代科學和哲學為宗教所用，而不是一味地排斥。所以，他們對於宗教生活的描繪、對自然世界的闡釋，出乎理性，也超乎理性，與後世美學有著內在聯繫。

這一學派的創始人名為惠奇科特，自 1636 年起擔任劍橋三一教堂星期天禮拜的主講人，時間長達 20 年。他極力教導青年學者多讀古典哲學，特別是柏拉圖、塔利和普洛丁的著作。他提倡理性，不過這一理性不是現代哲學所謂的工具理性或科學理性，而是一種理智的反省和平靜的心態。狂熱和迷信實則是損害宗教的，因為求助於人們無法共同理解的啟示，就必然會有不同的理解，所以它們帶來的不是純潔的信仰，只能引起紛爭。真正的宗教應該以理性為基礎，應該以道德為目標。理性的信仰狀態乃是內心的平和，「宗教最重要的作用是心理上的和理智上的」，「只要人的心靈不鎮定自若、安詳肅穆、平靜無波，就沒有宗教真正特有的效果」。他還說：「我不願為一種可疑的學說或不確定的真理而破壞確定的仁愛法則。」[063] 惠奇科特不是一

---

063 索利：《英國哲學史》，段德智譯，濟南：山東人民出版社，1992 年，第 91 頁。

個哲學家，也沒有系統的思想，只留下一些演講和布道，但他無疑為劍橋柏拉圖學派奠定了一個基調。

對這一學派的思想予以系統表達的是摩爾。他自己回憶，在大學期間，他認真閱讀新柏拉圖主義和神祕主義的著作，以求徹底清除心中的罪惡，想獲知的前提是道德完善，也就是克服利己主義，達到如神一般的境界。不過，摩爾為人所稱道的是他與笛卡兒的 4 次通信。他對笛卡兒十分崇拜，卻能做到「更愛真理」，倒是從笛卡兒的學說中領會到反對無神論的新途徑。對於笛卡兒用廣延定義物體、承認真空存在、以為物質無限可分等觀點，他表示反對，而且他最難接受的是笛卡兒認為動物即機器 —— 因為若沒有意識，動物便不會有恐懼、勇敢、羞愧以及對食物的熱切追求。由此更進一步，他認為整個宇宙都不可能是純粹機械的現象，而是灌輸著精神，這便是以新柏拉圖主義來補充和糾正笛卡兒的哲學了。

摩爾之所以不同意笛卡兒將物質定義為廣延，是因為在他看來，精神也同樣有廣延，但與物質的不可入和可分解不同，是可入的和不可分解的，因而能夠穿透物質。上帝乃是一種精神的實體，他瀰漫於整個宇宙中，滲透於一切物質中，就似光學原理，「假定有一個光點，從之輻射出一個光環。這個光環與精神的本性很相似，它是漫射的和有廣延的，然而卻是不可分的」[064]。這個靈感顯然是來自柏拉圖的光喻說，卻又與近代科學融為一體。由此一來，人們便可解釋，為何自然中的植物和動物會有情感和慾望，表現出主動的運動來，因為物質並不能自身產生功效。所以，摩爾在一定程度上把笛卡兒當作了反面教材，因為笛卡兒闡述了物質世界中精確的機械運動，但到頭來這機械運動畢竟是有界限的，而且機械運動到底還是上帝的傑作，這便足以證明上帝的偉大，同時也以一種唯心主義的一元論貫徹下去，背棄了笛卡兒的二元論。

---

064 索利：《英國哲學史》，段德智譯，濟南：山東人民出版社，1992 年，第 88—89 頁。

與「正宗的」自然神論者相似的地方在於，摩爾確實不認為上帝時刻操縱著他所創造的世界，上帝在創造物質世界的同時，也在其中灌輸了普遍的精神，讓物質世界自我維持。這種普遍的精神可以叫做自然精神或世界靈魂。摩爾認為自然精神是一種無形的實體，但沒有感覺和評判力，它遍布整個宇宙中的物質，「在其中起著塑造力的作用，它透過指引物質的方向和運動引起那些不能只歸結為機械力的現象」[065]。有時候，摩爾把自然精神比作是一個頭腦清楚的人，具有可靠的判斷力，在相同的環境總是做出相同的決定。這樣看來，摩爾沒有否認力學、物理學等自然科學的意義，但它們所揭示的不是宇宙的全部，它們有助於讓人領悟到上帝的存在，而前提是宇宙中沒有純粹機械的現象。

　　在 17 世紀，哲學家們熱衷於科學及其科學方法，他們並不否認上帝的作用，但在他們的哲學中，上帝總好像是一個局外人，而如摩爾這樣能協調科學與宗教之間關係的確實為數不多，雖然他的解釋不能令現代人完全滿意。對於美學來說，摩爾描繪了一個不一樣的自然，在科學之外或者與科學並行不悖，還可以從生命的角度看待自然。人們可以把自然看作物質加以分解，得出其中的精妙規律，但也可以將它視為有機的整體，與人自身的生命活動產生交感和同情，而這一切也還是在理性的範圍內進行的。然而，令人遺憾的是摩爾的全部目標在於宗教，他沒有關注自然之美，也沒有從心理學的角度來闡發人如何領會到具有塑造了的自然精神，而只是停留於邏輯論證的層面上。

　　還需值得強調的是摩爾的倫理學。與惠奇科特一樣，他將美德視為宗教的基礎和目標，但如何證明善乃人之本性卻是難題。他的出發點是：美德並非一種習慣，而是一種能力，即用理智控制情慾的能力。不過，情慾總在思考和選擇之先，所以情慾必源自自然，必是上帝賜予；如果上帝本善，那麼

065　胡景釗、余麗嫦：《十七世紀英國哲學》，北京：商務印書館，2006 年，第 252 頁。

他賜予人的情慾就必遵循自然之法，因此也是善的。自然之法可謂「神法的耳語」，人在理智狀態下聽得最清楚，因而情慾不僅順從自然之法，也服從理性。但人之行善，並不全是出於理性，既然人受情慾之推動，情慾則先天為善，那麼行善就必然使人快樂，也有利於自我保存。不過，反過來凡使人快樂之事就是善的，卻萬萬行不通，因而需要理性的控制。這樣把情慾和理性綜合起來，摩爾說德行的根據乃是「理智的愛」，乃是出於某種特殊良知。他還認定人生而有「良知官能」，也就是一種先天的直覺，讓人判別善惡，支配自己的行為。這一學說之所以重要，就在於它開啟了英國倫理學上的道德感理論。沙夫茨伯里、哈奇森、休謨皆屬此一傳統，而且沙夫茨伯里在美學上將美歸於神性的精神，又提出人有「內在的眼睛」可以分辨善惡美醜，其哲學基礎與摩爾的自然精神和「良知官能」一脈相承。

　　卡德沃思是摩爾的同代人，被看作劍橋柏拉圖學派的領袖，也許是因為他比其他人更積極地參與了政治，曾任克萊爾學院院長，又在基督學院任院長直至去世，此外有一時期曾短暫離開劍橋，擔任薩默塞郡北凱德伯裡教區的教區長。卡德沃思的思想幾乎是摩爾思想的翻版，不過也閃現出一些靈感，足資後世借鑑。他與摩爾一樣崇敬笛卡兒，因為笛卡兒清楚地指出物質是什麼，能導致什麼，這就劃定了物質運動的界限，因而把機械主義與精神的原理區分開來，可以導向對精神的進一步思考和崇拜。在這個背景下，卡德沃思更直接地批駁了霍布斯的哲學。在他看來，霍布斯的謬誤在於只承認有廣延的物體才是實體，如此便把實體等同於物體，顯不出自身能動的終極原因，也看不到神的創造智慧這種更高級的本原，這就等於否定了最高的精神實體。的確，霍布斯承認上帝的存在，但上帝是一種看不見摸不到的精細物體，同樣具有廣延，但是這樣的話，上帝就不是感覺的對象，人們也不能得到關於上帝的知識。所以，卡德沃思曾批評霍布斯和笛卡兒「使上帝在世界中變得微不足道，而只是物體偶然和必然運動種種結果的冷漠旁觀者……

他們製造了一種僵死而索然的世界，就像一尊雕塑，在其中既沒有活力也沒有奇蹟」[066]。

與摩爾一樣，卡德沃思認為在上帝與機械的物質世界之間存在一種仲介環節，它們是無形體，卻是有生命的東西，他稱之為「有塑造力的自然」（plastic nature）。但他在描繪這種獨特力量的時候，運用了一種非常巧妙的比較，也就是人的工藝和神的工藝。就像人的工藝在於賦予物質以某些樣式，給予其某種活動，「有塑造力的自然」就是來自神的一種工藝，賦予物質世界以秩序。但兩者畢竟不同，人的工藝只是從外部作用或推動對象，而「有塑造力的自然」卻作為事物的內部生命、靈魂或規律作用於物質。同時，人的工藝是經不斷改進而臻於完善的，而「有塑造力的自然」則自始就是完善的工藝，無須思考，無須修改。然而，就像摩爾的自然精神，卡德沃思的這種自然也不同於神本身，它們沒有自我意識和自我感覺，沒有自由，沒有選擇，不理解其行動的意義和目的，在自然界中，它們是比動物較低的生命。所以，它並不直接就是神的工藝。神的工藝只是上帝心中的知識、理智或智慧，所以是純粹的和抽象的，而「有塑造力的自然」則是具體的和形象的，它的工作是神的工藝的復製品或摹本。我們可以推演出來，在宇宙中有三個等級的精神，即低等生命、人的理智和上帝的智慧，雖然卡德沃思並未明確這樣表達，但在後來的沙夫茨伯里那裡是可以清晰見到這種推演的。

以休謨在《自然宗教對話錄》中的話來說，卡德沃思是以人的行為來比方上帝的行為，這樣做是否是一種臆測，而這種臆測又是否恰當，並不是這裡要討論的問題。但是，在面對原子論和機械論大行其道的時代，卡德沃思以及摩爾仍舊堅持自然是一個充滿生命和靈智的世界，在人的行動中也不僅有一種物質的運動，而且還必然有更豐富的內容。這應該是他們的一大貢

---

066 Brett, R. L.. The Third Earl of Shaftesbury : A Study in Eighteenth-Century Literary Theory, p.15.

獻。而卡德沃思將上帝的工作比作人的工藝（比人的工藝更完善精妙）也同樣非同尋常，因為，若是如此，那麼上帝的作品同樣也表現出美的性質來，而且比人的作品更美。從另一個角度來說，這種比較也提高了藝術家的地位，因為他們的創造並不僅是對物質形態的改變，而且還融入了理智的力量，賦予物質以生命。當然這種看法也是後來的事情了，沙夫茨伯里將藝術家比作宙斯麾下的普羅米修斯，他們創造第二自然，而康德也繼續沿用這種理解，稱藝術作品為第二自然。事實上，沙夫茨伯里確實透過卡德沃思的女兒讀到過那些並未出版過的書稿，其中的目的論理所當然要影響沙夫茨伯里。我們可以說，透過沙夫茨伯里，卡德沃思也對 18 世紀英國美學注入了自身的影響。

在機械論和感覺論的聯合夾擊之下，17 世紀的人們也許很難在自然中看到智慧和溫情的一面，正如在理性和慾望的相互衝突中，人們很難看到社會如何能形成大然的紐帶和秩序。在這種背景下，藝術也很難找到白己的立身之地，因為它們不會像科學那樣揭示任何真理，也很難帶來現實的利益。在傳統社會，藝術服務於宗教和貴族意識形態，但宗教和貴族衰落的時候，藝術便無法有效實現功利目的，因而也必須成為非功利（disinterested）的，它們需要在未來的時代為這種非功利性尋找堅實的理由。而劍橋柏拉圖學派雙線作戰，既反對笛卡兒和霍布斯的機械論，也抵抗宗教的狂熱和迷信，用目的論和有機論來解釋自然，用美德來拯救宗教，彌合社會，因此具有特殊意義。他們很少關注藝術和美學問題，但他們必將激起後人在這些方面的興趣。從社會歷史的角度來看，劍橋柏拉圖學派在 17 世紀的英國也具有獨特的地位，它在資產階級與傳統貴族的衝突中、在科學與宗教的衝突中、在狂熱與理智之間，試圖取得一種微妙的平衡，發揮著一種整合的作用。這些哲學家讓人們從外在的衝突回到內心世界，在理性沉思的過程中得到內心的平

靜，所以他們比盛行的經驗主義和其他各種宗教學說更強調道德的意義，更強調個人的修養，而這也正是 18 世紀英國美學的一個歸宿。

沙夫茨伯里

沙夫茨伯里

沙夫茨伯里（Anthony Ashley Cooper, the third earl of Shaftesbury,1671～1713），17 世紀後期著名輝格黨領袖沙夫茨伯里伯爵一世之孫。沙夫茨伯里伯爵一世與著名哲學家洛克交往甚篤，在洛克的指導之下，沙夫茨伯里自幼就掌握了希臘文和拉丁文，在古典學術方面打下了堅實的基礎。1683 年，12 歲的沙夫茨伯里入溫徹斯特學院學習。4 年後，如當時貴族家庭流行的那樣，他花 3 年時間遊歷歐洲大陸，尤其是法國和義大利的藝術讓他受益匪淺，於是他後來也大力資助年輕的藝術家。他對藝術和美的感悟充分體現在他的所有著作中，並醞釀成為富有創造性的美學思想。同時，沙夫茨伯里在政治方面也興趣盎然，受惠於其祖父的影響力，他年僅 24 歲入選議會，但是由於健康不佳，3 年後便退出。為了休養身體，他陸續居住於荷蘭和義大利，潛心著述，1713 年病逝於那不勒斯。沙夫茨伯里的主要著作是《論人、風俗、輿論和時代的特徵 》（以下簡稱《論特徵 》），初版於 1711 年。

目的論

毫無疑問，18 世紀英國的美學熱潮是由沙夫茨伯里發起的，但是，沙夫茨伯里真正關心的並不是美和藝術，而是道德和政治，美和藝術是為了解決道德和政治方面的問題才進入他的視野的。不過，也正是憑藉對美和藝術深入而獨特的理解，沙夫茨伯里才發展出了一套極具創造性和影響力的道德和政治理論，反過來，也是因為其獨特的道德和政治理論，他的美學才顯現出卓越的內涵並產生深遠的影響。所以，理解他的道德理論對於進入其美學理論來說至關重要。

在道德領域，沙夫茨伯里的矛頭直指功利主義。15 世紀以來資本主義的發展促使傳統的生產方式發生改變，而且也影響著人們的生活方式和思想觀念，人們並不想丟棄原先的以虔誠和榮譽為目的的價值觀，但至少認為追求

物質利益也同樣重要，兩者可以並行不悖，互不干擾，甚至可以相互促進。對現實利益的追求在英國有過之而無不及，加之英國向來就有議會限制王權和地方自治傳統，使王權的權威相對薄弱，這使得英國貴族能夠迅速完成生產和經營方式的轉變，資本主義率先得到發展。在宗教方面，亨利八世與羅馬教廷的決裂以及各種宗教派別的湧現使得人們的信仰具有了更多的世俗色彩，儘管在思想領域中存在著錯綜複雜的鬥爭，但在工業、商業、科學技術等方面發展的共同作用下，人們相信「利益就是真理」。功利主義無疑成為17世紀英國的主流。

作為近代經驗主義哲學的奠基者，法蘭西斯・培根認為知識再也不能依靠狂熱的迷信、虛幻的想像和空洞的推理來獲取，只有面對物質世界，從中獲得直接材料，透過不斷積累和總結，才能擁有真實而正確的知識。知識的功用不是為了滿足人們偏執的想像和一時的消遣，而是為了駕馭自然，為人類帶來實際的福利。在他對知識體系的構造中，由於人的能力又可分為記憶、想像和理想三種，詩歌也因想像而分得一席之地，但離開了其他學術，詩就沒有多少價值。因為，「詩是關於言辭的一部分學問，在多數情況下是受約束的，但在其他情況下則被賦予極大的權利，真正來說與想像有關。……詩可以在從言辭或事實兩種意義上被理解。在第一種意義上，它只是風格的一種特徵，並屬於講話的藝術……在後一種意義上，它是學問中首要的一部分，只是一種偽造的歷史，這種歷史既可以是散文的形式，也可以是韻文的形式」[001]。詩歌可以是其他學問的一種表達方式，因而不能以辭害意，它的自由不過是彌補平淡而存在缺憾的歷史所無法實現的任務，虛構故事來表彰大德，懲罰大惡，簡言之，詩歌是為知識、政治、道德和宗教等領域服務的一種手段，如果本末倒置就只能有害而無益。所以培根認為，

001　Francis Bacon, Advancement of Learning, London：J. M. Dent & Sons, 1915：68.

只是在「其他學問被拒絕接受的愚昧時代和野蠻地區，它才被人接受和尊重」[002]。

曾任培根祕書的霍布斯一生親歷了翻來覆去的種種革命，看慣了你方唱罷我登場的政治遊戲，很難相信虔誠、正義源自人的天性，也難相信各種德行是普遍和永恆之物，這使他更為激進地描述了功利主義。在他看來，支配人們認識和行為的重要動力之一就是個體的激情或慾望，亦即求利、求安和求榮的自愛本性。同時，自然賦予人對事物的快樂和痛苦的感受，有利於生命的就是令人快樂的，也是善的，反之就是令人痛苦的，也是惡的。因此，任何善惡判斷都出自個體的自我感受，因而也就是相對的。「任何人的慾望的對象就他本人來說，他都稱為善，而憎惡或嫌惡的對象則稱為惡；輕視的對象則稱為無價值或無足輕重。因為善惡和可輕視狀況等詞語的用法從來就是和使用者相關的，任何事物都不可能單純地、絕對地是這樣。也可能從對象本身的本質之中得到任何善惡的共同準則。」[003] 若不是為了保全自我，人們就不會達成契約，構建道德法則。即使有任何德行或美德的存在，那也不過是實現自我目的的手段。後來的洛克在倫理學上仍然主張相似的看法，雖然不似霍布斯那麼露骨。他否認在人心中有任何先天的道德觀念，因為人們也沒有發現有任何普遍的道德觀念。最終，「人們所以普遍地來贊同德行，不是因為它是天賦的，乃是因為它是有利的」[004]。在各種道德規則建立起來之後，也沒有人會自發地遵守它們，而是為了贏得獎賞，避免懲罰。

沙夫茨伯里將功利主義視為自己一生的敵人，因為功利主義拔除了道德在人性和社會中的根基，使人們陷入恐慌絕望之中，而不能真正增進社會的安定和人生的幸福。他的哲學目標就是要證明，德行在自然和人性中有著先

---

002 同上，第 82 頁。
003 霍布斯：《利維坦》，黎思復、黎廷弼譯，北京：商務印書館，1985 年，第 37 頁。
004 洛克：《人類理解論》（上冊），關文運譯，北京：商務印書館，1983 年，第 29—30 頁。

天的基礎，人先天地喜愛善憎恨惡，並且自發地在生活中表現德行，因為這樣會給他帶來最大的快樂，也只有這樣，整個社會才能達到完善和諧的狀態。為此，沙夫茨伯里需要對整個經驗主義哲學進行有效的反駁，因為在他看來，功利主義很大程度上源自霍布斯和洛克對自然和人性的錯誤理解。

　　沙夫茨伯里與他之前的經驗主義者並非毫無相同之處，他承認自然世界存在物理的規律，反對對自然進行神祕主義的解釋，但是他力圖把科學研究的結果與一種有神論結合在一起，也就是說，他既主張自然世界的因果決定論，也主張目的論。依照決定論，自然是一個存在因果關係的整體；依照目的論，這個整體也指向一個精神性的目的。在自然世界中，每一個個體都從屬於一個有限的整體，這些有限的整體又從屬於更大的整體，最終形成一個有著統一原則和目的的最大整體。一個個體離開整體便沒有意義，無論其存在還是死亡，都是為了整體的存在和延續，層層遞進，整個自然世界便成為一個相互依存的整體。沙夫茨伯里的目的論很明顯是受到了 17 世紀劍橋柏拉圖學派的影響，這個學派希望將神學與科學相結合、相協調，重新證明上帝的存在和宗教在現實生活中的意義。[005] 但是，他們並非讓上帝和理性相對立，而是尋求一種統一。他們也儘量為自然中的機械規律留出更多的空間，然而他們的目的在於超越機械規律，在終極原因中體現上帝的力量。摩爾提出自然精神，它「遍布宇宙的全部物質，在其中起著塑造力的作用，它透過指引物質的方向和運動引起世界上那些不能只歸結為機械力的現象」[006]。卡德沃思提出了「有塑造力的自然」，它「是神支配物質的中間環節，和機械結構混合貫穿於整個有形的宇宙」[007]。從目的論的角度來看，自然世界中的每一個環節無不體現著一種神聖的設計或意圖，因而暗示著上帝的存在。

005　See Brett, R. L.. The Third Earl of Shaftesbury：A Study in Eighteenth-Century Literary Theory, New York; Melbourne：Hutchison』s University Library, 1951：17.

006　胡景釗、余麗嫦：《十七世紀英國哲學》，北京：商務印書館，2006 年，第 252 頁。

007　同上，第 268 頁。

沙夫茨伯里

沙夫茨伯里確信，單純根據機械、物理、數學或幾何等的原則是無法真正理解任何事物的本性的，自然和宇宙不是物質的堆砌，無論是一個個體還是整個自然都依靠一種內在力量的維繫。每一個事物都要求存在下去，而且它也先天被賦予了一種特殊構造來適於其存在，甚至被賦予一種慾望或激情而去追求對它有利的東西，那麼我們可以說，這個事物的構造中的每一個要素，無論是其外在的構造，還是其內在的慾望和激情，都是指向某個目的的。「如果拿一塊蠟或者其他物質將這棵樹確切的形狀和顏色拓制下來，如果可能的話，並用相同的物質鍛造出來，這樣它還可以是相同種類的一棵樹嗎？」答案當然是否定的，因為一棵活生生的樹「無論在哪裡具有這種同時存在的部分圍繞一個共同目的，並且共同去維持、繁榮和繁殖這樣一種優美的形式」[008]。所以，使一棵樹成其自身的本質不是材質和其中的機械構造，而是一種精神性的生命力。

這種生命力同樣可以擴大到整個宇宙，萬物的形態雖然千差萬別，但它們都同時圍繞著同一個目的，「以生命的形式存在」，也是「真正的元一」。這種生命力就屬於自然本身，並不需要外在力量的塑造。更準確地說，這種力量來自人的心靈對萬物和人本身在自然中的意義的體悟。這一點把沙夫茨伯里與劍橋柏拉圖主義者們區別開來，「並不似卡德沃思和摩爾，他們相信人必須從這個較低級的物質世界中被淨化和提升，而沙夫茨伯里將在這個世界本身中發現生存的價值」[009]。

人類社會同樣是一個整體，每一個人都無法離開社會而生存，在這個整體中同樣有一種生命力或精神力量把所有人凝聚起來，體現在每一個個體身上，這種力量就是激情或感情。如果人自然地就形成社會並依賴社會而生

008 Shaftesbury, Characteristics of Men, Manners, Opinions, Times, ed., Klein. Lawrence E. Cambridge University Press, 1999：299—300.

009 Ernest Tuveson, Shaftesbury on the Note so Simple Plan of Human Nature, Studies in English Literature, 1500-1900, Vol. 5, No. 3, Restoration and Eighteenth-Century. (Summer, 1965), p：405.

存，那麼每一個人的行為只有相對於整體來說是善的或惡的，有利於整體的行為才是善的，反之就是惡的。人類社會的形成並不是個體為了保全自己而做出的妥協，相反，將所有人都凝聚在一起的紐帶是植根於每一個人心中的對於他人和社會整體的喜愛這種先天感情。很明顯，兩性之間相互愛慕，父母對後代只講付出不求回報，就是明證。我們同情他人的苦難，分享他人的快樂，雖然他人的苦難和快樂並沒有對我們自己產生有利或不利的影響。投入社交使人快樂，離群索居讓人痛苦。因為情感是人的本性，任何行為都受到情感的推動，否則行為就沒有善惡之分。所以，要判斷一個行為的善惡就是判斷推動行為的情感的善惡。沙夫茨伯里確信，人人在內心中都知道只有有利於整體和他人的行為才是善的，反之則是惡的。「一種理智的生命，不透過任何情感而行事，這就不能在本質上使其成為善的也不能使其成為惡的，只有當與其相關的整體的善或者惡是觸動其激情或者感情的直接對象時，它才能被假定為是善的。」[010]沙夫茨伯里並不否認人天生有自私的感情，因為整體目的的實現也需要個體的存在，但即便這樣，人天生的社會性感情仍然是不可抹殺的，這是一切道德的基石。

對於沙夫茨伯里來說，霍布斯和洛克犯了一個極大的錯誤，即認為道德判斷和行為的對象僅僅是行為的結果，相反，沙夫茨伯里認為行為的善惡在於其動機。一個人的行為即使其結果有害，只要其動機是善的，這個人就是善的，反之一個人的行為即使其結果是有利的，但只要其動機是惡的，就改變不了這個人惡的本質。沒有動機或不是出自自由意志的行為便沒有善惡之分，沙夫茨伯里在這一點上與康德一致。如果善就是對整體和他人有利，那麼一個人行善的動機不是他想因此而為自己獲利，而是因為他認為這種行為是正確的，他願意這樣做，如果有任何獎賞的話，那就是他因此而得到一種

---

010 Shaftesbury, Characteristics of Men, Manners, Opinions, Times, ed., Klein. Lawrence E. Cambridge University Press, 1999：169.

特殊快樂。甚而至於，一個人不僅應該追求有利的結果，更應該從動機上維護超越一切個體之上的道德法則，也是為了表達對善本身的熱愛。如果人們只是為了自我利益或為了獲得獎勵或逃避懲罰才做道德的事，那就永遠也不會有穩定的道德法則，因為人與人之間的需求是各不相同的，每個人自己的需求也在不斷變化。出自自我利益的任何行為永遠都不會是善的，最多只是在不損害他人和整體的時候是無所謂善惡的。只有每一個人都懷著對最高的善的熱愛，對道德法則和完美的社會秩序的熱愛，道德法則才能得到維護，完美的社會秩序才能得以形成。

道德感

沙夫茨伯里所遭遇的困難是：既然人天生就具有社會性感情，樂於向善，但在人類社會中又為何有如此多的惡行存在？這正如霍布斯和洛克所遭遇的困難，既然人人為己而活，人類社會卻居然維持著哪怕是不完善的秩序，又有那麼多人願意樂於助人、匡扶正義。他們都承認人類生活需要一個富有秩序的社會，霍布斯和洛克認為人們是為了保全自己而結成社會，沙夫茨伯里則認為人天生就需要也喜歡相互交往，這有助於實現人類社會的整體利益，而且人們也從中得到快樂，這種快樂遠遠超過了肉體和感官所能獲得的任何快樂。

沙夫茨伯里或許相信，凡存在即合理。「我們不能說任何事物是全部地或絕對地壞的，除非我們能夠確定地說明和肯定，我們所說的『壞』是指在任何其他系統中，或在對於任何其他生命或機體來說一無是處。」[011] 同樣，社會性感情和自私感情都先天地存在於人心中，本身並沒有善惡之分，因為它們都是社會整體所不可缺少的。一個個體沒有保全自己的慾望和能力，或者對任何他人和整體的利益都漠不關心，都不利於整體的延續。如果這兩種

---

011 Shaftesbury, Characteristics of Men, Manners, Opinions, Times, ed., Klein. Lawrence E. Cambridge University Press, 1999：169.

感情都是自然的,但是還有惡的存在,那麼惡只能來自某種感情的過度。自私感情過度到損害他人和整體的利益,必然是惡的。

同樣,「即使是大多數最自然的友善和愛,例如各種生命對自己後代的愛,如果這種愛是過度多的和超出一定界限的,它無疑是惡的」[012]。

不過,困難是人們怎麼知道他的行為是善的或惡的,因為善惡指的不是外在的形式,而是內在的動機或情感。我們怎麼感覺到一個行為的動機是善的呢?沙夫茨伯里說,我們本來就知道,我們的本性中具有一種特殊能力,讓我們知覺到出自某種動機的行為的善惡,因為善的行為使我們快樂,惡的行為讓我們厭惡。這種能力就是反省(reflection)。

在能夠形成實物的普遍觀念的生命中,不僅給予他們以知覺的外在事物是情感的對象,而且行為本身和憐憫、友善、感激等情感,以及相反的情感都會透過反省被帶入頭腦當中,成為情感的對象。所以,憑藉這種反省的感官,產生了一種面向情感自身的情感,這種情感原先已被知覺到,而現在則變成了被喜愛或不喜愛的新的對象。

作為其他心靈的觀者或聽者的心靈,也有耳目,也能分辨比例,辨別聲音,並審視呈現於面前的每一種情感或思想。它不會讓任何東西逃離其審查。它感到感情之中的柔軟和粗澀、適意和不適意,發現錯誤和公正、和諧和嘈雜,這是現實的和真實的,就像它們存在於任何音樂的韻律、感性事物的外在形式,或畫像當中一樣現實和真實。它也不能抑制自己的敬慕和狂喜、厭惡和輕蔑,不管這些東西與這個或其他主體是否利害相關。[013]

反省這一概念應該來自洛克,在洛克那裡指心靈「觀察自己對那些觀念所發生的作用時,便又會從內面得到別的觀念,而且那些觀念亦一樣可以為

012　Shaftesbury, Characteristics of Men, Manners, Opinions, Times, ed., Klein. Lawrence E. Cambridge University Press, 1999：172.

013　同上。

它的思維對象，正如它從外面所接受的那些觀念似的」[014]。可以說，由反省而來的觀念是關於我們自己心理活動的觀念。不過，洛克認為快樂和痛苦的觀念是透過感官和反省兩種途徑進入心靈的，而不單是透過感官或反省被知覺到的。「感官由外面所受的任何刺激，人心從內面所發的任何思想，幾乎沒有一種不能給外面產生出快樂或痛苦來。

外面所謂的快樂或痛苦，就包括了凡能娛樂我們或能苦惱我們的一切作用，不論它們是由人心的思想起的，或是由打動我們的那些物體起的。」[015]洛克說，快樂和痛苦的觀念激發我們注意和選擇某些對象，促使我們追求某些對象，躲避另一些對象。

但沙夫茨伯里所謂的反省的確與洛克的反省仍有很大的不同。首先，沙夫茨伯里明確說，反省的對象是情感，而不是事物的任何外在性質，即使情感需要透過某些外在性質表現出來，本身也與外在性質完全不同。其次，痛苦的情感透過反省被再次知覺到時，不一定仍然產生痛苦的情感，例如，對他人友善可能損害我們自己的利益，因而是痛苦的，但這種痛苦再被反省到時卻又可以是快樂的。再次，最後的情感反應可以跟我們自身的利害沒有直接關係，也就是某個人對另一個人表現出友善的情感不能給我們自己帶來任何利益，但是它仍然令我們感到快樂。最後，這種反省也是一種直覺，它不需要將這些情感還原為更簡單的觀念。

的確，依靠外在感官我們不能看到他人的情感，但是沙夫茨伯里說我們還有「一隻內在的眼睛」（an inward eye）：「一旦眼睛看到形象，耳朵聽到聲音，美就立即產生了，優雅和諧就被人知道和讚賞。一旦行為被觀察到，一旦人的感情和激情能被人覺察到（大多數人感覺到的同時就已經能分辨），一隻內在的眼睛就立即會加以分辨和領會漂亮的和優美的、可親的和

014　洛克：《人類理解論》（上冊），關文運譯，北京：商務印書館，1983 年，第 93 頁。
015　洛克：《人類理解論》（上冊），關文運譯，北京：商務印書館，1983 年，第 94 頁。

可讚的，否則就是醜陋的、愚蠢的、古怪的或者可鄙的。因此人們怎能不承認，正如這些區別就存在於自然之中，這種辨別能力也是固有的，只能出自自然？」[016]

這只「內在的眼睛」就是後來哈奇森所謂的道德感。這種先天能力讓我們能夠直覺到一種行為的善惡。我們知道自己的行為是出於自我利益還是為了整體或他人的利益，我們也可以透過他人的情感反應知道自己行為的效果。沙夫茨伯里確信人具有一種共同感，使人與人之間可以相互交流，所謂人同此心，心同此理。

行善會帶給我們快樂，這種快樂不少於自我利益而來的快樂，正是這種快樂引導我們行善。正如身體的各種部位處於協調狀態時，那就象徵著這種狀態符合人身體的本性，因而也就是健康的，人們能由此享受健康帶來的快樂。在心靈方面也是如此：「心靈的各個部分和要素，它們的相互關聯和依賴，構成靈魂和性情的那些激情的聯繫和構造，可以被那些認為這種內在解剖值得一做的人輕易理解。可以肯定，這種內在部分的秩序或協調本身與身體的秩序和協調一樣真實和確切。」[017] 心靈中各種情感的協調，就象徵著這種狀態符合人的本性，因而是健康的，人們能從中感受到另一種快樂。在面對他人時，如果一個人有適度自愛之情，被我們稱作勇敢，他可以克服外在的困難和不幸而生活下去，這讓我們心生尊敬，反之一個懦弱的人，則讓我們鄙視。如果一個人對他人充滿仁愛、同情和感激的社會性情感，就讓我們感到欣慰和讚賞，反之對他人的不幸漠不關心甚至幸災樂禍的人則讓我們憤慨甚至恐懼。總之，那些行為及其主體讓我們感到快樂是因為它們符合人的本性，而那些行為及其主體讓我們感到痛苦則是因為它們違背了人的本性。

016 Shaftesbury, Characteristics of Men, Manners, Opinions, Times, ed., Klein. Lawrence E. Cambridge University Press, 1999：326—327.

017 Shaftesbury, Characteristics of Men, Manners, Opinions, Times, ed., Klein. Lawrence E. Cambridge University Press, 1999：194.

對於每一個個體來說也是同樣的情況，如果我們自己擁有適度的自愛，能克服外在的困難和不幸，我們就感到驕傲，反之就感到痛苦。但是，如果我們只有自愛之心，仇視他人，我們就時刻處於焦慮不安之中，唯恐他人以同樣的態度對待我們自己。所以，真正說來，過度的自私並不會讓我們感到快樂和幸福，真正的快樂和幸福來自與他人共享快樂和分擔苦難。儘管一個社會並不完善，人與人之間並不和諧，但是我們還是非常珍視這些快樂。

沙夫茨伯里並不懷有一種天真的樂觀主義，認為人天生就知道行善，社會一開始就具有和諧的秩序，否則我們就不會看到如此多的不幸和墮落。即使自然提供了宜居的場所並賦予其生存的能力，人類還是面臨著諸多威脅，需要不斷奮鬥才能求得溫飽和安全。同樣，人即使天生就具備善惡之感，但還是會因為外在環境和內在性情的影響而做出錯誤的判斷，不能踐行善的信念，甚至他的本性也會發生畸變。奢侈淫靡的生活會讓人們喪失了克服困難和不幸的勇氣，專制暴虐的統治讓人們對同胞失去信任只求自保，追名逐利的風氣讓人們相信人不為己天誅地滅。這種畸變也是自然地發生的，但並不符合人的本性，也無助於生活的幸福。幸福的生活需要一個自由和諧的社會秩序，也需要一種和諧的內在性格或性情。這兩點是沙夫茨伯里整個思想的核心主題。他不遺餘力地批判專制的政治、狂熱的宗教、重商主義和功利主義哲學，也不厭其煩地宣揚自由和美德。

我們可以發現，對沙夫茨伯里而言，道德感並不是他學說的全部內容，道德生活僅僅依靠先天情感是不夠的，而且還需要理性的反省。就每一個個體而言，自然雖然賦予他判斷善惡的情感，但自然的情感並不保證他能始終行善，只有他從內心確立堅定的信念，他才能主動地、自發地行善。所以，他不僅要順應自然的情感，而且還要有意識地知道他在行善，因他行善的動機體驗到快樂。「如果一個生命是慷慨的、友善的、堅定的和富有同情心

的，然而，如果他不能反省他自己做了什麼，看到他人做了什麼，以至於不能注意到什麼是有價值的或者真誠的，並使那種價值和真誠的觀唸成為其情感的對象，他就不具有道德的性格。因為只有這樣而不是其他，他才能具有正確和錯誤的感受，一種對什麼是憑藉公正、平等和善良的情感而行動的或者相反的情緒和判斷力。」[018] 一個人必須在後天生活中從自己和他人那裡獲得經驗，並加以理性的反省，認識到真正的善是什麼，哪些行為僅僅是出於自私的情感，哪些行為僅僅是一種偶然的表現，而哪些行為是發自內心信念的，他應該使對真正的善的認識轉化為他的一種性格（character）或性情（temper），這種性格不會隨著外在環境的偶然機緣而變化，也不會因自我慾望或利益的驅使而波動和迷失。所以，善既是一種和諧的秩序，也是一種和諧的性格。

擁有美德的人能夠拋開一己之欲來客觀地判斷他人和自己的行為，他行善不是為了期待未來的報償，也不是為了躲避未來的懲罰，也不是出於對任何政治和宗教權威的服從，他不為任何外在的結果，僅僅是為了表現他自己的美德，僅僅是出於對美德和最高的善的熱愛，並從中獲得一種特殊快樂。沙夫茨伯里並不認為服從道德僅僅是一種義務，相反行善可以給人們帶來更大的甚至是最大的快樂。任何感官快樂都是短暫的，甚至會導致心情的煩躁。沉迷於感官快樂的人是因為他只專注於自我利益，沒有在社會交往中感受到超越自我利益的精神性的快樂。當參與到社會交往中時，我們卻感受到因仁愛、感激、慷慨、同情和互助等情感而產生的相互信任、尊重和友愛。即使是感官的享受也只有在社會交往中才能產生更大的快樂。即使我們因為行善而產生的苦惱，最終也還是會轉化為快樂。「自然情感中所具有的苦惱，即使它們完全與快樂相反，卻仍然能獲得比沉迷於感官快樂更大的充實

018 Shaftesbury, Characteristics of Men, Manners, Opinions, Times, ed., Klein. Lawrence E. Cambridge University Press, 1999：174.

和滿足，而且如果持久或延續的溫柔和友善的情感能夠持續下去，甚至是由於恐懼、害怕、悲痛、憂傷，心靈中的情感仍然是令人愉悅的。我們甚至對美德那種憂鬱的方面也能感到高興，她的美在烏雲密布的包圍中仍能保存自己。」[019] 我們的道德生活的任務就是摒棄對感官快樂的沉迷和對自我慾望的執著，培養我們對於更高尚的快樂的趣味；我們對善的認識和體驗越是充分，我們的趣味就越是敏感，也就能獲得越強烈的快樂。

自沙夫茨伯里始，英國哲學興起了一種情感主義（sentimentalism）傳統，與培根以來的經驗主義形成鮮明的對照。沙夫茨伯里本人並沒有完全信賴情感，實際上，他反對任何隨意冒失的衝動，哪怕是他所謂的自然的社交情感也不能保證正確的道德判斷，他要求的是一種經過理性調節的情感。他反對純粹的數學式的理性計算，但在他那裡情感與理性並不是直接對立的。[020] 不過，他對情感的倚重仍然給人留下深刻印象，並使得情感在 18 世紀英國哲學中取得了主導地位，幾乎沒有任何一個哲學家能避開情感這個話題。情感主義的興起很明顯地突出了個體體驗在知識和實踐中的重要意義，當然情感只有承擔起在認識論當中的角色，與理性取得聯繫或和解，才能避免主觀主義和相對主義的危險。情感的凸顯對美學的發展來說是至關重要的，它為美學爭取到了自身獨立的領域，同時又不至於完全脫離於整個哲學之外而失去可靠的原則。

019　Shaftesbury, Characteristics of Men, Manners, Opinions, Times, ed., Klein. Lawrence E. Cambridge University Press, 1999：204.

020　夏夫茲博裡和後來的作家們用到許多表示情感的詞語，如 affection、sentiment、passion、temper、humour、disposition、character 等，相對而言，在夏夫茲博裡這裡，affection、passion 是人性中先天的傾向或衝動，可譯作感情和激情，它們是普通的、共同的；sentiment 指經過反省的恆定的取向，可譯作情緒；temper、humour、disposition 指個人的偏好和性情；character 偏重指穩定的個人性格。為避免用語混亂，本文只在需要明確區分的場合運用不同的名稱。

美的本質

　　沙夫茨伯里的美學是作為其哲學的一部分出現的，不過不是從上而下演繹出來的，而是被當作一種事實的證據來證明自然中精神的存在和人性中有嚮往超感官快樂的傾向，因而他的美學總是有著道德、政治和宗教上的訴求。當然，這並不意味著美學在沙夫茨伯里那裡沒有自己獨立的原則。

　　沙夫茨伯里所持的新柏拉圖主義使他相信，宇宙萬物無不是一種精神的創造物。因為無論在任何地方，沒有一種事物是完全無用的，在一個事物之中沒有任何一個部分或要素是多餘的。這個世界以及其中任何事物都被置於一個適當的環境中，並被賦予適應其環境的外在形式和內在能力，以能夠繁衍不息，或者在整個世界中發揮其獨特的作用。因此，沙夫茨伯里認為，只要承認這個世界是富有秩序的，就必須承認這種秩序來自一種精神，這種精神主宰著這個世界，也賦予世界中的事物以生命。就像後來的康德在《判斷力批判》中所闡述的那樣，自然事物不僅在實質上具有合目的性，在形式上也具有合目的性，雖然這些性質來自人天生的判斷力，而不能斷然歸之於自然事物本身。美就是事物在形式上的合目的性。

　　在沙夫茨伯里看來，富有秩序的形式就是美的，這種觀念從古希臘以來就是西方美學的主導觀念，可謂老生常談。他有時候稱美就是比例、勻稱、和諧等性質，這些性質總是對人充滿吸引力。「如果我們想到最簡單的形象，比如一個圓球、一個立方體或者骰子就足夠了。為什麼即使是一個嬰兒一眼看到這些具有比例的事物也樂不自禁呢？為什麼人們傾向於喜愛球面或者球體、立柱體以及方尖碑，而對不規則的形象 —— 就這方面而言，就會心生拒斥和輕蔑呢？」[021] 從這裡首先可以肯定的是，在沙夫茨伯里看來，美的對象不是指事物某個孤立的性質或者洛克所謂的簡單觀念，而是作為整體的

021　Shaftesbury, Characteristics of Men, Manners, Opinions, Times, ed., Klein. Lawrence E. Cambridge University Press, 1999：326.

事物或者複雜觀念。然而，關鍵的問題是這些性質為什麼是美的，它們為什麼會讓人喜愛。

沙夫茨伯里不是從亞里斯多德的角度來理解美的，也就是認為美的秩序源自數學的原理：「美的最高形式是秩序、對稱和確定性，數學正是最明白地揭示它們。由於它們（我說的秩序和確定性）是許多東西的原因，所以，很顯然，數學在談論這些東西時，也就是以某種方式談論美的原因。」[022] 這種理性主義的解釋在近代仍然非常普遍，但沙夫茨伯里對這些性質的理解更多的是來自他的新柏拉圖主義。但凡富有秩序和比例的形式都意味著有一種精神或意圖在其中，或者是最高的神性，或者是事物內在的生命力，或者是人的心靈、思想、性格。所以，美的事物看起來是因為它們的形式或外表，實則是因為其中包含的精神或心理。美最終超越了外在的可計算的比例。

在《道德家》一文中有一段酷似柏拉圖的《大希庇阿斯》的對話，沙夫茨伯里在其中闡發了他對於美的理解。代表沙夫茨伯里的特奧克勒斯說道：「無論你對其他的美懷有什麼激情，我們知道……你不會這麼豔羨任何財富，認為有什麼美在其中，尤其是那一堆天然之物。但是徽章、金幣、浮雕、雕像以及華美的綾羅綢緞，無論在哪種事物裡面你都能發現美並愛慕這種東西。」[023] 因而，美的原因首先不是事物的質料，而是事物之所以如此的形式。其次，造就這些形式的東西就是使這些事物之所以美的真正原因，在上述這些事物中，這種東西就是技藝或藝術，因此，「技藝就是那種能美化的東西（that which beautifies）」。如果將這種東西抽掉，這些事物就不美了，「物體本身不能產生美或者使美永駐」[024]。對於柏拉圖來說，美是個難題，因為他無法說明使各種不同事物之所以美的真正原因是什麼，或者說

022　苗力田主編：《亞里斯多德全集》（第七卷），北京：中國人民大學出版社，1993 年，第 296 頁。

023　Shaftesbury, Characteristics of Men, Manners, Opinions, Times, ed., Klein. Lawrence E. Cambridge University Press, 1999：321—322.

024　同上，第 322 頁。

如果美本身就是理念，他也沒有說明理念是如何使這些事物成為美的。看起來，沙夫茨伯里解決了這個難題。

技藝就是一種設計，包含著一種意圖，只有心靈或精神才具備這種能力，被設計和意圖的事物裡面彷彿就有心靈的存在，使其表現出完整統一的形式。所以，美的事物或是某個意圖的產物，或是本身就具有自己的意圖。「美、漂亮、標緻，從來不會在事物自身中，只在技藝和意匠中；從來不在物體本身中，而是在形式或者形成力中。」[025]

所以，形式本身的意義是多重的，沙夫茨伯里將其歸結為三個層次：第一層也是最底層的形式是「僵死的形式……它們具有一定的形態並且是被形成的，無論是由人還是由自然，但是沒有形成力，沒有行為或者智力」。第二層形式是「能形成的形式（the forms which form），亦即它們擁有智力、行為和活動。……因而這裡存在雙重的美。因為，在這裡都是形式，即心靈的效果和心靈自身」。這種形式實際上就是人的心靈。第三層也就是最高層的形式，「不僅形成我們稱之為單純的形式的東西，而且甚至能形成那種能形成的形式。因為我們自己是傑出的塑造物體的建築師，並能利用手讓一種無生命的物體形成各種形式，然而那種甚至能塑造心靈自身的東西將由那些心靈所塑造的美都包含在自身當中，因而也就是一切美的原則、來源和源泉」。[026]

存在三個層次的形式，也就有三個層次的美。真正的美超越了外在的形式，是一種形成力，是最高的心靈和精神。這個結論看起來與柏拉圖的理論十分相符，但卻有著很大的差異，因為柏拉圖的理念與感性世界是相分離的，而沙夫茨伯里所謂的形成力就與感性世界融合在一起。這與亞里斯多德

025 同上。
026 Shaftesbury, Characteristics of Men, Manners, Opinions, Times, ed., Klein. Lawrence E. Cambridge University Press, 1999：323—324.

的傳統截然不同，因為形成力不是一種抽象的數學原理，而是具體的生命力。雖然後來的休謨批評沙夫茨伯里把自然世界與人的心靈妄加類比，不過，這種類比恰當地解決了傳統哲學中把理性與感性相分離的難題，也為他的美學提供了合理的基礎。然而，由於沙夫茨伯里把美的原因或本質歸之於心靈或精神，他就很難再對美的對象做出具體而確定的規定和描述，這項任務是後來的美學家所努力要完成的，就像哈奇森的寓於多樣的統一和柏克對崇高與美的對象的外在性質所做的規定，雖然這些規定也總是不可避免地存在局限性，不可能囊括所有被人認為是美的對象。

　　沙夫茨伯里沒有對各種類型的美做出區分，但他所描述的美卻超出了傳統的範圍。根據他對美的本質所做的闡述，最美的對象就是自然，因為它是最高的精神或形成力的創造物。在遙遠的太空，一切天體看似混亂，但都遵循著嚴格的秩序而運轉；在我們所居住的地球上，有明媚溫暖的陽光，有富饒的土地，高山聳立，大海浩渺，雖然形狀各異，色彩雜陳，甚至相互對立，但又無比和諧，構成了一個無限的整體。有些事物初看之下並不能給人愉悅，有暴風驟雨、險峰洪流、戈壁荒漠，看來是陰森恐怖的，又有各種猛獸毒蟲，猙獰可怕，但只要我們從最大的整體來理解，這一切卻又是井然有序，恰到好處，無不令人驚嘆造物主的偉大智慧和仁善之心，因而讓人體驗到一種獨特的美。對自然美的讚美順應了 16 世紀以來英國人的態度，但也引出了近代一個重要的美學概念，即崇高。在近代美學中，沙夫茨伯里不是最早闡發作為審美範疇的崇高的，但是他的著作中更頻繁地使用了這一概念，並第一次從一種統一的哲學來描述崇高。

　　這裡，在山腰，一棵樹那寬闊的邊緣使我們疲憊的旅行家能坐下來稍歇片刻，他來到曾經蒼翠挺拔的松林，杉樹和高貴的雪松塔形的樹冠高聳入雲，使其餘樹木在其面前相形見絀。這裡有一種不同的恐懼抓住了我們剛剛

歇息的旅行家，他看到藍天正被廣闊的森林覆蓋，投下了巨大的陰影，使這裡暗無天日。昏暗微弱的光線更令人感到陰森可怖，任何事物都靜止不動，使人感到窒息般的沉寂，時而又傳來茂密森林中聲音激起的一陣嘶啞回聲，真是使人心驚膽顫。死寂中蘊藏著衝動，一股不知名的力量驚動著心靈，可疑的事物始終觸動著人警惕的神經。神祕的聲音或迴蕩在耳邊，或僅僅是幻覺。形形色色的神性好像要在此顯形，在這片神聖的樹林中要使自己變得更鮮明，就像古人築起了神廟，在崇拜他們的宗教。即使是我們自己，性格雖然單純，也能從這個地球諸多明亮的地方讀懂神性的聲音，寧可選擇這個朦朧的場所來辨明那個神祕的存在，它對我們短淺的目光來說疑似一片烏雲。

到這裡他又稍停了一會兒，原先凝滯的目光向遠方眺望著。他顯得更加平靜了，氣定神閒。由這些，我很容易就覺察到我們的描繪要告一段落了，不管願不願意，特奧克勒斯決定要離開這片崇高的景象。清晨過去了，太陽已經高高懸掛在天空。[027]

在這段描寫中很明確地在美學意義上運用了「崇高」一詞，並包含了後來美學家賦予崇高的諸多性質和心理模式。崇高的對象高大廣闊，或者充滿神祕、巨大的力量，在人心中產生驚奇甚至恐懼。這些對象之所以能打動人是因為其中包含著一種強大的精神或神聖的觀念，足以讓人敬畏和崇拜。顯而易見，這些都是以他的目的論為基礎的。在沙夫茨伯里那裡，自然美高於任何藝術美。「裸露的岩石、古老的山洞、天然的洞穴以及斷流的瀑布，荒野之中那駭人的優美，還可以更多地展現自然，都是更迷人的，在崇高莊嚴這一點上要超過對皇家花園的精確模仿。」[028]

在沙夫茨伯里看來，藝術就是對自然的模仿，但是他對模仿的理解與眾

027　Shaftesbury, Characteristics of Men, Manners, Opinions, Times, ed., Klein. Lawrence E. Cambridge University Press, 1999：326.

028　同上，第 318 頁。

不同，既不像柏拉圖那樣視藝術為對事物表象的模仿，也不像亞里斯多德那樣認為藝術模仿的是事情的可然律或必然律，藝術模仿的是蘊涵於自然之中的那種形成力或「至高的神靈」（sovereign genius）。在每一種藝術發展的過程中都形成了自身的法則，亦即詩歌的韻律、造型藝術中的比例，以使作品成為一個和諧的整體。但這些法則的真正作用不是讓藝術家模擬事物的外表，而是體悟自然之物的內在本性，領會自然中那種形成力營造萬物的偉大匠心。在這個意義上，各種法則只是工具而非最終目的。藝術家所要做的不是模仿，而是來自心靈的創造，只有這樣，他才能將生氣灌注到所描寫的對象中，作品中的對象才是真實的。「一個畫家，如果他具備些天賦的話，就能理解構思的真實性和統一性，而且知道，如果他緊隨自然並嚴格地模仿生活倒反而會產生不自然（unnatural）。因為他的藝術不允許將所有自然都帶進單個作品中，而只能是一部分。然而，他的作品，如果既是美的又是真實的，這作品自身必然就是一個整體，是完整的、獨立的，無論多麼偉大廣闊都是可能的。」[029] 因此，藝術家永遠都不可能去模仿外在的自然，他們需要深入細緻地研究各種比例和法則，但並不是要用這些比例和法則來取代真實存在的對象，而是要以有限的形象去模仿自然中的形成力或神靈是如何造就各種事物並使其充滿活力的。可以說，藝術家就是第二造物主。

　　沒有比我們現代人甘願稱之為詩人的那種人更乏味了，只掌握了押韻的雕蟲小技，就笨拙地玩弄巧智和幻想。但對名副其實的詩人來說，作為詩歌的大師或者創造者，能夠描繪人物及其情態，賦予每一個動作以正確的主體與局部，如果我沒有想錯的話，人們會發現他真是一個與眾不同的生命。這個詩人堪稱第二造物主，宙斯麾下的普羅米修斯。就如那個最高的藝術家或者優美的大自然，他鍛造了一個整體，始終一貫，勻稱和諧，每一部分都

029　Shaftesbury, Characteristics of Men, Manners, Opinions, Times, ed., Klein. Lawrence E. Cambridge University Press, 1999：66.

主次分明。他注意到了激情的界限，並知道他們明確的曲調和節律，這樣他就能正確地再現它們，彰顯情操和行為之崇高，區分美醜，辨別可愛與可憎。[030]

這樣看來，沙夫茨伯里在很大程度上打破了古典主義的美學原則，雖然他在具體的藝術批評中很多時候仍然延續了古典主義的慣例，但對創造性想像的強調和對自然的崇尚以及那略帶神祕主義的思想，無疑開啟了浪漫主義的先河。

但是，沙夫茨伯里並不認為藝術的任務在於表現藝術家自身的情感，他從來不認為情感的強烈與否是美的標準。藝術的真正目標是真實地刻畫對象內在的性格和特徵，亦即對象的生命，真實才是藝術的標準。然而，以有形的形式去模仿無形的生命，這本身是一個矛盾。像古典主義批評家所說的那樣去模仿古代的藝術典範，熟練掌握各種問題的嚴格規範，是不可能實現這一目標的，因為沒有任何對象是完全普遍和永恆不變的。要達到真實，藝術家必須反觀自身，設身處地去體驗對象應該所是的樣子，同時也必須學習以如何運用和創造形式的語言來表現對象應該所是的樣子。

在一篇看起來還未完成的論文《造型藝術》中，沙夫茨伯里意欲建立一門藝術語言學。他提出了三種或三個層次符號（character）：第一，記號（notes），即聲音、音節、詞彙、話語的標記（marks），以及透過聲音和話語這些媒介表現出來的情緒、感受和意義的標記。第二，標誌（signs），即對真實的形式和自然的存在的模仿，或透過凸面或凹面等方式來造型，或者透過線條、顏色，根據光學，運用線和麵來形成身體的面貌和肢體等，它們與第一種符號之間的區別在於以逼真的外形來模仿對象。第三種，也叫做中間狀態的一種，即像徵（symbols）。當第二種符號，即標誌被用作媒介

030　同上，第92頁。

來傳達情緒、感受、意義時就可以叫做象徵。三種符號都是為了指示外在對象，但藝術創作所用的符號不只是抽象的記號，也不僅只具有逼真的形象，而是要以逼真的形象表現對象的內在性格和特徵。這種形象不能是孤立和靜止的，而是要凝聚對象的生成和變化過程，要突出其鮮明的特徵。「如果其本質性的經歷、激情、習慣、形式等，被吸納進來，那麼這種符號就是雅緻、優美而正確的」，這就是第三種特徵，即像徵型特徵的實質。沙夫茨伯里說：「特徵仍是真理，歷史性就是一切的一切……被模仿的事物、被特殊化了的事物就是一切的一切，是作品全部的愉悅和快適，是情境中那神祕的魅力。」就像黑格爾所說的那樣：「理想之所以有生氣，就在於所要表現的那種心靈性的基本意蘊是透過外在現象的一切個別方面而完全體現出來的，例如，儀表、姿勢、運動、面貌、四肢形狀等，無一不滲透這種意蘊，不剩下絲毫空洞的、無意義的東西。」[031] 因此，真實的形像是具體而富有生命感的，來自外在形式與內在性格或特徵的符合。

「所謂美的東西也就是和諧和勻稱的東西，而和諧、勻稱的東西也就是真的；與此同時，結果就是，美的和真的也就是令人快適的和善的。」[032] 在沙夫茨伯里看來，藝術的作用就在於幫助人們領會自然的和諧，體驗事物真實的存在方式。

當然，藝術最重要的主題是人及其生活，因為人本身就是自然最傑出的造物，人也透過各種藝術領會自然中最高的精神，經營自己的社會生活。沙夫茨伯里並不否認藝術的審美意義，但審美本身就是道德的表現方式，如果藝術不能對人的道德有所提升就是毫無意義的。所以，真正來說，「在詩人們加以讚美，音樂家們加以歌頌，建築師和其他藝術家們都予以描繪塑造的

031　黑格爾：《美學》，朱光潛譯，北京：商務印書館，1979 年，第 221 頁。

032　Shaftesbury, Characteristics of Men, Manners, Opinions, Times, ed., Klein. Lawrence E. Cambridge University Press, 1999：415.

美當中，最令人愉悅、最迷人的那種美來自真實的生活，來自情感。能打動心靈的情感只能是來自這個心靈自身，並就是自己本性的那種情感，例如情操的美、行為的優雅、性格的微妙變化和人的精神的機理和特徵」[033]。在對美的追求和體驗中，人們感受到協調著整個自然和社會的最高精神的存在，領悟到它對萬物的仁善，這種仁善是人天生就喜愛的。這種仁善表現出來就是善良的性格和優雅的行為舉止，這些東西讓人們體會到社會交往的快樂。所以，沙夫茨伯里經常提到行為、心靈和性格的美，實際上這些美就是他整個美學乃至哲學的旨歸。任何一種美如果背離了對內在心靈的真實表達，反而會成為最醜的形式：「每一個人或多或少都是一個鑑賞家。每一個人都追求一種魅力，想著博取這個或那個維納斯的芳心。事物的可愛、可貴、得當會鮮明地表現其自身。如果人們不能將它們運用到理性和道德這樣較為高貴的地方，它們就會盛行在其他地方，即表現在低劣的事物上。」[034]

美感理論

在沙夫茨伯里之後，幾乎所有英國美學家都不會否認美是一種與物理性質截然有別的性質 —— 或者它根本就不是一種性質，就像休謨所言「美是一種情感」，並意識到美對於整個哲學乃至生活的重要意義。哲學家們一方面致力於精確描述美的形式的規律，另一方面也面臨一個更為艱巨的任務，即對美感進行系統的描述，因為如果美不是一般的性質，而是在人的心中產生一種特殊觀念或情感，那麼人們是透過何種感官和方式來知覺到美的，美作為一種觀念或情感具有哪些特殊性質？作家們所運用的方法和語言不盡相同，但基本的原則卻是源於沙夫茨伯里。

---

033 同上，第 62 頁。
034 同上，第 64 頁。

沙夫茨伯里

沙夫茨伯里總是把美與善相類比，因此美感也與道德判斷相關。道德上的善惡是由動機或性格決定的，對善惡的判斷就是對動機和性格的判斷，動機和性格總是要表現在行為和表情上，卻不是行為和表情本身，所以對善惡的知覺不僅依靠外在感官，更依賴「內在的眼睛」、對錯感或道德感，它們在人心中生成快樂和痛苦的情感。沙夫茨伯里認為美醜不是由事物的質料決定的，因為使一物成其所是的東西是其內在的形成力或生命力，它們雖然表現為事物的形式，但超越了形式本身。在人的知覺中，美醜不僅是一種客觀事實或存在，而且是表示快樂和情感的情感，所以沙夫茨伯里有理由相信對美醜的判斷也依賴一種不同於外在感官的感官，後來的哈奇森稱之為內在感官。不過，沙夫茨伯里本人從未使用過類似的術語。再次引用他關於道德判斷的那段話：

一旦眼睛看到形象，耳朵聽到聲音，美就立即產生了，優雅和諧就被人知道和讚賞。一旦行為被觀察到，一旦人的感情和激情能被人覺察到（大多數人感覺到的同時就已經能分辨），一隻內在的眼睛就立即會加以分辨和領會漂亮的和優美的、可親的和可讚的，否則就是醜陋的、愚蠢的、古怪的或者可鄙的。[035]

在這裡，他明確表示道德判斷依賴一種獨特的內在直觀的能力，而審美判斷卻不需要外在感官之外的能力。但是我們知道，在沙夫茨伯里那裡，真正的美並不是外在的形象、聲音，而是一種內在的形成力或生命力，如果不能深入理解這種內在的東西，我們就不能真正領會美，此時我們只是被動地感到一種快樂，而不是主動地領悟美的原因。既然有三個層次的美，最高的美是一種不可見的力量，那麼僅僅依靠外在感官是不能真正理解美的。因此，我們是透過一種復合的能力來知覺到美的。我們透過外在感官知覺到事

035　Shaftesbury, Characteristics of Men, Manners, Opinions, Times, ed., Klein. Lawrence E. Cambridge University Press, 1999：326.

物的外在形式。與此同時，我們也憑借理智領會到形式背後的意圖，尤其是當我們面對較為複雜的對象時，理智的作用就更為明顯。「如果形式沒有被思考、判斷和考察，而僅僅是作為安撫躁動的感官、滿足最粗俗的慾望的偶然符號或標記，就不能產出真正的力量。……如果獸類不能領會和享受美，因為作為獸類只有感官（肉慾的一面），那麼人也不能憑藉同樣的感官或肉慾的一面感受或享受美，而且他所享受到的美和善都憑藉一種更高貴的方式，憑藉那最高貴的東西，即心靈和理智。」[036] 後來的美學家，如柏克也認為作為審美能力的趣味需要三種能力，即感覺、想像力和理解力。所以，認為沙夫茨伯里像哈奇森那樣主張審美能力是一種內在感官是不很恰當的，雖然他的理論很容易被理解為這樣，因為他極力證明美在人心中形成的效果與感官快樂截然不同。這是理解沙夫茨伯里的美感理論的一個核心話題。

在證明人天生就喜愛善而不是首先受個體慾望或利益驅動的時候，沙夫茨伯里堅持認為人所享受到的很多快樂都與個體慾望或利益無涉。「對科學或學術略有所知的人最後不會僅僅是理解了數學的原理，而沒有感到在施展他的才智取得發現時，儘管僅僅是推測性的真理，他也得到了一種優於感官的快樂和愉悅。當我們充分地研究了這種沉思性的愉悅之後，我們應當發現這種愉悅與生命的個體利益絕無關聯，也不是個體機體的自我利益的對象。這種熱衷、愉悅或喜愛完全表現在外在於他或者他陌生的東西上。儘管這種反思的吸引或快樂來自對曾經感知到的快樂的觀察而被理解為自我激情或者功利性思考，然而最初的滿足卻只能源於對外在事物中的真理、協調、秩序和勻稱的喜愛。如果事實是這樣，那麼這種激情實際上應該等同於自然情感。」[037] 這種快樂源於人的本性，而不是出於對利益的追求，人們甚至不是

036　Shaftesbury, Characteristics of Men, Manners, Opinions, Times, ed., Klein. Lawrence E. Cambridge University Press, 1999：331.

037　同上，第202—203頁。

有意為了這種快樂而從事這些活動，只是由於這些對象觸動了我們心靈中的某種機制，我們才投入其中。這種快樂不是來自對象的性質對我們外在感官的刺激，有時只是來自我們內在能力的發揮，或者像馬克思所說來自「本質力量的確證」，人的所有追求最初都源於這種快樂，即使隨後的活動越出了這個界限。在我們追求這種快樂的過程中，儘管可能會伴隨有種種的不安乃至痛苦，我們也能夠獲得比感官快樂更加持久而充實的滿足。沙夫茨伯里沒有把這種快樂局限於對美的對象的觀照，但它無疑就是近代美學中所指的審美快樂。

審美快樂的獲得需要感官，但卻不是感官快樂。同樣，審美快樂的獲得需要理智，但不是純粹理智的快樂。的確，在對許多對象的觀照中都需要理智的參與，否則我們就無法理解事物的本質以及整個自然的秩序，但是在沙夫茨伯里那裡決定自然成為美的原因並不是物理和數學的原則，否則我們就不可能體驗到自然中那種形成力或生命力，甚至否認它們的存在。物理和數學的原則要將所有事物進行分解，正是這種原子主義的原則和方法導致了懷疑主義，沙夫茨伯里批評理性主義「在每一件事情上都緊隨理智，想要知道任何事情，但又不相信任何事情」[038]。因為理性主義相信任何事物都由不可分的微粒或性質構成，但最後只能認為現實的事物只是心靈的虛構；相反，當我們從一個事物中感受到美時，就必然確信這個事物是具體而現實的，有一種內在的力量使其成為一個整體並具有恰當的形式，這種確信不是來自存在的感覺，也不是來自純粹的計算和推理，只有當感覺和理性的積澱進一步轉化為一種直覺時，我們才能體驗到真正的美或者美的原因和本質。因此，作為美感的這種直覺需要感覺也需要理智，但又超越了二者，導向對自然中神性或「至尊的神靈」的崇敬和熱愛。只有詩性的語言才能表達這種崇敬和熱愛：

哦，光榮的自然！至善至美！愛著萬物，也為萬物所愛，一種全能的神

---

038 Shaftesbury, Characteristics of Men, Manners, Opinions, Times, ed., Klein. Lawrence E. Cambridge University Press, 1999：242.

聖！她的容貌如此嬌美，充滿無上的優雅，對她的探索帶來如此的智慧，對她的沉思帶來如此的歡悅，她的每一點功績比任何藝術的表現都是更雍容的美景和更高尚的景象！哦，偉大的自然！神之英明的化身！神助的創造者！甚或，你是神聖的神性，至高的創造者！我只祈求於她，只崇敬她。在這個僻靜之所，這些純樸的沉思是聖潔的，受著思想之和諧的鼓舞，雖囿於言辭，縛於音律，我仍歌唱深藏於被造之物中那自然的秩序，頌揚融化在它們之中的美麗，所有美和完滿的源泉和準則。[039]

沙夫茨伯里把這種體驗稱作「理智的瘋狂」（a sensible kind of madness）」[040]或「詩意的迷狂」（poetic enthusiasm）」[041]。他所謂的審美快樂是經過理性思考之後的快樂，他有時候甚至認為情感並不是美的標準。卡西勒對沙夫茨伯里所描述的這種美感進行了準確的評價：「沙夫茨伯里的審美直覺概念的特點是，他不承認我們非得在理性與經驗、先驗與後驗之間二中選一。他對美的沉思就是要說明如何去克服支配著 18 世紀一切認識論的基本衝突，並且把精神置於一種能超越這種衝突的新的優勢地位。……美不是從經驗中得來的一種內容，也不是像沖壓出來的硬幣那樣從一開始就存在於心靈中的觀念；相反，美是一種具體的基本傾向，是一種純粹的能力，是精神的原始功能。」[042]

很顯然，這種最高的審美狀態或境界不是每一個人在一開始就能達到的，而是需要後天的長期鍛鍊。就像在道德領域，雖然人先天就有善念，並且具備基本的判斷力，但這不代表人們一開始就完全理解善的本質，施行高尚的行為並形成善良的性格，只有運用理性不斷理解自然、人和社會的本

039　同上，第 298 頁。

040　Shaftesbury, Characteristics of Men, Manners, Opinions, Times, ed., Klein. Lawrence E. Cambridge University Press, 1999：246.

041　同上，第 320 頁。

042　卡西勒：《啟蒙哲學》，顧偉銘等譯，濟南：山東人民出版社，1988 年，第 317 頁。

性，並把這些理解內化為一種性情或情操，真正的善才能得以實現。在審美領域也一樣，人天生具備一些審美能力，從規則勻稱的形式上體驗到一種非感官快樂，但這並不意味著他已經領會了美的本質，並從中感受到那種崇敬和熱愛。所以，最初從感性形式那裡所獲得的快樂還是很粗淺的，甚至會讓人沉溺於感官快樂，偏離真正的美。要領會和體驗真正的美，我們一方面需要理解外在形式的最終原因，另一方面需要理解審美體驗中的心靈的狀態，即非功利性的狀態，因為我們最初的審美快樂也源於這種態度。當然，這兩方面實際上最終是一體的，只有懷著非功利的態度，我們才去理解外在形式的原因，也只有更充分地理解這種原因，我們才能更徹底地放棄自我利益和感官欲求。正如只有拋棄自我利益的立場，我們才能做出正確的道德判斷。在西方近代美學史上，是沙夫茨伯里第一次確立了審美的非功利性原則，這也是整個近代西方美學的基本原則。

在《道德家》中，沙夫茨伯里舉了很多例子：「你正在欣賞大海的美，這時你僅僅是在遠處觀看，如果你腦海中有一個念頭想要支配它，就像強大的艦隊司令（admiral）那樣要成為大海的主人。難道這種幻想不是很荒謬嗎？」[043] 因此，對美的欣賞與實際占有事物本身之間存在本質的區別，並且後者這種功利性的態度恰恰是審美欣賞的障礙。

這位總督[044] 新郎，站在他那些半人半牛的怪物中，游弋在西蒂斯的懷抱中。但是有位牧羊人，站在高高的巨石或者海角的某處，怡然自得，忘記了自己的羊群，只是驚奇於大海的美。當然前者並不比後者更多地占有大海。[045]

---

043 Shaftesbury, Characteristics of Men, Manners, Opinions, Times, ed., Klein. Lawrence E. Cambridge University Press, 1999：318.

044 據說從前威尼斯公國的總督每年都要帶領一支船隊到亞德里亞海，投下一枚戒指，並說「大海，我娶了你」，以宣示威尼斯的統一。

045 Shaftesbury, Characteristics of Men, Manners, Opinions, Times, ed., Klein. Lawrence E. Cambridge University Press, 1999：319.

沙夫茨伯里還舉了一個有趣的例子：

如果說快樂就像美食那麼強烈，你會鄙視將這種美的觀念運用到美食所產生的快樂上。你應該不會贊成一些奢侈的古羅馬人那種荒謬的品味，如果他們聽說有種燉肉是由身披美麗羽毛或者鳴聲婉轉的鳥來做成的，他們就覺得越好吃。[046]

這樣的例證毫無疑問很容易吸引現代讀者的注意力，因為我們一般是把康德看作是真正提出審美非功利性的哲學家，沙夫茨伯里卻幾乎先於他100年就已經指出了這一點，其例證是如此恰如其分。

外在形式之所以吸引我們，最終是由於我們體會到了其中有一種非物質的東西，即使我們並不理解其為何物，但我們必定承認那不是一種機械的構造。我們也必然由此認識到，真正的美超越了感性形式，表象的美（representative beauty）低於理性的美（rational beauty）。非功利的態度引導我們進入那種「詩意的迷狂」之中，我們體驗到美帶給我們的神祕快樂。

如果我們追逐實體的影子的時候，我們會不知所措。因為，如果我們能信任推理（reasoning）所教授給我們的東西，那麼任何自然事物中的美都只是最初的美（first beauty）那模糊而迷人的影子。所以，每一種依賴於心靈的真正的愛和僅僅是對美的沉思的愛，或者真正如其所是，或者顯現為直接作用於感官的不完美的對象，理性的心靈如何能停留在這裡，或被僅僅觸動感官的愉悅所滿足呢？[047]

然而，需要提到的是，沙夫茨伯里雖然堅持美感或審美經驗完全與感官快樂無關，但他從不像康德那樣排斥概念性的認識的意義。因為，如果我們

---

046 同上，第 330 頁。
047 Shaftesbury, Characteristics of Men, Manners, Opinions, Times, ed., Klein. Lawrence E. Cambridge University Press, 1999：318.

不知道某個形式屬於何物，就無法理解這個形式為何如此和諧，也就不會產生對創造這個形式的力量的崇敬和熱愛。只不過最後的審美經驗不會停留在理性認識上，但有了理性的思考，美感就不會面臨主觀主義和相對主義的危險。

審美與社會

從沙夫茨伯里關於美和美感的理論當中，人們可以發現，他的美學帶有濃厚的道德意義。的確，他的整個哲學就是為了追求一個和諧完美的社會。人類社會的構造不是物理和數學的，而是由有生命、有理性和有情感的人構成的，和諧完美社會的樞紐就在於人善良的心靈，只有人的內心懷有這種美好的意願，美好的社會才能最終實現。威逼利誘只能暫時維持現狀，但不能長久，何況在這種狀況中人本來就是不幸的。所以，關鍵的關鍵是把人原初那些友善、同情的自然情感激發起來，把愛整體和他人的傾向內化為每一個人的堅定性格和德行，讓我們以善為樂，我們的行為才能成為真正的善。正如孔子所言：「知之者不如好之者，好之者不如樂之者。」

人們很容易認為，沙夫茨伯里的學說不過是繼承了遠到賀拉斯、近到西德尼的寓教於樂的傳統，審美和藝術只是道德和政治的工具，而沒有獨立的價值。但是，這僅僅是表面上的相似，實質上卻相去千里。寓教於樂可能意味著道德和政治的價值標準掌握在少數人手中，教化是灌輸和專制的另一個名稱，這樣只能讓人被動地服從所謂的善，但從不能讓人主動地行善。只有人們親身體驗到行善的快樂是至高無上的，他的行為才真正是善的。沙夫茨伯里坦言，對於何為善、何為惡，人們是有共同感的，它們本無須他人灌輸，也無須任何形式的威逼利誘，因為人們早已感受到善給他的那種純潔的快樂；相反，灌輸和專制、威逼利誘只能辱沒善的尊嚴，行善最終成為一種負擔和痛苦，「因為美德本身僅僅被理解成為一種交易，而且我知道很少有

人，甚至是信教和虔誠的人，贊成這一點，這和小孩兒吃藥沒什麼區別，棍棒和糖果才是最好的藥引子」[048]。他又說：「僅僅依靠賄賂或者恐嚇去使人們行善說明不了任何真誠和可貴。確實，我們可以做任何我們認為得當的交易，可以贈予我們所愛的人以任何東西，但是沒有卓越或者智慧會主動地回報那些既不可貴也非應得的東西，並且如果美德不是真正可貴的，那我就不知道有什麼可貴的東西可以作為交易的目的」[049]。

沙夫茨伯里主張美善同一，這不僅是因為從理論上看，美與善都源自自然中最高神性的善良意圖和偉大創造，而且也體現在具體的實踐中。如果人的行為是真正善的，那麼它也應該是美的，讓他人從中得到愉悅；反過來，美的行為才真正是善的，因為美代表著性格與外表的相符，那些徒有其表的言行舉止最終只會讓人厭惡痛恨。就像我們面對事物形式的時候，任何威逼利誘都不能改變我們心靈因其美醜而生的感受。同樣，只要懷著一種非功利或超越的態度，人行為的善惡也自然會向我們展露，任何造作和欺騙都將現形。善和美都來自我們對最高神性的崇敬和熱愛，所以，「美和善是一體和同一的（beauty and good are one and the same）」[050]。這樣看來，美不必是善的工具，兩者是相互依存的，離開了善，美就徒有其表，亂人心智，就像老子所說：「五色令人目盲，五音令人耳聾，五味令人口爽，馳騁畋獵令人心發狂，難得之貨令人行妨。是以聖人為腹不為目，故去彼取此。」離開了美，善就變為專橫強暴，實則為不善。「己所不欲，勿施於人」，事實上，己所欲者也勿施於人，只需以美示人，善即遠播。

所以，在人類社會中，善的實現需要的恰恰是充分的自由，讓人聽從自己本性中對完美秩序的熱愛之情，而不是服從強權和專制。除了猛烈抨擊功

048　Shaftesbury, Characteristics of Men, Manners, Opinions, Times, ed., Klein. Lawrence E. Cambridge University Press, 1999：258.

049　同上，第 46 頁。

050　同上，第 320 頁。

利主義之外，宮廷和教會的專製成為沙夫茨伯里哲學的另一個敵人。這個敵人以「嚴肅」對待一切，幽閉於冥想和迷信之中，拒絕與他人展開交流和辯論，也不允許人們根據自己的感受來理解正義和虔誠。他們害怕自由對話，以為這樣就會歪曲真理。「某些紳士身上就充斥著這種頑固的習性和虛假的狂熱，當他們聽說了檢驗過的原則、被探索過的科學和藝術以及用幽默這種坦誠過濾過的嚴肅事情時，他們就想像所有信仰都必歸於失敗，所有得到確定的知識都將毀滅，沒有任何有序或者得體的事情能在這個世界上久存。他們擔心，或者意欲擔心，宗教會被這種自由威脅，因而就厲聲警告這種自由，雖然這種自由只是運用在私人談話中並經過謹慎的修飾，但他們覺得好像這就是在公眾團體和最嚴肅的集會中的公然挑釁」[051]。但是，對自由的遏制只能滋生迷信和滑稽，因為人們總是尋找一些隱祕荒謬的方式來釋放自己的自由。「在精神上專制最嚴重的國家中最真實的是這種情形。因為最偉大的小醜就出自義大利人，在他們的作品中、在他們較為自由的對話中、在他們的舞臺上以及普遍街道上，滑稽嘲諷最為風行了。這是可憐而痛苦的底層人們流露自由思想的唯一途徑。」[052]

在沙夫茨伯里看來，理解真正的美和善需要人們運用自己的理性，但理性只有在與他人的交往中才能得到磨礪，變得成熟。所以，在他眼中，真正的哲學就是社會生活的實踐。「進入公共場合的人必得經歷嚴格的訓練或者鍛鍊，正如整裝待發的武士，精通軍事，善於操干戈御戰馬，因為兵強馬壯還不足以致勝。只有良駒不足以造就騎士，只有強壯的臂膀也還不足以造就角鬥士或者舞蹈家。僅具備天才也不是必然成長為詩人，或者僅具備才華也不必然成就一個優秀的作家」[053]；相反，「變得愚蠢的真正方法就是依賴一

---

051 Shaftesbury, Characteristics of Men, Manners, Opinions, Times, ed., Klein. Lawrence E. Cambridge University Press, 1999：36.

052 同上，第 35 頁。

053 同上，第 87 頁。

種理論體系」[054]。

　　藝術也正誕生自社會實踐。因為，為了與表達自己的思想，人們必須尋求一種他人易於接受的方式。同樣，這種方式也是我們自己樂於接受的。所以，藝術就是一種對話。「人們很容易覺察到，說服女神（Goddess of persuasion）在一定程度上必定就是詩歌、修辭、音樂及其他藝術之母。」[055] 從這個角度出發，沙夫茨伯里闡述了他自己的藝術史。當人類在其尚未完善的時期，只能過著茹毛飲血的生活，沒有閒暇，也沒有輕鬆的心情去細緻思考什麼問題。即使在自然狀態中，人類社會不是每一個人對每一個人的戰爭，但人們還是沒有多餘的精力和財物從事藝術活動。人類社會發展的轉機在於後來發明和掌握了語言，從此開始了相互交流，使社會機制日益完善起來。

　　隨著時間的推移，社會事務逐漸建立在了安定而穩固的基礎上，因共同目的和公共利益而產生的辯論和談話就日益走進人們的視野，重要人物和領袖們的演講被加以思考和相互比對，自然而然地，這一發言者比另一發言者的修辭技巧更令人易於接受，在思想的表達上也更令人愉悅，更為流暢。[056]

　　藝術起源於交流和辯論，而交流和辯論又是為著共同目的和公共利益而進行的。交流越是緊密，辯論越是激烈，語言的藝術就越能得到發展，變得精緻而高雅，在此基礎上，甚至出現了專門研究語言藝術的學科。「如果博學的批評家被人們欣然接受，哲學家自己也不再濫竽充數，自然就會產生次一級的批評家，他們將會把這門藝術分為幾個不同的領域。語源學家、語言學家、語法學家、修辭學家以及其他一些大家、大師，就會出現在各個領域，透過彰顯隱藏在真正的藝術家作品中的美，透過揭露假冒偽劣者所表現

054　同上，第61頁。

055　Shaftesbury, Characteristics of Men, Manners, Opinions, Times, ed., Klein. Lawrence E. Cambridge University Press, 1999：106.

056　同上。

出的淺薄之處、虛假的矯飾和附庸風雅來表明真理和真相。」[057] 這裡還突出了藝術或修辭的另外一個重要特徵，即令人愉悅。「如果重要人物和領袖們更意欲說服他人，他們盡其所能來取悅人們。

所以……不僅是最好的思維方式和觀念傾向，而且最柔美、最誘人的音調都會被加以運用，以吸引公眾的注意力，透過表達上令人易於接受的特點來博取人心。……以至於只有真正的歌唱家才能被稱作這個更為龐大的社會的第一個創立者。」[058]

由此可見，藝術和政治是密切相關互為促進的。藝術的發展必然要求兩個基本條件：一是對共同目的和公共利益的關心。如果像霍布斯所說的那樣，人無論在自然狀態還是在文明狀態中，心裡只懷著自我的目的和利益；如果說社會的建立是依賴暴力，就不可能有藝術產生。第二，必須有自由的政治。如果在社會發展過程中，「一個人或一些人的勢力發展到凌駕於其餘人之上，如果強權當道，並且社會事務是透過權勢和恐怖來統治的，那麼類似演說這些悲哀的學問和藝術就得不到培養，因為它們毫無用處。但是如果說服是引導社會的主要途徑，人們在自己行動之前就心悅誠服，那麼雄辯（eloquence）藝術就日益昌盛，人們就能聽到演說家和游吟詩人，國家的能者賢人就致力於研究這些藝術，人們變得更為通情達理，更願意為博學之士所治理」[059]。正是由於古希臘是一個自由的世界，所以它們在詩歌（荷馬）、雕塑等藝術以及哲學（蘇格拉底）上給後人留下了豐富的遺產，但是在凱薩和尼祿等人統治的羅馬時期，「沒有一尊雕像、沒有一枚聖牌、沒有一座建築能再閃耀其光芒。哲學、智慧和學術上，曾有許多英明之君在此流芳，也與它們一同煙消雲散，無知和愚昧籠罩著整個世界，繼之以混亂和

057　同上，第 108 頁。

058　Shaftesbury, Characteristics of Men, Manners, Opinions, Times, ed., Klein. Lawrence E. Cambridge University Press, 1999：106—107.

059　同上，第 108 頁。

崩潰」[060]。可見，當美的藝術得到充分發展，政治也就必然變得自由開明，社會也必然和諧有序。因為，藝術的發展象徵著人們越少受到強權的壓制，而是根據藝術給他們的最純粹的愉悅，也就是最公正的標準來判斷政治和道德。藝術使人愉悅，愉悅的人也必然具備「良好性情」，「良好性情」使他能夠理智地對待生活和政治。因而，藝術、哲學和強權是不相容的：「在哪裡暴力成為必要，理智就完全失效。但是，在另一方面，如果理智成為需要，暴力就會失效，因為在那裡沒有理智的強迫，只是憑藉理智本身的力量而已。」[061] 一句話，「所有高雅都源於自由」[062]。

在沙夫茨伯里那裡，政治和道德沒有明確的界限，政治不是暴力和權謀，而是當人們進入更廣泛的群體時的交往方式。當政治表現為藝術方式時，人們才由衷地關心公共利益，自由地探索和交流何為真正的公共利益，這不是出於對自身利益的謀求和與他人的妥協，僅僅是出於對善本身的喜愛，正如對藝術之美的喜愛，因為藝術讓人們看到各不相同的部分是如何圍繞一個目的構成和諧整體的。「可以肯定地說，無論是對什麼樣的秩序、和諧及均衡的熱愛都自然地對性情有所提升，有利於社交情感並對德行大有助益，這些無非就是對社會中秩序和美的熱愛。⋯⋯因為當人們沉思這種神聖的秩序時不可能不帶著陶醉和狂喜，正如在科學和自由意識的共同主題方面，凡遵循著正確和諧和比例的東西都會使那些對它們有所知曉和從事的人激動萬分。」[063] 顯然，審美和藝術不是政治和道德的工具，恰當地說，所有這些都來自同一個源泉，給人以同樣的體驗。審美和藝術是高尚道德和自由政治應有的表現方式，它們是不可或缺、不可替代的。在沙夫茨伯里之前，

060　同上，第 100 頁。

061　同上，第 263 頁。

062　同上，第 31 頁。

063　Shaftesbury, Characteristics of Men, Manners, Opinions, Times, ed., Klein. Lawrence E. Cambridge University Press, 1999：191.

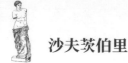

從未有人對美和藝術的社會意義有如此深刻的理解和闡述。當然,這是因為他處於一個更自由的社會中。

　　無論何種原因,在沙夫茨伯里之後的英國興起了一股美學熱潮,人們競相加入對美和藝術的談論中來,留下著述的不僅有知名的哲學家,而且更多的是業餘作家。他們的論題、主張、宗旨、語言,乃至寫作風格都受到沙夫茨伯里的影響,說他是 18 世紀英國美學學派的開創者是不為過的。然而,沙夫茨伯里並不是一個追求完整體系的哲學家,他甚至反對建立體系的企圖。他那種優雅但散漫的文風很難被人複製,也不容易讓人得到清晰的理解,所以美學領域的種種具體問題仍然需要用更統一的原則和系統的方法進行描述。顯然,18 世紀的英國作家們承擔了這個工作,他們用經驗主義哲學的語言和方法構建了一套細密而豐富的美學理論。從整個近代西方美學來看,是沙夫茨伯里首次把美提升到如此高的地位,美負擔著讓人領悟最高神性、崇尚完善人格、熱愛公共利益的重大任務。奧夫相尼科夫評價沙夫茨伯里的思想時說:「這是自由的思想,是自由思想的思想,是充滿高尚的道德激情的思想,是論述人的和諧和全面發展的思想,是論述藝術的偉大道德作用和美對人的有益影響的思想。」[064] 從美學理論的建構來說,更有人因他提出審美的非功利性原則而奉其為現代美學的創立者。

064　奧夫相尼科夫:《美學思想史》,吳安迪譯,西安:陝西人民出版社,1986 年,第 123 頁。

艾迪生

艾迪生

　　約瑟夫·艾迪生（Joseph Addison, 1672～1719），著名散文家、詩人和辦刊人。他出身於威爾特郡的一個牧師家庭，早年受教於卡爾特豪斯公學，期間結識了後來與其一起辦刊的斯蒂爾，之後又在牛津大學女王學院學習。由於在古典文學方面表現優異，且擅長拉丁文詩歌，所以畢業之後又在莫德林學院擔任教師。德萊頓、薩默斯勛爵和哈利法克斯伯爵對他的才華非常賞識，為他從威廉三世那裡爭取到年金，使他得以到歐洲大陸旅行。後來輝格黨掌握政局時，艾迪生又在哈利法克斯的幫助下擔任公職，並長期擔任下議院議員。然而，使艾迪生在歷史上贏得聲譽的還是他與斯蒂爾從 1709 年開始主辦的《閒談者》《旁觀者》《守衛者》等雜誌，他們在雜誌上發表散文和社會評論，吸引了上流社會的大批讀者，甚至成為紳士學習社交的指南。1712 年，他在《旁觀者》上發表題為《想像的快感》的一組文章，代表了他在美學方面的理論成就，他也因此被有些人稱為 18 世紀英國美學第一人。

想像的性質

　　艾迪生是沿著洛克的觀念理論來構築他的美學的，這是經驗主義哲學在美學中的正式運用。他一開始的論述僅局限於視覺，因為視覺的對象是最廣泛的，不僅可以知覺廣袤、樣式等觀念，而且還有顏色。相比於觸覺「僅限於它的個別對象的數量、體積、遠近」而言，視覺可以把對象進行「保留、改變和結合」，可以設想種種不在眼前的景象，因而「視覺是一切感覺中最美滿最愉快的」[001]。顯然，在艾迪生看來，視覺感知就已經是想像了，因為

001　繆靈珠：《繆靈珠美學譯文集》（第二卷），章安琪編訂，北京：中國人民大學出版社，1987 年，第 35 頁。《繆靈珠美學譯文集》中所收錄的《想像的快感》包括了載於《旁觀者》雜誌 1712 年 411—416 期的 6 篇，但還有 417—421 期的 5 篇並未收錄，這 5 篇主要是討論文學的。全部的 11 篇文章可見 Joseph Addison, The Works of Joseph Addison, Vol. III, London： George Bell and Sons, 1902：393—430.

視覺把外在對象傳遞到心靈當中，轉化為觀念，而想像又在心靈中對這些觀念進行改變和結合，創造出令人愉快的景象來。

艾迪生也許沒有過多地在意洛克觀念理論的複雜性，將其大大精簡，雖然他多有斷章取義之嫌，但也衍生出了富有創意的想法，為後來的美學家們大力發展。洛克在論述觀念的來源和原因時指出一個影響深遠的問題，即有些觀念，如凝性、廣袤、形相、運動、精緻、數目等，被稱作第一性質，是直接來自外物的，而另一些觀念，如顏色、味道、冷熱等，被稱作第二性質，雖然其來源也在外物，但也有心靈自身積極運動的原因，簡言之，這些觀念具有很大的主觀性。甚至可以被理解為是心靈自身能動地產生出來的，雖然要依靠外物一定的刺激。艾迪生只強調第二性質的觀念存在於心靈中，「而絕不是存在於物質中的屬性」[002]。

細究起來，艾迪生的理論有很多糾纏不清的問題。首先，他只談論由視覺而來的觀念，但這種觀念並不局限於第二性質的觀念，如形式、運動、數目等，在洛克看來就是第一性質的觀念。其次，人們通常探討的藝術，如音樂、詩歌卻不是，至少不是主要憑藉視覺的，如果艾迪生要把這些藝術都納入想像的範圍中，就需要解決一個難題，即把聲音、運動等觀念與視覺形象銜接起來。最重要的是想像這一概念也有著非同尋常的複雜內涵。艾迪生甚至沒有辨析視覺和想像之間的差別和關係，他理所當然地認為視覺（在他看來也許只有視覺）產生想像，想像就產生快感。但視覺與想像畢竟不能相互等同，其間的區別和關係在後來的美學中是非常重要的，既然艾迪生不關注這個問題，我們就把它留到後面討論。

想像自古希臘以來就是一個備受爭議的概念，在藝術和審美中也具有特殊意義。就英國哲學而言，是培根把藝術創作和欣賞的任務交給了想像，而

---

002 繆靈珠：《繆靈珠美學譯文集》（第二卷），章安琪編訂，北京：中國人民大學出版社，1987 年，第 43 頁。

且他說想像的特點就在於把自然中事物隨意地加以組合和分離。顯然，艾迪生繼承了培根的學說，刻意要發揮想像的能動性作用。不過，在洛克那裡，想像並不是一個十分重要的概念，雖然他承認在藝術中，機智慧夠「敏捷地把相似相合的觀念配合起來，在想像中做出一幅快意的圖畫、一種可意的內現」，但他接著說：「我們如果以嚴格的真理規則來考察它，那正是無理取鬧。」[003] 言下之意，洛克認為，在認識上，機智或想像往往是導致謬誤的禍首。不過，艾迪生也正是發現理性並不能解釋觀念聯結的所有法則，或者說他試圖闡明想像對觀念的聯結也存在一些規律，而這些規律與情感密切相關，從而為系統的美學理論的發展開闢了一條道路。

想像快感的性質與美的三種類型

先來看看艾迪生所謂的想像快感具有什麼特點。「我之所謂想像或幻想快感，指來自視覺對象的快感，不論我們當時確實有這些對象在眼前，或是我們在看到繪畫、雕刻、描寫時，或在類似的場合，悠然想起它們的意象來。」[004] 這種快感很特殊，因為它「既不像感官快感這麼粗鄙，也不像悟性快感這麼雅緻」[005]。詳細一點說：「它既不需要較重大的工作所必需的沉思默想，而同時也不會讓你的心靈沉湎於疏忽懶散之中而容易耽於欲樂，但是像一種溫和的鍛鍊，喚醒你的官能免致懶散，但又不委給它們任何勞苦或困難。」[006] 在這裡可以看到，在與感官快感、悟性快感的區別中，想像快感獲得了自身的特性。人們立刻會問，想像快感如果可以被稱作審美情感的話，與道德情感有何區別。後來康德就明確地加以區分，艾迪生沒有明確提到這

003 洛克：《人類理解論》（上冊），關文運譯，北京：商務印書館，1983 年，第 123 頁。
004 繆靈珠：《繆靈珠美學譯文集》（第二卷），章安琪編訂，北京：中國人民大學出版社，1987 年，第 35 頁。
005 同上，第 36 頁。
006 同上，第 37 頁。

個區別是個遺憾。但可以明確的是，想像快感在一定程度上是非功利性的，正如他說一個有優美想像的人，「往往在田園牧地的遠景上感到比主人還要滿意的欣慰」[007]。

顯而易見，在艾迪生看來，想像存在多種類型，或者具有多種規律，因為引起想像的對象不是單一的。他把引起想像快感的事物分為三種，即「偉大、非凡，或美麗」，然後分而述之。這個區分也許是來自朗吉努斯《論崇高》中的一句話，[008]看起來並沒有什麼標準，但卻意義重大，因為後來的美學家對美所做的分類多半遵循這個框架。尤其是其中的偉大幾乎就是因柏克而聞名的崇高，只不過是柏克根據兩種截然相反的情感把崇高與美看作是兩個對立的類別。他還說：「世間有一些東西如此駭人或不快，所以一個對象所引起的恐怖或厭惡可能壓倒由它的偉大、新奇或美產生的快感；但是甚至在它所給予我們的厭惡之中也混雜著一定愉快。」[009]更早時候，丹尼斯就看到恐怖、厭惡與崇高或偉大的關係，這裡艾迪生又明確解釋，因此我們可以看到，後來柏克的理論不是全然的創造，而是由來已久。

「我之所謂偉大，不僅指任何一個對象的體積，而且指一片風光的全景的宏偉。這樣的風景是曠朗的平野，蒼茫的荒漠，聳疊的群山，峭拔的懸

007　同上，第 36 頁。

008　Refer to Paddy Bullard, The meaning of the 『Sublime and beautiful』：Shaftesburian Contexts and Rhetorical Issues in Edmund Burke』s Philosophical Enquiry, The Review of English Studies, New Series, Vol. 56, No. 224.（2005）：173—174. 這段文字的中譯可見繆靈珠根據希臘文所譯的朗吉努斯《論崇高》的第三十五章：「你試環視你四周的生活，看見萬物的豐富、雄偉、美麗是多麼驚人，你便立刻明白認識的目的究竟何在。」見《繆靈珠美學譯文集》（第二卷），章安琪編訂，中國人民大學出版社，1987 年，第 114 頁。筆者蒐集到的英譯本出自 19 世紀英國人 H. L. Havell 之手，這段文字寫作：When we survey the whole circle of life, and see it abounding everywhere in what is elegant, grand, and beautiful, we learn at once what is the 4 true end of man's being. 見 Longinus, On the Sublime, trans. H. L. Havell, London：McMillan and Co., 1890：68. 兩段文字中，「豐富」和 elegant 的意思有差異，但「雄偉、美麗」和 grand, beautiful 則是一致的。無論這個看法是否成立，艾迪生確實對朗吉努斯倍加推崇，在他論文學的批評中隨處可見。另外，艾迪生的著作中實際上也經常使用 sublime 一詞。

009　繆靈珠：《繆靈珠美學譯文集》（第二卷），章安琪編訂，北京：中國人民大學出版社，1987 年，第 37 頁。

崖，浩瀚的汪洋，那裡使我們感動的不是景象的新奇或美，而且一種粗豪的壯麗，在大自然的許多這些巨製中可以見到的。」[010] 崇高的對象特徵就是：巨大和壯麗。這個區別可以說預示了康德對崇高的區分，即數學和力學的崇高。

艾迪生不是第一個提及和論述崇高的人，但他真正把崇高置於與美相平行的地位上，使其成為近代美學中一個富有特徵的話題。同時，更為重要的是，他根據經驗主義哲學的心理學對崇高的對象之引起快感的原因做了解釋。崇高快感是一種「愉快的驚愕」以及由此而來的「極樂的靜謐和驚異」。這種快感的原因是，「想像就喜愛給一個對象充滿，或者抓住大於它所能掌握的對象」[011]。這就是說，心靈的感知由於環境和習慣總是為平常之物占據，而巨大或壯麗的對象卻打破了這種閾限，它使心靈感到一種恐懼和震撼，陷入一種僵滯狀態，與此同時，它也使心靈突破藩籬，豁然開朗，獲得了一種自由感覺。這種解釋的確只是「經驗之談」，其所運用的心理學理論並不繫統，但後來美學中的崇高理論卻多少都包含著這樣的內涵，人們試圖為其找到更堅固的根據，做出更系統的闡述。

另外，艾迪生並不認為崇高與美不能相容，他說：「設使這種壯麗之中加上一點美或非凡的性質，例如，驚濤駭浪的海洋，繁星隕落的天空，或者河流、林木、亂石、草地參差於其間的廣闊風景，那麼快感就逐漸瀰漫於我們胸中，因為它不只來自一個根源。」[012] 不過，後來的柏克則認為崇高與美是截然對立的兩種觀念，正如黑與白的分明一般。

新奇的對象如果有某種特徵的話，那就是不同於常規，它之所以令人愉快，是因為當心靈被平常事物包圍時，久而久之就會感到厭倦和沉悶，因而失去活力，而新奇之物則能在死水之中激起一簇漣漪，使心靈重新獲得激

010　同上，第 38 頁。

011　繆靈珠：《繆靈珠美學譯文集》（第二卷），章安琪編訂，北京：中國人民大學出版社，1987 年，第 38 頁。

012　同上。

情。新奇本身就是自然世界和現實生活豐富多樣的表現，吸引人們孜孜探索，使生活充滿難以形容的魅力。不難發現，新奇的心理原因在一定程度上與崇高是相似的，雖然艾迪生沒有仔細說明其區別。我們不妨這樣來區別，崇高的對象在體積和力量上是巨大的，其效果是恐怖、震撼和驚愕，而新奇的效果則是驚奇、愉悅和活躍。但是，艾迪生的一句話更點出了新奇的新奇之處：「也正是新奇使得偉大的愈偉大，美的愈美，以加倍的娛樂授予我們的心靈。」[013] 因而，如果新奇本身不足以成為一種獨立的美的話，它對於偉大和美麗來說仍然是不可或缺的。新奇在近代美學中是一個頗有意味的概念，後來傑拉德直接接受了艾迪生的三種類別，並把新奇感放在七種內在感之首描述，但很多人卻並不認為它就是美，因為沒有什麼事物能絕對和長久新奇，總要轉為平庸，但艾迪生的這句話一語道破了新奇的祕密。

在美這個看來最為重要的問題上，艾迪生的論述卻偏離了經驗主義哲學的心理學原則，儘管他給予美以最高地位，「直接觸及靈魂深處的東西莫過於美，美以一種神祕的快感或滿意立刻瀰漫著你的想像，它以最後一筆完成了偉大或非凡的景物」，其神祕在於「物性總有一些變異，使我們一見就不假思索地宣判它們是美或是醜」[014]。這使得他關於美的論述缺乏精細的分析，看起來貧乏而空洞。不過，他提供了另外一種根據，亦即人的情感本性，美源於對同類的愛，尤其是異性之間的相愛，這種愛使人類得以繁衍和發展。「我們看到，不同種類的生靈各有其不同的審美觀念，每一類生物最喜愛的美總是自己同類的美。」[015] 即使是自然事物和藝術作品中的美，其作用最終在於獲得人們強烈的喜愛。事實上，以愛為美的根源這個觀念一直存在於 18 世紀英國美學中，當我們看到柏克說美的根源是社交情感時，就

013　同上，第 38—39 頁。

014　繆靈珠：《繆靈珠美學譯文集》（第二卷），章安琪編訂，北京：中國人民大學出版社，1987 年，第 39 頁。

015　同上。

會認識到其影響了。艾迪生也指出各種事物的美在於「顏色的鮮明或多彩，各部的對稱和均衡，物體的安排和布局，或者這一切的配合適宜和相得益彰」[016]。不過，這僅僅是西方傳統美學的延續，算不上任何創造，而且艾迪生也不打算在這個問題上多費筆墨。

艾迪生對三種類型的美的論述算不上系統和條理，也比不上沙夫茨伯里那樣廣博和深刻，但其貢獻在於運用心理學原則予以闡釋，從而開創了一條新的美學道路。

藝術與自然

在對三種類型的美做了分析和描述之後，艾迪生承認，雖然他已經對美的對象進行了適當的歸類並對相應的快感做了心理學的解釋，但對美必然和充足的原因卻不得而知：「因為我們既不了解一個觀念的性質，也不明白人類心靈的實質。」[017] 這句話的意思是說，從認識論的角度看，人們無法精確地解釋偉大、新奇或美的觀念的構成法則和性質，也無法得知心靈活動的最終規律，所以也就無法說明一個觀念為何引起特定的快感來。艾迪生也不打算多追究這些原因，的確，他只是個散文作家，而不是哲學家，且不說即使很多哲學家也自認為這個任務是不可能完成的。經驗主義哲學的目標只在於對具體現象進行分析，進行適當的歸納，而不是試圖運用一個或少數幾個原則解釋所有現象。但是，艾迪生相信最終原因只能是神意，讓特定觀念與心靈的活動規律相契合，從而產生特殊快感。也許正是因為其間原委複雜難解，才更使得人們嘆服造物主的「善意與智慧」。

依照這個假設，偉大之物之所以給人快感，是因為它與神性是可以相類比的。偉大之物的特點正在於其打破任何有限的形式，充塞著心靈，猶如神

016　同上，第 40 頁。
017　同上，第 41 頁。

性那種超越時空的無限剎那間攫住人的靈魂，使人陷入無盡的沉思，感受到神性的偉力。而新奇之物能給人快感，是因為它總是能激發人的好奇心和求知慾，思考和探索世間種種奇蹟，而這些奇蹟只能是神性的創造，因而新奇之物最終誘使人抵達對神性的沉思和讚美。同時，神性也使其餘一切事物成為美的，「神賦予我們周圍一切事物一種能力，它們都能在我們的想像中喚起適宜的觀念；所以我們不能目擊神的作品而漠然無動於衷，也不能環觀眾美而不感到一種審美的快感或滿意」[018]。如此一來，艾迪生就在審美與認識、道德之間建立起了一種聯繫，即直接的美感也許並不完全符合認識的真理和道德的法則，但引導人們展開沉思和探究，獲得切實的知識。所以，審美在一定程度上兼有認識和實踐的性質，也把認識和實踐貫穿起來。實際上，這一點在休謨那裡就成為一個基本原則。

這種闡述明顯讓人意識到一種與沙夫茨伯里相仿的柏拉圖主義，彷彿與經驗主義哲學的宗旨格格不入，但是艾迪生自認為這種闡述就來自洛克的哲學。既然洛克說第二性質的觀念離不開心靈的能動性，艾迪生就認為，心靈在接受第一性質的同時，想像也必然被激發起來，處於活躍狀態。無論艾迪生對洛克的理解有多少是誤解或有意曲解，但他至少道出了一個重要訊息，即美不是或不僅是外物的一種性質，而是心靈自我創造的結果，所以「假如我們靜觀萬物而只見其原形和運動，萬物的外觀也就貧乏可憐」[019]。況且，神的作品並不是單調貧乏的，而是充滿了多樣性或者無數的裝飾，這恰恰更容易使想像變得興奮，也就給人帶來更多的快感。這種快感不是來自直接的感官，而是想像活動的產物，其中有多種複雜的心理活動的參與。同時，這個觀點也讓人感覺到，一個事物的美不僅是因為其自身，而且還是因為與它

---

018 繆靈珠：《繆靈珠美學譯文集》（第二卷），章安琪編訂，北京：中國人民大學出版社，1987 年，第 42 頁。

019 同上。

相聯繫的其他觀念。這必然使艾迪生的理論越來越複雜，同樣也給後來人留下了藉以發揮的空間，我們到後面會認識到這一觀點的蓬勃發展。

另外，我們從此也可以得到艾迪生對於美的對象的一種主要觀點，他雖然提到亞里斯多德的美學原則，即美的本質是「恰當的比例」，也就是統一性和規則性，但他實際上更傾向於認為美的對象應該是多樣的、豐富的、變化的。這無疑是一個值得注意的傾向，因為它是革命性的，而且後來的很多美學家都開始強調這一點。由上所述可以看到，艾迪生並未完全脫離經驗主義的宗旨，而是發揮了很大的創造性。

也許正是因為對神性的無限崇拜，並把整個自然事物看作是被造物，因而艾迪生把自然美抬高到了藝術美之上。「藝術作品可能像自然景色一樣優美雅緻，可是永不能在構思上表現出如此莊嚴壯麗的境界。自然的漫不經心的粗豪筆觸，比諸藝術的精工細鏤和雕琢痕跡，具有更加豪放而熟練的技巧。」[020] 自然美勝於藝術美最明顯的地方莫過於其廣泛的範圍和豐富，藝術作品終究存在於有限的時空內，可以被一覽無餘，但自然美卻廣袤無垠，瑰麗多變。從艾迪生的表述上看，自然美的最大優勢就是其偉大或崇高。

這倒不是說艾迪生就認為藝術一無是處，可有可無。藝術的主要作用就是對自然美有所增益。他顯然認為藝術就是模仿，也應該模仿，但藝術之所以模仿，並不是因為如此而來的作品本身是美的，而是因為藝術作品的逼真肖似不僅使自然景色如在眼前，而且可以讓人們在相互比較中獲得額外的快感。當然比較就是由想像來完成的。所以，「我們的快感就來自兩個根源：由於景色悅目，也由於它們肖似其他東西」[021]。藝術與自然的肖似甚至可以使兩者相得益彰，因為如果對自然景色稍加設計，使其顯出人工的巧妙，同時也不流於呆板僵硬的斧鑿痕跡。

---

020 繆靈珠：《繆靈珠美學譯文集》（第二卷），章安琪編訂，北京：中國人民大學出版社，1987年，第43頁。

021 同上，第44頁。

　　無論如何，我們可以發現，艾迪生反感西方傳統美學和藝術理論所強調的理性和規範，而是更加推崇多樣和變化，正如上文我們指出，他並不強調美在於比例的對稱和均衡。他舉例說道：「我們往往喜愛有田野、牧地、疏林、流水參差變化而又格局甚佳的風景，喜愛有時在大理石上偶然發現的雲樹迷離的紋理，喜愛岩洞亂石迂迴曲折宛若闌干的荒徑；總之，凡是掩映成趣或井井有條，彷彿是妙手偶成而又有設計效果的景色，我們就喜愛它。」[022]他也因此批評了英國當時的園林藝術把「樹木栽成相等的行列和一律的樣式」，做出有序的幾何圖形，讚賞義大利和中國的園林「所遵循的藝術隱而不露」[023]，自然而然，渾然天成。在近代美學中，艾迪生可謂第一個對傳統的藝術規範提出質疑，其觀點也為其後的美學家所支持，因而也的確反映了藝術發展的基本趨勢，預示著浪漫主義的到來。

　　繼園林藝術之後，艾迪生又談到了建築藝術，他認為這種藝術「比任何其他藝術更能立刻產生……想像快感」[024]。在他的心目中，最好的建築就是巴比倫的高塔、城牆和空中花園，埃及的金字塔以及中國的長城。顯而易見，這些建築的最大特點就是巨大宏偉，符合艾迪生的崇高理論。同時，他不忘賦予這些建築以神性色彩，他認為：「我們對世界某些國家的最壯麗的建築物不得不肅然起敬。正是這種虔誠心促使人們去建築神殿和公共的崇拜場所，因為不但人們可以憑藉建築物的富麗堂皇邀請神靈居留於其間，而且如此宏偉的宮宇同時可以啟發心靈，使之嚮往廣大無垠的觀念，而更適宜於禱告當地神明。」[025]這樣的解釋倒是承接了他之前以神性作為美之終極原因的論調，但顯然也是想當然地這樣解釋了，毫不顧忌歷史和文化背景。艾

022　繆靈珠：《繆靈珠美學譯文集》（第二卷），章安琪編訂，北京：中國人民大學出版社，1987 年，第 44 頁。

023　同上，第 45 頁。

024　同上，第 46 頁。

025　同上，第 47 頁。

艾迪生

迪生論建築給人留下較深刻印象的是，他認為建築物之所以偉大，體積巨大固然是一個原因，但更重要的還是應具有宏偉的風格。要具備這種風格，建築物不能有過於繁複瑣碎的裝飾，而應該簡潔厚重。哥特式建築雖然特別高聳，卻不如羅馬的萬神殿恢宏瑰瑋，因為前者那些華麗的雕琢和錯綜複雜的紋飾，分散人們的注意力，導致了混亂。這樣的論調算是別開生面。縱然如此，艾迪生觀點多半是來自英國人對天主教的偏見，恨屋及烏，也就難免對哥特式建築也肆意攻伐了。

模仿

艾迪生有一個理論非常特殊，也有很大影響，那就是他區分了初級想像快感和次級想像快感，前者指「確實在眼前的事物」引起的快感，後者指「來自曾一度映入眼簾而後來在心中喚起的形象，不論它是憑心理的活動或是因外物如雕像或描寫之類激發的」[026]。這個區分並不指向自然和藝術的差別，而是指向視覺對象與想像的形像是否相符。在一定程度上，這個區分涉及眼前的對象是實在的自然還是模仿而來的藝術。例如，當我們看到一片自然風景時，視覺對象與心靈中想像的形像是一致的，或者說想像完全反映了視覺對象，未做任何修改 —— 雖然我們也可以說兩者並不完全等同，因為視覺對象是現實的，而想像的形象只存在於心靈中，這時，因此產生的快感就叫做初級想像快感。艾迪生把建築物產生的快感也叫做初級想像快感，是因為建築物並不模仿任何事物，而其他藝術，如雕像、繪畫、詩歌卻是模仿的，它們要力圖達到如原物的一致，即肖似。不過，艾迪生認為，這些藝術也不是必須與人們確實曾見過的事物絲毫不差，欣賞藝術的人也不必見過原物。「我們只要曾見過一般的地方、人物、行為，而它們卻酷肖或至少有點

026　繆靈珠：《繆靈珠美學譯文集》（第二卷），章安琪編訂，北京：中國人民大學出版社，1987 年，第 49 頁。

類似我們所見的表現，那就足夠了 —— 因為想像一旦積存了一些個別觀念，它就有能力隨意擴大，配合，或改變它們。」[027] 按照模仿藝術與自然之間的接近關係，艾迪生把雕像放在第一位，因為雕像是立體的，其次是繪畫，再次是詩歌或語言藝術，然後是音樂。這個排序與後來康德的排序多有牴牾，從中可以發現此間西方藝術觀念和美學思想的微妙變遷。

無論如何，當人們欣賞這些模仿藝術時，總是力圖要捕捉它們與被模仿物或自然之間的相似之處。不過，從理論上講，像詩歌和音樂作品雖與自然毫無相似之處，但奇怪的是，它們也能夠在人的心靈中喚起鮮活的觀念來，「音樂大師卻有時能夠投聽眾於戰鬥方酣的境界中，以淒涼的景象或喪死的意境籠罩著他們的心情，或者催促他們進入樂土仙鄉的美夢」[028]。而且文字彷彿更具有很大的魔力，「讀者往往發現，憑藉文字在他的想像中繪出的觀念，比諸實際觀察它們所描寫的景色，更加色彩鮮明和逼真生動」[029]。這顯然與艾迪生先前的觀點相矛盾，他曾說只有肖似自然的藝術作品才是美的，但文字作品看起來與自然毫不相似。這裡就需要用次級想像快感的原因來解釋。

實際上，我們前文提到，藝術模仿帶來的快感是雙重的，一個是來自對象本身的美，另一個是想像在比較藝術與自然時產生的快感，而比較就是次級想像快感的主要原因。「這種次級想像快感都來自心靈的活動，它將從原物產生的觀念和我們從雕像、繪畫、描寫，或表現的聲音所得來的觀念予以比較。」[030] 由此還能推斷出這樣一種觀點來，如果藝術與自然在形式上十分相似，那麼心靈無須付出多大努力便可完成比較，實際上來說，心靈活動不會太活躍；相反，如果藝術與自然既有相似又有差異，就需要心靈付出很大

027　同上，第 49—50 頁。
028　同上，第 50 頁。
029　同上，第 51 頁。
030　繆靈珠：《繆靈珠美學譯文集》（第二卷），章安琪編訂，北京：中國人民大學出版社，1987 年，第 50 頁。

的努力，其活動倒是更為活躍。如果想像快感是與心靈的活躍程度成正比的，那麼詩歌和音樂所產生的快感應該是最大的。除此之外，文字作品還可以自由選擇，對原物中的觀念進行隨意的伸縮、組合，這就等於它給了想像以一些或隱或現的線索，再讓想像去努力探索，這自然使得心靈跌宕起伏，心情也隨之搖盪激動。這樣看來，文字描寫倒要比雕像和繪畫給人以更大的快感。正因文字可以指涉現實事物，所以艾迪生和後來的美學家都給以詩歌最高的地位。

由此艾迪生也回答了我們前面所提出的一個問題，即想像的對象既然是形象，那麼詩文和音樂又憑藉何種形象活躍想像。現在可以看出，也許單個文字和聲音本身不能形成鮮明的形象，但文字和聲音的排列組合及其運動，在心靈中轉化為形象，對想像給予一定的激發，產生了快感。當然，我們也明白，單個的文字和聲音由於生活環境的習慣總是與某些事物聯繫在一起，從而也就為想像提供了形象。所以，詩文和音樂也是透過想像活動給人以快感的。

總的來說，初級想像快感來自視覺對象的直接刺激，次級想像快感與視覺對象之間的關係是較為間接的，這種快感雖然首先由視覺對象激發起來，但其真正的原因則是想像本身的活動。由於次級想像快感主要來自模仿藝術，因而艾迪生也就對模仿及其效果做了不同於前人的解釋。亞里斯多德就說人從模仿中能獲得一種快感，至於這種快感如何產生，人們都語焉不詳，而艾迪生則從心理學的原則進行了雖非別開生面的解釋，但也將亞里斯多德的傳統糅合進了新的體系中。同時，這種解釋的特別之處在於，模仿的目的不是理性認識，而是激發想像活動，產生一種精神性快感。由此出發，我們還可以提出這樣的疑問：藝術真的必須肖似自然嗎？實際上艾迪生的理論表明，模仿無須按部就班，絲毫不爽，倒應該對原物進行重新調整配合，給人的想像力留下自由活動的空間，因而就產生更大的快感。

最後，艾迪生還提出，由於詩文與現實事物之間存在巨大差異，因而讓

人們對詩文產生不同的趣味，有人覺得它栩栩如生，有人覺得它味同嚼蠟，只是形似而已。這裡涉及 18 世紀英國美學中的一個重要問題，即趣味的標準。艾迪生的解釋是，趣味之不同在於人們的想像力各有差異，因而產生不同的理解，但這並不意味著趣味毫無標準，因為在詩文的欣賞中還需要判斷力，其作用是辨識文字運用是否正確。判斷力是根據事實進行的，無關個體差異，因此可以保證人們對詩文有一致的理解。終究說來，在鑑賞當中，想像力和判斷力缺一不可。「想像力必須熱衷於保留它業已從外物獲得的印象，判斷力必須明察以認識何種詞句最適宜於裝飾它們而恰到好處。」[031] 當然，艾迪生對趣味的標準問題的解釋還是粗疏的，到了休謨和傑拉德那裡，這個問題才得到更綿密的分析和更深刻的論證。

論文學

基於次級想像理論，艾迪生髮表了自己對文學創作原則的看法。首先需要提示的是：艾迪生的文學概念遠遠超出了今天所謂的文學範圍，不僅包括詩歌、戲劇，也包括歷史、哲學、道德等方面的文字作品，這也是當時流行的文學概念。他雖然沒有明確反對亞里斯多德的模仿論，即文學是對必然律和或然律的模仿，但從以上所述可以發現，在艾迪生看來，文學創作需要符合想像的規律，或者說人的心靈活動的規律。說到底，想像是對觀念進行自由改變、拆分和配合的能力，它不需要恪守自然的客觀法則，只需要遵循自身的法則，或者說它需要滿足心靈的需要。但它究竟遵循著什麼樣的規則呢？從本質上看，藝術首先要遵循次級想像提供的比較法則，使模仿能夠給心靈帶來額外的快樂。隨之而來的問題是：藝術創作，或者想像在對觀念進行改變和配合時又要遵循什麼法則。

031　繆靈珠：《繆靈珠美學譯文集》（第二卷），章安祺編訂，北京：中國人民大學出版社，1987 年，第 52 頁。

顯然，他認為某個觀念並不是孤立地存在的，而總是透過種種方式與無數其他觀念相互聯繫的，這些觀念已經儲存在人們的記憶中，並且形成了一定的秩序，雖然人們並不總是清晰地意識到它們之間的關聯。這一點與洛克哲學中的原子主義有所不同，在洛克那裡，人們首先透過感覺或反省接受個別的簡單觀念，雖然無法斷定這些簡單觀念簡單到何種程度，但應該是感覺所能接受的最小的不可分割的觀念，然後心靈再把這些簡單觀念組合起來形成複雜觀念。例如，人們總是先接受一個平面、四個立方體或圓柱體的事物，還有某種顏色等簡單觀念，然後再認識到這些東西可以組合成為一個整體，這個整體在某些時候被稱為「桌子」。艾迪生卻沒有明確支持這種原子主義，他顯然認為人們可以首先接受「桌子」這個作為整體的事物，雖然也可以在隨後的反省當中對這個「桌子」的各部分進行分割和變化。因此，部分和整體是不可分割的，儘管我們無法確定整體可以擴大到何種程度，但是只要某個個別的觀念一旦出現在心靈中，其他與之相連的觀念就自然而然地跟隨而來，而心靈之所以能完成這種聯結依靠的當然是想像這種官能。

「我們可以觀察到，任何我們先前曾看到過的單個情境，經常會喚起整個的場景，並喚醒之前沉睡在想像中的無數其他觀念；一種個別的氣味或顏色就能夠突然間伴隨著我們初次見到的田野或花園的圖景充滿心靈，並且把與之相連的所有不同的形象展現在眼前。我們的想像心領神會，帶領我們出其不意地進入城市或劇場，原野或草甸。我們還可以繼續觀察，當幻想回顧之前經歷的那些初看起來愜意的種種場景時，在反思中會愈加愜意。同時，記憶也對原物給人的愉悅有所增益。」[032]

想像的這種能力與比較大不相同，而是把記憶中的觀念進行聯結，這些觀念在之前的經驗中存在接近關係。艾迪生意在利用想像的這種活動，說明

032　Joseph Addison., The Works of Joseph Addison, Vol. III, London： George Bell and Sons, 1902：415.

文學創作中情感是如何產生的。當想像從某一觀念開始聯結觀念，並形成一條軌跡（trace）時，也同時把這一觀念所附著的情感貫穿到整條軌跡中，從而使文學所描寫的場景也充滿了情感；反過來，情感一旦活動起來，它就產生一種能動的力量，再把更遠或更廣的觀念吸引過來，形成一個更為廣泛和豐富的場景。想像的這種活動，在休謨那裡被稱作觀念和印象的雙重性。在這裡，艾迪生顯然已將其看作文學創作的一條根本規律。

因而，當任何一個觀念在想像中出現時，隨之散發出一股生氣到其合適的軌跡當中，這些生氣引起強烈的運動，不僅滲透到它們所指向的特定軌跡中，而且也滲透到與之相近的每一股軌跡中，由此這些生氣喚起了同一個場景中的其他觀念，這個場景又立刻趨向一股新的生氣，以同一方式開啟相鄰的觀念軌跡，最終整個場景豁然開朗，整個景色或花園在想像中生機勃勃。但是，因為我們從這些地方得到的快樂要遠勝於我們在其中發覺的不快，由於這個原因，起初就要一個更廣泛的篇章灌注這種快樂的軌跡；相反，屬於不快的觀念只占到很小的部分，那麼這一部分很快就會停滯下來，不能接收到任何生氣，結果也就不能在記憶中激起其他不快的觀念。[033]

後一句話表明，占主導優勢的情感統治著各個部分，不容許記憶中相異的觀念及其情感活躍起來。

根據想像的這種規律，艾迪生指出，一個作家應該儲備大量的素材，從山間田野到城市宮廷，而且還要把這些充滿生氣的觀念加以適當的整合，以最大限度地激發讀者的想像。詩文中融合的觀念愈是廣泛，各個觀念愈是壯麗雄渾，就愈能使想像倍加活躍，讀者得到的快感就愈加強烈。當然，每個作家也各有專長，荷馬長於偉大，維吉爾長於優美，而奧維德長於新奇，近代的彌爾頓則兼而有之。聯想到艾迪生先前對美的基本看法可以看出，他認

---

033 Joseph Addison., The Works of Joseph Addison, Vol. III, London：George Bell and Sons, 1902：415—416.

為主宰文學創作的法則不應是理性，而是情感。好的文學既應該有豐富的形象，也應該有統一的情感。

簡單地說，想像聯結觀念的法則，一個是時空中的接近關係，另一個是形式和情感方面的相似關係。至於在具體的創作中，觀念聯結是如何表現的，怎樣產生想像快感，這裡可以用艾迪生的例子來說明。他把歷史學家、自然哲學家、旅行家、地理學家的文章歸為一類，它們都是對自然事物或實際發生事情的描寫。好的文章不是按部就班，也不是隨意摘取，而是依照想像的規律來組織其材料。例如，好的歷史學家不會把整個事件和盤托出，相反，他們總是先敘述一些黨派紛爭，某些人物的陰謀詭計和鉤心鬥角，以激發讀者的好奇心。同時，又給予適時的抑制，只有到最後才給讀者一個意想不到的結局。之所以這樣寫，是因為想像力不喜歡一馬平川、一覽無遺，而是喜歡掩映迷離，享受探索的過程。自然哲學家總是向人們揭示一片微小的樹葉上如何擁擠著成千上萬的動物，這些動物即使到了成年也無法為肉眼所辨別。他們也樂意告訴人們在地球之外有多少巨大的恆星和行星川流不息，有些星球上如何是一片火海，光芒四射。他們說地球的體積是人的多少倍，而土星的體積又是地球的多少倍，整個宇宙又是土星的多少倍。這些事物儘是人的眼睛所不能企及的，只能依賴想像力拚力馳騁。總之，想像不喜歡靜止不動，只有在不斷的運動中才能產生出各種快感。另外要說明的一點是：艾迪生從美學角度來評說各門學科的寫作，正反映出 18 世紀人們不僅從理性上探索世界，同時也是為了獲取審美的快樂，這是美學之所以能興盛的一個重要原因。

需要注意的是：這裡的情感不但是來自文學所模仿對象自身的特點及蘊涵的情感，而且取決於描寫能否使想像的運動更為多樣和廣闊。艾迪生甚至說，哪怕是一個糞堆，如果描寫得恰當，也能帶來想像快感。當然，如果所

描寫的對象本身就是偉大、新奇或優美的，那麼描寫就能使其更勝一籌。

因而，這就引出了另一個問題，既然文學描寫很大程度上取決於它所激發的想像活動，那麼由此產生的快感範圍和類型也就大大地被擴大了，不僅有通常的快樂，而且還有各種「神祕的激動」（secret ferment）。正如人們經常發現，畫中最動人的容貌並不是單純給人快樂的最優美的那種，而是略帶憂鬱和悲戚的那種。人們還可以想到，最讓人動容的故事不是皆大歡喜的大團圓，而是描寫充滿了苦難、失敗、恐怖、死亡的悲劇。顯然人們從中得到了極大的快感，而其描寫的人和事卻沒有一件能給人帶來快樂，這就是自古以來人們評論悲劇時遇到的一大難題。所以，艾迪生討論文學描寫中的醜惡、悲苦、恐怖並不是偶然。

他認為：「較嚴肅的詩歌努力要在我們心中激發起的兩種主要情感就是恐怖和憐憫（terror and pity）。」[034] 這種兩種情感的特點就是：它們在平常讓人不快，而在文學描寫中卻能使人倍感愉悅。要回答這個難題的一個前提是認識到，文學描寫的首要任務不是單純描摹一個外表優美的形象，而是要在讀者心中激起希望、欣悅、敬愛、同情等情感。其次，讀者憑藉恐怖、苦難的事情而得到快感，還要有另一個條件，那就是讀者自己並不處於同樣的恐怖和苦難中。因而，如果我們考慮這種快感的本質，我們就應該發現，它不是恰好來自對可怕之物的描寫，也不是來自我們閱讀時做出的反思。

當我們觀看這種可怕之物時，我們很高興自己沒有面臨它們的危險。我們在思考它們時覺得它們可怕而又對自己無害。所以，它們顯得愈是驚人，我們從意識到自己的安全而來的快感就愈大，簡言之，我們一邊觀看描寫的恐怖，又一邊獲得試探死去魔鬼的好奇和滿足（curiosity and

---

034　Joseph Addison., The Works of Joseph Addison, Vol. III, London： George Bell and Sons, 1902： 419.

satisfaction）。」[035] 這正如，我們總是喜歡想起往昔時光所經歷的危險，或遠眺聳立的懸崖，但如果它們就要降臨到自己或旁邊的人身上，倒完全失去了興趣。也許是為了理論上的一致，艾迪生認為，這種快感來自我們對自己處境和受難者之間的比較，慶幸自己的幸福和好運，只要苦難和危險不要發生在眼前。不過，常人在生活中並不總會遇到困難和危險，即使遇到也多是些微末之事，不能真正使自己感到恐怖，也難以滿足自己的好奇心。文學便從歷史中截取些故事，或者純粹是杜撰虛構。所以，文學很多時候是想像力的創造，這既滿足了讀者的想像力，又沒有真正的危害。

在今天的讀者看來，艾迪生描述的這種心理是十足的葉公好龍。尤其是在了解了德國哲學家，如黑格爾、席勒和尼采等人對悲劇的闡釋後，人們更是覺得艾迪生的描述多少有些淺薄，但是需要注意的是：艾迪生的描述完全是根據心理學的原則展開的，而不是從道德和政治的角度對文學提出強行要求。既然悲劇性的文學多出自想像的虛構，那麼其他類型的文學也就極盡想像之能事，要去描寫自然中不存在的東西，或者把自然中分散的偉大、新奇和優美的事物集中在一處，讓讀者的想像也隨之無限馳騁，享受由之而來的快感。這種對悲劇性對象的心理學描寫，為後來的英國美學家和近代西方的心理學美學提供了可貴的借鑑，其意義實不可低估。

035　Joseph Addison., The Works of Joseph Addison, Vol. III, London：George Bell and Sons, 1902：420.

哈奇森

哈奇森

法蘭西斯 · 哈奇森（Francis Hutcheson, 1694～1746），出生於北愛爾蘭的唐郡，其父為長老會派牧師。他幼年在基利萊接受教育，1711～1717年前往蘇格蘭格拉斯哥大學學習文學和神學。從格拉斯哥大學畢業後，哈奇森返回愛爾蘭，在都柏林的一所私立學院任教，並一直研究哲學，其代表作之一《論美與德的觀念的根源》（*An Inquiry into the Original of Our Beauty and Virtue,* 1725）便在此期間發表。由於其作品廣受好評，1729年哈奇森接替其導師卡麥可的道德哲學教席，直至逝世。他的哲學尤其是道德感理論影響深廣，是蘇格蘭啟蒙運動的奠基者，休謨、亞當 · 斯密的學說便是在他的影響下形成的。其著作還有《論激情和情感的本性與表現以及對道德感官的闡明》（1728）、《道德哲學體系》（1755），他的美學思想主要包含在《論美與德的觀念的根源》（以下簡稱《論美與德》）中。

內在感官

哈奇森可謂沙夫茨伯里的忠實信徒，尤其是對後者的道德理論倍加推崇。在沙夫茨伯里看來，哲學或所有學問的最終目的都是道德的善，培養人的良知和性格，塑造社會風俗，以使人自覺地踐行道德。沙夫茨伯里的著作文風優雅而機趣，但並不是一個注重體系構造的哲學家，而哈奇森的一大貢獻就是把沙夫茨伯里的思想用嚴格的語言予以清晰的表述，使沙夫茨伯里的思想具有更堅實的基礎和原則，最終建立一套完整的哲學體系。這個體系的主題是：人天生具有一種直接感知和判斷道德動機與行為的能力，即道德感官。具有諷刺意味的是：哈奇森所採用的哲學語言恰恰來自沙夫茨伯里在思想上的敵人之一洛克。沙夫茨伯里沒有單獨的美學，雖然他的著作也處處包含美學思想，哈奇森在沙夫茨伯里的基礎上建立哲學體系時也附帶表達了自己的美學思想，這一方面是因為美的問題構成沙夫茨伯里思想的重要部分，

另一方面也是因為對美的問題的處理更有利於他闡明道德問題。所以，美學雖然只是哈奇森哲學中的一個次要部分，但 18 世紀英國美學在他那裡第一次有了一個系統而嚴格的哲學基礎。

　　哈奇森的美學思路與其整個哲學體系的思路是一致的，那就是證明人天生具有一種感知和判斷美的能力，當對象呈現於心靈面前時，他能因這個對象具有某種特徵而自然地感到特殊快樂或不快。這種能力就是內在感官或趣味，而它產生的特殊快感或不快就是審美快感或不快。再進一步說，如果人們能夠理解這種較為簡單的能力，那麼也就能夠自然而然地理解道德感官這種高級能力。所以，哈奇森的美學基礎是其倫理學，雖然這並不意味著其美學沒有獨立性，只能說其美學是其倫理學和整個哲學思想的縮影，是理解後者的一條便利途徑。

　　哈奇森以洛克的觀念理論作為其出發點和參照點。首先，一切知識都始於感覺，「外在對象的呈現並作用於我們的身體，因而在心靈中喚起的那些觀念可謂之感覺」[001]。由身體的不同感官所得來的感覺及其觀念是有差別的，例如色彩和聲音的差別。這種感覺和觀念的最大特點是：它不由人的意志支配，也就是說，此時的心靈是被動的，它不能直接阻止和改變這種感覺。其次，心靈還有一些能動的能力，能夠對感覺和觀念進行綜合、比較、伸縮和抽象，並把由感覺而來的簡單觀念進行復合，形成複雜觀念，例如實體。

　　哈奇森指出，心靈還可以由感覺和觀念產生快樂和痛苦，其原因是不可知的或者是出於人的本性。這種苦樂使不同的人從同一對象產生不同的觀念，甚至同一個人也可能對同一對象在不同時刻產生不同的觀念，產生這些差異的原因很多時候來自個人經歷和社會習俗。不過，如果剔除了這些外在

001　Francis Hutcheson, An Inquiry into the Original of Our Ideas of Beauty and Virtue in Two Treatises, Indianapolis：Liberty Fund, Inc., 2004：19.（譯文參考了中譯本，《論美與德性觀念的根源》，高樂田、黃文紅、楊海軍譯，杭州：浙江大學出版社，2009 年）

的偶然因素，那麼同一簡單觀念所直接產生的苦樂情感應該是一致的，因為所有人的外在感官的構造都是一致的，因其產生的苦樂感覺也應該是一致的。但是，他又立刻發現，有一種快樂與「伴隨著感覺的簡單觀念的那種快樂」截然不同，它們來自「美、整體、和諧名稱對象的那些複雜觀念」，而且這種快感有時更為強烈。「眾所周知，人們對姣好容貌、逼真繪畫的喜愛會勝過對最鮮豔活潑的任何一種顏色的喜愛，對日出雲間朝霞似錦的景象、滿天繁星的夜空、美麗的風景、整齊的房屋的喜愛要勝過明朗蔚藍的長空、風平浪靜的海面或遼闊空曠，沒有樹木、丘陵、河流、房屋點綴的平原。即使後面這些景象也並非那麼簡單。」[002] 所以，這種快感的第一個特徵便是其原因是複雜觀念。

其次，這種快感依賴於一種內在感官，雖然他認為「我們是否把這些美與和諧的觀念稱為視覺和聽覺的外在感官的知覺，這無關緊要」，但他還是對兩者做了區分。因為根據經驗可知，有些人有著靈敏精確的視覺和聽覺，能區分極其相近的色彩和聲音，但是他們「不能從樂曲、繪畫、建築和自然景色中感受到任何快樂，或者縱然得到，也比其他人微弱一些」，由此而來，「這種較強的接受快樂觀念的能力，我們通常稱之為良好的天才或趣味」[003]。至少在音樂中，「我們似乎普遍承認有一種不同於聽覺這種外在感官的某種東西，我們稱它為知音之耳」[004]。

的確，哈奇森有充分理由把接受複雜觀念的美的能力稱作內在感官。按照洛克的理論，複雜觀念的材料可以是由外在感官得來的簡單觀念，但外在感官本身沒有能力形成複雜觀念，而是要依靠心靈的主動能力。同樣的道理，外在感官不能知覺複雜觀念的美並產生相應的快感，而是需要來自心靈

002　Francis Hutcheson, An Inquiry into the Original of Our Ideas of Beauty and Virtue in Two Treatises, Indianapolis：Liberty Fund, Inc., 2004：22.

003　同上，第 23 頁。

004　同上。

內在的另一種能力。同時，從哈奇森所舉的例子可以看出，他所謂的美指的是簡單觀念之間的關係，而非簡單觀念本身。所以，有些人可以清楚地辨析單個顏色、聲音，但不能欣賞整個的繪畫和樂曲。哈奇森還提出一個非常特殊的例子，他說內在感官可以知覺到科學原理、普遍真理、一般原因以及某些廣泛行為準則中的美，而所有這些東西都是外在感官無法知覺到的。這個例子更加說明哈奇森所指的美是關係，而不是一個單一要素。當然這是一個比自然和藝術更複雜的問題。

自然，這就引出了另一個問題，內在感官是一種什麼樣的能力？如果內在感官的對象不是來自感覺的簡單觀念，而是由簡單觀念構成的包含某種關係的複雜觀念，那麼內在感官與複雜觀念之間是什麼關係？是內在感官本身構成了這種複雜觀念，還是心靈中的其他能力構成複雜觀念，然後再將其呈現給內在感官？哈奇森並不打算追究複雜觀念是何種能力構成的，但他明確指出，內在感官只是在對複雜觀念的知覺當中感覺到了快樂或不快，簡單地說，內在感官表現為快樂或不快的情感。顯然，哈奇森的內在感官與洛克所謂的反省最終是不同的，因為在洛克那裡，反省與感覺是處於同一層次的，其作用都是被動地接受簡單觀念，但哈奇森的內在感官對應的卻是一種複雜的對象，哈奇森也把內在感官看作是一種更高級的能力。但是，哈奇森的內在感官與洛克的反省之間也有很大的相似性，那就是洛克的反省也同樣接受情感觀念的能力，雖然關於情感是如何發生的，洛克的解釋確實很模糊。[005]

這裡還可以看到哈奇森和艾迪生的不同，艾迪生的想像力兼有構成複雜觀念和欣賞複雜觀念的能力，而哈奇森的內在感官卻只是一種欣賞或接受能力。所以，內在感官不是一種認識能力，而是情感判斷能力。「試想可知，

---

005 關於哈奇森的內在感官與洛克的反省之間的關係可以參考 Peter Kivy, The Seventh Senses, A Study of Francis Hutcheson』s Aesthetics and its Influence in Eighteenth-Century Britain, New York：Burt Franklin & Co., Inc., 1976：22—42.

我們肯定會認為這兩種知覺之間的差異有多麼大：詩人憑藉他的知覺對自然美的對象深感陶醉，甚至連我們自己也對他的描寫流連忘返；可以想像乏味的批評家或鑑賞家的那些冰冷無生氣的概念，毫無雅緻的趣味。後一類人可能具有源於外在感官的更完備的知識，他們能夠說出樹木、草藥、礦藏、金屬具體的差異，他們知曉每一片葉的外形、莖、根、花朵和所有種類的種子，而詩人們對此卻常常一無所知。然而，詩人對整體卻有著廣泛的愉悅知覺，不僅僅是詩人，有著雅緻趣味的人都會如此。」[006] 這並不是說認識與審美毫無關係，但是認識並不必然帶來審美快感。相比起來，「詩人對整體卻有著廣泛的愉悅知覺」，這便是說，詩人更注重綜合性的整體，認識則更注重區分和分析。認識的結果是某種關係，而審美的結果是特殊快感。

　　哈奇森所要說明的是：內在感官是一種直覺能力，因為它產生的快樂「不是源於有關對象的原理、比例、原因或用途的知識，而是因為，首先震撼我們的是美的觀念。最精確的知識也不會增加這種美的快樂，雖然它可能會從利益的期望或知識的增加中添加一種特殊的理性快樂」[007]。的確，這可以說明內在感官是一種直覺，無須經過推理的過程。重要的是哈奇森指出，審美快感不同於因認識產生的快感。同樣，審美快感與任何實際利益的得失無關，「用整個世界作為獎賞，或以最大的惡作為威脅，都不能使我們讚美醜的對象或貶低美的對象」[008]。在很多活動中，對美的追求與其他欲求摻雜在一起，但這並不能掩蓋審美是一種原始的衝動，不依賴於任何其他利益的滿足和目的的實現。

　　這樣一來，哈奇森的審美快感就變得純而又純，它既超越純粹的感官快

006　Francis Hutcheson, An Inquiry into the Original of Our Ideas of Beauty and Virtue in Two Treatises, Indianapolis：Liberty Fund, Inc., 2004：24.

007　Francis Hutcheson, An Inquiry into the Original of Our Ideas of Beauty and Virtue in Two Treatises, Indianapolis：Liberty Fund, Inc., 2004：25.

008　同上。

樂，也不同於因認識產生的理性快樂，也有異於因利益或目的實現而來的實際快樂。不過，這也符合哈奇森整個理論的意圖，因為這正說明感知美的內在感官是一種天生的純粹的能力，它不由任何其他能力構成，也不是其他能力的衍生物。

毫無疑問，哈奇森把沙夫茨伯里的理論簡化了，或者做了某種機械的片面的理解。沙夫茨伯里從來不認為對美的判斷僅僅依賴一種先天的感官，雖然這種感官是人樂於追求美的先兆，但要領會更複雜的美則需要理性的思考，需要後天的訓練。沙夫茨伯里也並不認為快樂就是美的唯一結果或象徵，審美產生的是一種複雜的心理體驗，它由感官激發起來，同時帶有理性沉思，最終超越了感官快樂和理性沉思，達到一種神祕的迷狂狀態。然而，哈奇森為了證明趣味或美感是一種區別於外在感官和純粹理性的先天能力，便直接指定了一種內在感官，這種能力與外在感官和理性毫無關係。同時，內在感官彷彿不需要甚至拒絕任何鍛鍊和提升，哈奇森認為後天的習慣只能汙染這種能力。再者，雖然哈奇森的意圖是要以美感來類比道德感，但我們無法找到兩者如何能相互聯繫，相互促進，因為他的美感在很大程度上與生活實踐是脫節的。

絕對美

在哈奇森看來，美不是對象的某種性質，而是由某些對象在心靈中喚起的觀念，對美的知覺離不開人天生的內在感官或趣味。但是，顯而易見人們不會認為所有事物都是美的，美的快感的產生的確需要對象有某種獨特的性質，以適於對內在感官發生觸動，因而產生美的觀念。哈奇森把美分為兩類：本原的美和比較的美，或絕對的美和相對的美。他的意思是：一類美來自內在感官直接對對象的知覺，而另一類來自對對象與其被模仿之物的比較。這

哈奇森

個區分與艾迪生對初級的想像快感和次級的想像快感的區分類似。

哈奇森首先闡述本原的美或絕對的美。為了便利，哈奇森先從簡單類型開始，也就是「規則形體呈現給我們的那種美」。這個類型顯示出兩點：一是哈奇森所指的美主要限於形體，二是這種形體的主要特徵是規則。從根本上說，這個觀點只是個假設。他也許會說，這個論點來自經驗，但很明顯，經驗並不能提供足夠的證據。從美學史的角度看，這個觀點更多是來自傳統，即認為美就是「恰當的比例」。這個傳統從畢達哥拉斯開始，到亞里斯多德成為主導觀念。然而，我們看到，艾迪生不會太堅持這個傳統，所以相比之下，哈奇森的觀點要保守得多。他也許意識到這個論點的確是個假設，所以他說，「能喚起我們美的觀念的形體，似乎是那些寓於多樣的統一（uniformity amidst variety）的形體。有許多關於對象的構想可以基於其他理由，如壯觀、新穎、神聖以及我們後面會談及的某些其他東西，而令人愉悅，但是我們在對象中稱為美的一切，用數學方式來說，似乎處於一致性與多樣性的復合比例中。因此，當物體的統一性相等時，美就隨多樣性而變化；當物體的多樣性相等時，美就隨著統一性而變化。」[009]

可以看出，規則性的表現之一就是可以以數學的方式來描述，他所舉的簡單類型也都是幾何圖形，然後在相互比較中來闡明寓於多樣的統一這條原則。從這個原則來看，正方形要比等邊三角形美，因為這兩個圖形都具有規則性，但正方形的邊和角的數量要大於三角形。同時，等邊三角形的美要勝過不等三角形，因為兩者的多樣性相等，但等邊三角形更富有規則性或統一性。

隨後，哈奇森從這些簡單類型擴展到整個物質世界。物質世界的多樣性是無須強調的，他著重指出的是物質世界中到處都有一致性的表現。大至整個宇宙，其中各個天體都近乎球形，它們都按照橢圓形的軌道運行，而且每

---

009 Francis Hutcheson, An Inquiry into the Original of Our Ideas of Beauty and Virtue in Two Treatises, Indianapolis：Liberty Fund, Inc., 2004：28—29.

個天體運行一週的時間也是相等的；再到日月輪轉、四季交替，所有動植物都在一定的時間內循環輪迴；小至所有自然事物的形狀、結構、運動都包含著規則性或統一性，例如對稱、等距、等時和比例；一直到肉眼所不能見的事物內部構造，都可以發現驚人的規則性或一致性。哈奇森特別提到了音樂或和諧，因為它並不模仿其他事物，而是依靠音符之間具有的規則性的關係表現為曲調和節奏。

看到哈奇森對整個自然世界的描述，人們必定會立刻想到沙夫茨伯里的宇宙論，在那裡宇宙萬物都受到一種精神的主宰，呈現為一個層層遞進、環環相扣的整體，每一個個體只有在這個整體中才顯出其存在的意義。因此，哈奇森對自然世界的理解同樣具有整體論傾向。但是，也正是在這裡哈奇森顯示出與沙夫茨伯里的不同，他的描述更多地帶有機械論色彩，而沙夫茨伯里的描述則完全是有機論，亦即無論是個體生命還是整個宇宙，都不是以機械方式凝結和運行的，而是有一種生命力或形成力貫穿其中，從某種意義上說，任何外在形式都是創造力的表現。不過，從另一個角度看，哈奇森的描述去除了不少神祕主義成分，看起來完全建立在科學觀察的基礎上。

在哈奇森的美學中有一個較特殊的部分，即原理的美。之所以把原理看作是美的，是因為它們也包含著寓於多樣的統一這個原則，而且更充分地體現了這個原則。原理的特殊性在於它不是由從感覺而來的簡單觀念構成，而是由抽象的概念構成的，因而具有更大的統一性。而原理的多元性表現在兩個方面：一是其適用對象的多樣性，二是可以從中演繹出推論的多樣性。例如歐幾里得《幾何原本》第 1 卷命題 47 說，「在直角三角形中，斜邊上的正方形面積等於兩個直角邊上的正方形面積之和」，適用於所有邊長的直角三角形。命題 35 說，「在同底上且在相同兩平行線之間的平行四邊形彼此相等」，可以推出所有三角形的面積等於底 × 高 ×2，由此還可以推出所有直線型平面的面積計算方法。

當我們在理解這些原理後就立即直覺到它們所包含的寓於多樣的統一，因而給我們以快感。哈奇森特意反駁了原理產生快感的兩個原因：一個是原理的發現可以帶來利益，他不否認「知識可以擴大心靈，並使我們在各種事務上更加具有綜合的視野和規劃，由此也可以給我們帶來利益」，但他認為，即使沒有利益，原理仍然可以給人以快感，「令人愉悅的感覺常常源於平靜的理性舉薦過的那些對象」[010]；另一個是原理帶來的快感源於發現原理時的驚異，但哈奇森認為這個觀點過於強調對意外結果的獲取，在他看來，對原理中的寓於多樣的統一的初次發現的確會產生驚異，但原理的美關鍵在於它在任何情況下都令人愉悅。所以，提出原理的美是最終為了表明內在感官的先天性和直接性，獨立於任何其他的原則和目的。

總的說來，哈奇森的絕對美具有幾個要點：首先，哈奇森的絕對美的對象不僅包括自然事物，也包括音樂（他稱作和諧）和建築，它們不是對其他事物的模仿，它們的美是直接被內在感官感覺到的。其次，絕對美的對象含有寓於多樣的統一原則，在一致性和多樣性之一恆定的情況下，另一個要素的增加就意味著這個對象的美的增加。但很顯然，哈奇森尤其強調一致性的優先性，正如他強調整體優先於部分。再次，在寓於多樣的統一原則中，哈奇森突出了數學和機械關係，這一方面來自西方古代美學的傳統，另一方面也來自現代科學的發展。但哈奇森強調審美與認識和效用無關，由認識和效用而來的快感無法取代審美快感。

---

010 Francis Hutcheson, An Inquiry into the Original of Our Ideas of Beauty and Virtue in Two Treatises, Indianapolis：Liberty Fund, Inc., 2004：40.

相對美

「凡我們所稱的相對美是在某種對象中所領悟到的美，它時常被視為某種原始的美的摹本。」[011] 哈奇森試圖讓相對美也貼近絕對美所包含的原則，即寓於多樣的統一，這裡的統一主要指「原本和摹本之間的相符或某種類型的一致」[012]。所以，與艾迪生的次級想像的快感相似，相對美源於對原物和摹本之間的比較。哈奇森也認為「僅僅為了獲得比較美，就不一定需要原本中有什麼美。對絕對美的模仿的確可以在整體上造就更加優美的作品，然而精確的模仿本也是美的，儘管原本完全缺乏美」[013]。這看起來與他一開始下的定義有些牴牾，卻無疑擴大了相對美的範圍。不過，相對美主要還是某些類型藝術作品的美。

在對詩歌的論述中，哈奇森甚至認為好的詩歌不應該模仿高尚或完美的人物性格。「我們不應該把 Moratae fabula 或亞里斯多德所說的 ἤθη 理解為道德意義上的高尚舉止，而應理解為對實際舉止或性格的正確再現，而且行為和情感符合源於史詩和戲劇詩中的人物性格。」[014] 這樣做的理由是：「比起我們從未見過的道德上完美的英雄來，我們對不完美的人及其所有情感有著更加生動的觀念。所以，至於他們是否與藍本相符，我們無法進行準確的判斷。進一步說，透過意識到我們自己的狀態，我們會更容易地為不完美的性格所觸動和感染，因為在他們以及其他人身上，我們看到了性格傾向的對比，自愛情感與榮譽、德行的情感之間的衝突得到了表現，而這些東西在我們自己心中也常常被感受到。」[015]

011　Francis Hutcheson, An Inquiry into the Original of Our Ideas of Beauty and Virtue in Two Treatises, Indianapolis：Liberty Fund, Inc., 2004：42.

012　同上。

013　同上，第43頁。

014　Francis Hutcheson, An Inquiry into the Original of Our Ideas of Beauty and Virtue in Two Treatises, Indianapolis：Liberty Fund, Inc., 2004：43.

015　同上，第34頁。

　　這樣的解釋與他哲學整體上的樂觀主義多少有些衝突，在 18 世紀的英國美學中也算獨樹一幟，但道出了一些作品之所以感人的真實原因，而且也與亞里斯多德對悲劇人物的定義相一致，亞里斯多德曾說悲劇主角的毀滅是由於其自身的缺陷或過錯。的確，如果讀者在閱讀中僅僅保持一個純粹的旁觀者立場，沒有因共鳴而發生任何心理或情感的強烈活動，他就不可能真正沉浸到作品當中。當然，哈奇森也沒有忘記詩歌其他方面對審美的作用：「憑藉著相似性，明喻、暗喻和諷喻才成為美，無論該主體或被比較的事物是否具有美，當兩者都具有某種本原的美或高貴性以及相似性時，這種美的確會更大些。」[016] 這也就是說，詩歌語言在節奏和韻律上的和諧雖然屬於絕對美，但對於詩歌所依賴的相似性來說具有增益作用。

　　相似性不僅可以用於描寫人物性格，而且也可以讓所有被描寫的對象都顯示出強烈的情感，其原因是：人的心靈中有一種奇特的傾向，總是對所有事物都進行一番比較，所比較不僅是事物的外在形式，也包括內在情感，而比較的根據則是人本身的先天秉性。「無生命的對象往往具有這樣的姿態，它類似於各種情景中的人類身體的那些姿態，而身體的這些神態或姿態就是心靈中某些行為意向的表現，因此我們的激情和感情以及其他因素本身，都獲得了與自然的無生命對象的某種類似之處。因此，海上的風暴常常是憤怒的象徵；雨中低垂的草木是悲傷之人的象徵；莖蔓低垂的罌粟或被犁割斷而逐漸凋零的花朵象徵著少壯英雄的死亡；山巒中年邁的橡樹代表著古老的帝國；吞噬森林的火焰代表著戰爭。」[017] 這些現像在後來的美學中多被歸於移情理論，在 18 世紀英國美學中則預示著聯想原則，依照聯想原則，事物本身無所謂美醜，只是因其讓人聯想到的某種性格、品質和情感才成為美的。哈奇森沒有提出聯想原則，從他的整個理論來看，他也不會贊成這個原則。

016　同上，第 43 頁。
017　同上，第 44 頁。

在他看來，上述現象引起的美感只能來自心靈對原物和摹本之間相似和差異關係的比較。

　　相對美的另一個原因是藝術作品與其創作者的意圖相符。很多時候，藝術作品中不一定每一個部分或細節都具有嚴格的規則性，而是呈現出一些凌亂的形態，但這些凌亂的部分或細節並不是出於偶然，也不是創作的敗筆，而是創作者有意的設計，以免使作品過於刻板。所以，這些部分或細節雖然不具有完全的統一性，但因其符合創作者的意圖而給人以美感。「因此，我們看到，在布置花壇、街景和平行道路時，嚴格的規則性常常會被忽視，目的就是為了仿效自然，甚至是那種荒野的味道。」[018] 需要辨析清楚的是，哈奇森所謂作品對於作者意圖的適宜（suitableness）不同於一個事物對於某個目的或利益的適用（fitness）。適宜強調的是一個事物在形式上的整體性，同時這種整體表達了某個能動者的意圖，這種意圖對於所有人都是可以理解的，適用則表明事物雖具備整體性，但這個整體沒有獨立性，離開了它所服務的目的就沒有意義。同時，這個目的或利益只對某個行為者具有意義，並沒有普遍性。顯然，哈奇森所描述的情形屬於適宜的範疇，即使作為旁觀者，我們並不了解作品的作者，但我們仍然可以從作品的形式整體中推斷出作者的意圖來，並理解形式是如何實現這個意圖的，而且我們不需要透過這個意圖實現其他目的。

　　意圖或意匠這個因素的引入可能會使哈奇森先前建立的理論被瓦解，既然為了實現某一意圖任何不規則的形式都可以吸納，那麼藝術作品就不受規則的制約了。然而，我們不要忘記，哈奇森在談論詩歌時說，詩歌所模仿的對象，亦即內容可以是不美的，但在語言即形式方面還是應該具有統一的節奏和韻律。所以，意圖的表達並不能完全違反規則性。如果我們表述得簡單

018　Francis Hutcheson, An Inquiry into the Original of Our Ideas of Beauty and Virtue in Two Treatises, Indianapolis：Liberty Fund, Inc., 2004：44.

一些可以這樣講，藝術作品在整體上必須具有規則性，而在某些細節方法可以加入不規則的成分，以造成裝飾作用。這樣看來，絕對美和相對美不是毫無關係的兩個範疇，相對美在地位上也並不低於絕對美。意圖或意匠這個因素的引入最終來說是補充和豐富了本原美或絕對美，這一點體現在他對於美和美感最終根源的解釋上。對於哈奇森來說，整個宇宙和自然世界的規則性絕不是偶然所致，顯然有一種力量在支配著宇宙和自然世界的構造和運行。與此同時，人天生就具有感知這種規則性的能力，否則人就不可能指望在許多地方發現規則性的存在，兩相契合，就在人的心靈中產生了快感或美的觀念。所以，宇宙和自然的規則性背後必然存在一種意圖，使得規則性與內在感官相互適應，這個意圖不是來自人而是神，神為了人的快樂和幸福創造了這個世界並賦予人以這種特殊能力。神不僅是一種機械的力量，也具有仁善的品質。這無疑給內在感官是人的先天能力這個觀點增添了又一條證明。然而，我們因此會設想，審美快感是否就來自對神的仁善的領悟，或者說對所有自然對象和藝術作品來說，審美是否有必要包含著對創作者意圖的領會？也許我們有理由這麼認為，但哈奇森自己沒有這樣斷定。

論醜

對於哈奇森和沙夫茨伯里來說，都面臨這樣一個問題，既然神或自然中的創造力造就了一個富有規則的世界，也就必然是無處不美，但現實情況是：人們的確認為某些事物是醜的或不美的。哈奇森的回答令人稱奇：「似乎沒有一種形式其自身必定是令人不快的，只要我們不懼怕來自它的其他方面的惡，並不把它與其同類更好的事物進行比較。」[019] 這就是說，任何事物的形式本身並不是醜的，人們之所以稱為其醜是出於兩個原因：一是因為人們把

019　Francis Hutcheson, An Inquiry into the Original of Our Ideas of Beauty and Virtue in Two Treatises, Indianapolis：Liberty Fund, Inc., 2004：61.

它的形式與某種對自己有害的觀念聯結在一起，二是把它的形式與其同類的形式進行比較。人們之所以認為蛇是醜的，是因為人們曾經受到其傷害，或者聽說有人受過其傷害，對於那些既沒有受到過也沒有聽說有人受到其傷害的人來說，蛇就不是醜的，即使也沒有認為它有多美。人們之所以認為某個人的相貌是醜的，是因為人們總是把這個人的相貌與曾見過的更美的相貌做比較，從而使其看起來是醜的，實際上這個人的相貌也不真是醜的，只是我們沒有看到我們所期待的那種美。所以，「畸形不過是美的缺乏，或者沒有達到我們對異類事物所期待的美」[020]。在哈奇森看來，某種形式與利益或害處並沒有必然的聯繫，這種聯繫很多時候是來自偶然，只要我們真正了解了一個物種的生存規律或某種事物的用途，拋開它們對我們的害處，這些事物的形式就不再顯得是醜的。飛禽猛獸、狂風暴雨、懸崖峭壁初看之下是醜的，但是一旦我們明白它們對我們不會形成危害，反而會成為快樂的誘因。一個相貌醜陋之人，如果我們發現他內心善良，那他的相貌也就不再令人生厭。由此，哈奇森證明人的美感是普遍的，不存在根本上的差異。

由此而來，哈奇森也就把因習俗、教育和典範形成的觀念聯結看作是偏執、敗壞趣味的主要原因。它們把宗教中的恐懼觀念與某些建築物聯繫起來，教給人們一些知識，使他們相信哥特式建築要比羅馬人的建築更優秀，典範使人們模仿某些人的行為和思想。總之，在哈奇森看來，習俗、教育和典範所做的事情多半沒有正確的根據，反而導致了許多偏見和誤解。但是，無論它們的力量多麼強大，有一個事實是不可否認的，如果在人的心靈中本來就不存在某種使我們知覺到美的力量，那麼任何一種後天力量也不能使其生成。習俗、教育和典範的作用不過是增強或削弱人先天的美的感官，但從不能將其消滅。不管我們是否喜歡另一個民族的人，但每一個民族的藝術創

020　同上，第61—62頁。

造都表現出那裡的人對形式的寓於多樣的統一致的追求。「很令人驚奇，印度圍屏給女士們一般的想像力帶來畸形的觀念，在這種圍屏上面自然顯得非常粗野貧瘠，然而這些自然景色的單獨部分並不能拋開所有的美和一致性：是美和一致性使人體表現出各種各樣的扭曲姿態，可以從多樣性產生某些野性的快樂，因為人體形態的某種一致性仍然是得到保留的。」[021]

哈奇森的解釋有許多新穎之處，但也存在諸多悖謬。

的確，只有在人的心靈中存在先天的美感，美的對象才能被人感知，習慣、教育等因素才能依附於這種能力而發揮作用。但是，依照同樣的邏輯，如果某種形式與其他觀念之間不具有某種天然的聯繫，習慣和教育的作用也無法使它們結合得如此緊密，以至在某些情況下超過哈奇森所謂的內在感官。這樣推理的結果是：要麼內在感官必須能從所有的形式中得到快感，要麼不存在先天的內在感官，寓於多樣的統一這個原則也根本沒有意義。誠然，哈奇森認為只要拋開某些偏見和個人利益的誘惑，任何形式都是美的，但他也承認不是所有人都有能力從中得到快感。即使哈奇森能從理論上說服我們，但問題是，認識到這個結論是一回事，從這個結論中得到快感是另一回事，畢竟他認為審美與認識無關。再進一步，認識真的與審美無關嗎？顯然，哈奇森在很多時候的論述都顯示，認識的廣泛和深入有助於我們理解更大範圍的統一性和多樣性，因而有助於我們用審美的眼光來鑑賞對象。

其次，如果審美必須排斥習俗和教育的影響，那麼美的對象的範圍就勢必會縮小，僅限於所謂的自然事物。但是，我們必須承認，在我們的活動範圍內，有多少是自然事物，即使面對自然事物，人的認知方式當中也必然包含由於習慣和教育形成的視角。所以，在人的社會中，很少可以找到哈奇森所理解的純粹的美的對象。從美感作為人的先天能力的角度來看，我們也會

021　Francis Hutcheson, An Inquiry into the Original of Our Ideas of Beauty and Virtue in Two Treatises, Indianapolis：Liberty Fund, Inc., 2004：65.

有這樣的疑問：當一個事物的形式給人以快感時，其原因必定不是求知慾或利益的滿足嗎？哈奇森認為，即使我們不考慮效用和個人利益，我們仍然感覺到快感，但同樣真實的是，即使我們認為這個形式滿足了他人的利益，我們自己也會因此讚賞這個形式，同時也不嫉妒其獲益者或占有者。可以看出，哈奇森所謂的美和美感是純粹形式的，排斥除此之外的任何其他意義和價值，然而這樣也就使他的美學脫離了必要的社會文化語境，在很多時候變得非常貧乏。事實上，哈奇森很多時候也有意無意承認形式美常常與便利、效用、利益、道德等因素是並行的，例如，「由普遍公理的認識方式以及由普遍原因而來的運行方式，只要我們能夠獲得它們，對具有有限理解力和能力的存在物而言，必定是最為方便的」；「對寓於多樣的統一的那些對象的沉思會比對不規則對象的沉思更清楚且更易為人理解和記住」；「對我們的理解而言，普遍公理顯現為增加一切可能有用的知識的最佳手段」[022]。不過，對於更為複雜的社會因素，哈奇森並沒有涉及。

最後，哈奇森所意欲證明的美感普遍性在很大程度上並沒有涉及這個問題的真正核心。在他看來，儘管有各種因素的影響，但所有人都表現出對寓於多樣的統一這個形式原則的喜愛，因而美感是普遍的。然而，這種普遍性僅僅能表明人有基本的審美能力或者對某種形式的先天偏好，而沒有證明這種先天能力在程度上的差異性，換句話說，哈奇森的美感只是一種抽象的能力，很難在現實中得到表現。他沒有具體說明美感是否會在後天得到發展，例如，是否可以知覺到更多的美，對同一對象是否可以獲得更大的快感。這些問題使他的美學失去了很多現實意義。

哈奇森的最大貢獻在於提出了內在感官這個概念，後來，這個概念也被休謨、傑拉德等人承認，這無疑是具有重要影響的。然而，哈奇森幾乎把所

---

022 Francis Hutcheson, An Inquiry into the Original of Our Ideas of Beauty and Virtue in Two Treatises, Indianapolis：Liberty Fund, Inc., 2004：79.

哈奇森

有精力都用在從理論上證明內在感官的先天性與普遍性上面，而對於內在感官在審美鑑賞上的具體表現的論述卻顯得過於抽象和貧乏，幾乎不能給我們帶來實際的啟發。而且，就他對美本身的定義而言，也幾乎都來自傳統的觀點，尤其是強調美的對象在形式上的規則性和一致性，而不像艾迪生那樣突出多樣性以及各類美的對象在心靈中產生的豐富多變的效果，也不像沙夫茨伯里的美學那樣蘊涵深厚的意義，所以相對而言，哈奇森的美學是保守且單薄的。當然，哈奇森整個哲學的目標在於倫理學，美學只是其中的一個枝節，用來佐證其道德感理論，這些缺陷在他的哲學體系中並不是致命的。無論存在多少不盡如人意的地方，哈奇森對 18 世紀英國美學的貢獻都不容抹殺，因為他的主要功績在於開啟了蘇格蘭啟蒙運動，休謨、亞當·斯密、傑拉德、凱姆斯、裡德等人都屬於他的後裔，而這些人的美學又構成了 18 世紀英國美學的重要內容。

霍加斯

霍加斯

威廉姆·霍加斯（William Hogarth, 1697～1764），18世紀英國著名的畫家。他出身卑微，但從小就在繪畫方面極富天資，據說他僅憑記憶就能將舞臺上的場景畫出來。他曾跟隨銀器雕刻家甘博爾和宮廷畫師桑希爾學習，但他最終形成了自己的獨特風格，尤其在風俗畫和肖像畫方面成就卓然。他的作品很多都取材於現實，無論是權貴還是窮人，他都不加掩飾地加以描繪，真實地展現了當時城市中各個社會階層的日常生活。他注重表現動態中的人物及其心理，創作了一些組畫，以更為連續和完整地記錄事件，因此其繪畫也非常富有戲劇性，後來的繪畫大師雷諾茲說他發明了一種「戲劇性的繪畫」。從文藝復興開始，藝術家們受到人文主義者的影響，多有學者型的藝術家，把自己主張的原則用文字系統表達出來，霍加斯也是繼承了這樣的遺風，寫出比以前畫家更具有系統性的理論作品《美的分析》（1753）。同時，自沙夫茨伯里伊始的美學風潮方興未艾，霍加斯自然也加入其中，他一方面明顯借鑑了艾迪生的想像理論，另一方面也標新立異，以形式分析作為主要方法，提出了使其在美學史上占有一席之地的蛇形線學說，讓時人「以最簡明、最通俗和最有趣的方式」理解美。

經驗主義方法

作為畫家，霍加斯把自己的研究範圍劃定在視覺對象上，雖然從這裡得到的原則一定程度上也適用於其他藝術，但在他看來，美僅與形式有關。自然而然，他對那些指手畫腳的鑑賞家們頗不以為然，這類人的抽象思辨不能得出一條解釋美和優雅的普遍原則來，所以一旦遇到難題，他們便轉而求助於道德使自己脫離困境，因而也就脫離了真正的美這個主題。更重要的原因是他們對繪畫的藝術法則不明就裡，對自然塑造各種形式的規律缺乏觀察。

霍加斯轉而從前代畫家那裡尋找自己的事實論據。縱然許多畫家發現和

創造了美而不去探究美的根本原因，但他們畢竟在實踐中默默地遵循著美的法則，甚至有人窺到了創造美的訣竅。例如，米開朗基羅教導他的學生「一定要以金字塔的、蛇形的和擺成一種、兩種或三種姿態的形體作為自己的構圖基礎。……因為一幅畫所可能具有的最大的魅力和生命，就是表現運動，畫家們把運動稱為一幅畫的精神。再也沒有像火焰或火這樣的形式能更好地表現運動了」[001]。迪弗雷努瓦說：「一個美的形體及其局部，總是應該具有蛇形的、像火一樣的形體。」[002] 還有其他畫家，如魯本斯和凡·戴克，雖然對蛇形線諱莫如深，但他們的作品也都或多或少地運用了這種手法。

顯然，霍加斯並不滿足於描述偶然的現象，也不滿足於僅僅從藝術家的角度進行的觀察，因為即使藝術家也可能養成了某種特殊的習慣或癖好，或為了標榜自己而懷有偏見；美的原則必須有更深刻的根莖，能用以解釋所有美的現象，也必須符合任何人的感官機能和思維規律，只要他們能拋開一切偏見。毫無疑問，霍加斯認為藝術是對自然的模仿，所以美的原則實際上並不在藝術中，而是深藏在自然塑造所有事物的法則中，對它的發現和描述也並不能完全依賴直接感覺，而必須遵循一定的方法，雖然由此而來的原則同時必然符合感覺的規律，也決定著藝術創作是否具有美和優雅。

這個時候，經驗主義哲學方法的影響便鮮明地體現在霍加斯身上，這種方法並不複雜，其核心原則是：首先將眼前的現象進行分解，得到構成這些現象的最小要素，然後再透過觀察和實驗歸納出這些要素之間的一種或少數幾種關係或法則，這些關係和法則便能解釋所有的，至少是多數的個別現象。不過，這些關係或法則的效果最終仍然是透過人們的感覺得到驗證的。對於霍加斯來說，要正確理解他提出的理論，人們首先應該學會用適當的方法觀察萬物的外形，其中隱藏著自然創造美的法則。他建議人們想像一個物

---

001 霍加斯：《美的分析》，楊成寅譯，桂林：廣西師範大學出版社，2005年，序第 iii 頁。
002 同上，序第 iv 頁。

體的外形為一個薄薄的殼，其中的材料被完全挖空，而這個殼由一道道緊密並排的細線拼接而成。由此人們彷彿獲得一種透視的能力，能從外部和內部同時觀察到物體的整個外形及其每一部分是如何被構造起來的。雖然在現實中人們只能看到物體外表的某個局部，物體呈現為一個有著某個輪廓的平面，但用這種方法，人們就可以想像出物體的立體全貌，任一視角得到的輪廓都是構成這個薄殼的某一條線。用他自己的話說就是：「我們的想像自然而然地進入這個外殼內部的虛空空間，而且在那裡，像是從一箇中心出發，可以從內部一下子看到整體，並明確地標出與之相對的對應部分，這樣我們便記住了這個整體的觀念，同時，當我們繞著它走動，從外部觀察它的時候，這想像能讓我們掌握這個對象的每一個面貌的由來。」[003]

所以，霍加斯將構成一切形式的基本要素確定為線，他的目的便是規定構成人們稱之為美或優雅的形式的線具有什麼樣的性質。當然，霍加斯將得出更抽象和普遍的原理，以描述任何可見形式，乃至不可見的形式美。然而，霍加斯並不急於做出這樣的規定，而是首先從對直接經驗到的美的現象的觀察開始，得出一些基本法則，然後對這些法則進行比較和分析，慢慢縮小範圍，以最終得到美的根本法則。

首要的法則是適宜（fitness）[004]，亦即凡符合其目的的形式總被看作是美的。「儘管從其他角度看它並不美時，眼睛也會感覺不到這一對象缺少美，甚至還會認為它是令人愉悅的，特別是當眼睛經過相當的時間已經習慣於它之後。」[005]相反，即使是美的形式，如果運用不當，也會讓人感到不快，就如螺旋形圓柱也許本身是美的，但若是用來支撐看似威嚴或沉重的東西便顯得軟弱無力。因此，一切被造器物的大小和比例都取決於其對於目的的適

003　霍加斯：《美的分析》，楊成寅譯，桂林：廣西師範大學出版社，2005年，第6—7頁。

004　中文版譯作「適應」。

005　霍加斯：《美的分析》，楊成寅譯，桂林：廣西師範大學出版社，2005年，第11頁。

宜和恰當；或者說它們並沒有完全固定的大小和比例，而是要適應於環境和整體中的其他要素或效用。總體上說，人的大腿比小腿粗，因為大腿要帶動小腿運動，但赫拉克勒斯與墨丘利的形體並不能完全遵照同樣的比例，因為前者以力量而聞名，而後者的性格則在於精明。

其次是多樣。「人的全部感官都喜歡多樣，而且同樣討厭單調。」[006] 各種花卉、葉子以及蝴蝶、貝殼等食物的形狀和色彩總是因其多樣而討人喜歡。不過，霍加斯所謂的多樣指的是有組織的多樣，而非隨心所欲、漫無目的的雜亂無章，因而這種多樣實際上就是有規律的變化。很顯然，從這些方面可以看到艾迪生，甚至休謨的影子，而且我們將發現，霍加斯也確實像他們一樣，是以想像這種心理活動來解釋美的現象的。

接下來的兩個法則分別是一致、整齊或對稱和簡單或清晰。實際上，這兩個法則恰恰與前兩個法則相對立。簡單與多樣的對立是顯而易見的，一致強調的是外在的整體性，而適宜則強調內在的整體性，前者是刻板的，後者則允許整體中有豐富的變化，這種整體性不一定能得到外在感官的確證，但符合知性的規律。事實上，霍加斯也否認這兩個法則的有效性。一致、整齊或對稱突出一者與另一者，或者這一部分與另一部分的相似，這樣的形式往往是靜止的，使視覺處於凝滯狀態，造成單調沉悶的印象；相反，「在我們的意識確信各個部分互相適應，完全可以使整體相應地站立、行動、浮游、飛翔等等而不失平衡之後，眼睛就會高興地看到對象打破這種單調的移動或轉動」[007]。對於對稱的形式，畫家們也總是力圖避免從正面模仿，即使不得不描繪正面的時候，也總是要「破⸱破」，用雲朵、樹木等事物稍加遮掩，以賦予構圖多樣性。同理，「簡單，缺乏多樣，完全是乏味的，頂多也只是

006　同上，第 14 頁。
007　霍加斯：《美的分析》，楊成寅譯，桂林：廣西師範大學出版社，2005 年，第 16 頁。

不使人討厭而已」[008]。只有與多樣結合，簡單才能給人快感，因此金字塔雖然簡單卻也有著一定的變化，即從基部到頂端的變化，在不同視角中呈現的不同形態。塔一般是圓錐體的，所以藝術家便配以多邊形的基座，而且奇數多邊形比偶數多邊形更優越，這也是大自然營造葉齒、花朵等事物的法則。當然，霍加斯拿出的最有說服力的例子便是群雕《拉奧孔》。從常理看，拉奧孔的兩個兒子同樣是成年人，在形體上與拉奧孔應該相差不大，雕塑家卻把他們設計為只有其父親的一半高，這樣做為的是讓這個群雕的整體呈現出金字塔形，因而增強了多樣性。

確實，霍加斯並不是一味地否認一致和簡單這兩個法則的意義，一定程度上，它們使事物的形式保持勻稱，不致成為醜的，也使藝術創造不發生太大的錯誤，但它們本身尚不足以產生美，因而必須與適宜和多樣相結合。

前面的這些法則決定事物或形式具備基本的美，但如果要使它們顯出優雅或吸引力，也就是最高級的美，還必須符合更充分的條件，亦即繁複（intricacy）[009]。相比之下，這個法則顯然更強調形式的運動性，因此也給形式增添豐富的裝飾性，與之相伴隨的是內在想像的活躍性。正如他說：「一個活躍的心靈總是忙碌不停。探索是我們生活的使命，縱然有許多其他景象的干擾，也仍然令人愉快。每一個突然出現而暫時耽擱和打斷探索的困難，都會讓心靈倍加振奮，增強快感，把本來是辛苦勞累的事情變成遊戲和娛樂。」[010] 簡言之，受著一個目的引導的活動，過程越是複雜多變，就越是令人快樂，引人入勝。相應地，如果線條是構成美的形式的基本要素，那麼線條也具備這種性質：「它引導眼睛進行一種嬉戲的追尋，由於給心靈的快感，它稱得上是美的：因而有理由說，優雅這個觀念的原因，比起其他五個原則

008　同上，第 19 頁。
009　中文版譯作「複雜」。
010　霍加斯：《美的分析》，楊成寅譯，桂林：廣西師範大學出版社，2005 年，第 22 頁。

來，更直接地取決於這個原則，只是多樣這個原則除外，它實際上包括了這個原則，也包括所有其他原則。」[011]

總而言之，美具有不同的程度或等級，而繁複這個原則賦予一個形式更微妙的變化和運動，是形式之所以美和優雅的關鍵。霍加斯的核心任務便是確定這種變化或運動具有什麼性質，或者說構成這種形式的線條具有什麼性質。當然，也值得注意的是，霍加斯很多時候把「美」和「優雅」兩個詞等量齊觀，是很有意味的。他雖然多數時候在談論美的形式，而且後人多將其美學稱作是形式主義的，但實際上在形式的背後，他還強調更深層次的東西，即事物的性格或生命力。

蛇形線與想像

透過觀察和比較可以得知，多樣和變化比一致和單純更能使一個形式顯得美，那麼線條也可以按照這樣的原則來區分，即直線和曲線。「直線和曲線及其各種不同的組合和變化，可以界定和描繪出任何可視對象。」[012] 根據多樣的豐富程度，霍加斯把線條分為以下幾類：

一切直線只是在長度上有所不同，因而最少裝飾性。曲線，由於互相之間在曲度和長度上都可不同，因此而具有裝飾性。直線與曲線結合成復合的線條，比單純的曲線更多樣，因此也更有裝飾性。波狀線，或者美的線條，變化更多，它由兩種對立的彎度組成，因此更美、更令人愉悅。甚至在用鋼筆和鉛筆在紙上畫這種線條時，手也運用了一種更生動的動作。最後，蛇形線由於同時在不同的方向上起伏盤繞，引導眼睛隨著其持續的變化而使眼睛感到愉快，如果我可以用這種說法的話；同時，由於其在許多不同的方向上

---

011 同上。
012 同上，第 34 頁。

扭轉，可以說（儘管只是單獨一條線）包含有多變的內容，因而如果沒有想像的輔助或一個圖形的幫助，其所有的變化並不能由一條持續線在紙上得到表現。[013]

毫無疑問，由於蛇形線具有多個方向上的變化，因而最有裝飾性，最能給視覺帶來美感。不過，這並不代表蛇形線是使所有形體顯得美的全部原因；相反，各種線條都在構造美的形態的過程中發揮適當的作用。同時，線條的組合應該遵循先前確定的各個原則。

直線和曲線的組合是較為基本的構形方式，這種組合常常用在建築和各種器物上。作為首要條件，一個形態應該符合適宜和一致的原則。霍加斯舉例說明如何才能製作出一個優美的燭臺。一開始，燭臺的直徑、高度和蠟盤的大小要適當，並且對稱，這使形體看起來有了燭臺應有的樣子。但若要使其優美，還必須給予一定的裝飾，手段就是讓立柱和蠟盤富有變化：可以在立柱和蠟盤的縱軸上標出一些點，也就是把燭臺分成了幾段；這些點不要過多，也不要等距，然後在這些點上畫出與縱軸垂直的且有不同長度的線段，同時這些線段以縱軸線為中心保持對稱；然後，再用各種或凸或凹的曲線連接這些線段的外端，這樣整個燭臺的外緣就呈現出一種凸凹有致的輪廓來，因而比純粹的直線構成的燭臺要美得多。對燭臺縱軸的分段如果過多，那麼最後構成的形態便過於雜亂或臃腫，不符合簡單鮮明的原則。根據這個原則，霍加斯盛讚聖保羅教堂，「一切都處理得非常多樣而不雜亂，單純而不貧乏，華麗而不俗豔，明快而不生硬，雄偉而不笨重」[014]。

然而，如果要使一個形體顯出更優美的裝飾性，那就必須在某些細部運用波狀線，在單純和明晰的基礎上，波狀線能增添更多的變化和多樣。當然，並不是所有的波狀線都是美的，如果弧度太直，便平淡乏味；如果太彎，

013　霍加斯：《美的分析》，楊成寅譯，桂林：廣西師範大學出版社，2005年，第35—36頁。
014　同上，第43頁。

就笨拙臃腫，缺乏力度。霍加斯沒有採用古希臘建築和雕塑中的數學和幾何方法，給出具體的數值，因而只能訴諸直覺，即使在他給出的例子中，最恰當的波狀線也是在相互的比較中確定的。同時，向相反方向彎曲的弧度並不一定相等，而且任何一處都在發生漸變，所以可以肯定，霍加斯眼中優美的波狀線不是完全對稱的，也無法進行準確的度量，更何況適宜性這個原則也決定了運用到不同形體上的線條必然不能符合單一標準。

不過，蛇形線是最優美或最優雅的線條，因為它最富於變化。可以這樣來描繪蛇形線：在一個較細長的圓錐體上畫一條縱向的直線，把這個圓錐體向兩個相反方向彎曲，這條直線便稱為波狀線。如果與此同時再將其稍加扭曲，那麼這條線就是蛇形線，其兩端甚至消失在可見表面的背後。顯而易見，曲線和波狀線是平面的，而蛇形線是在一個三維空間內旋繞，更富立體感，因而也就有更多方向上的變化和運動。這樣，如果在其他線條上再適時地加上蛇形線的裝飾，那麼這樣構成的形體便具有更強的立體感，會顯得更加豐富生動。

在霍加斯看來，最能體現蛇形線美的地方便是大自然創造的某些動物，尤其是人的形體。從解剖學的角度看，他認為構成人體的任何骨骼都不是完全筆直的，總是帶有一種彎曲，而肌肉纖維則以蛇形線的方式纏繞在骨骼之上。甚至有些骨骼，如骨盆扇面的彎轉方向本身就是蛇形線，因而其整體顯出很強的立體感。人體的外表覆蓋著帶有脂肪的柔軟而透明的皮膚，尤其是女性的皮膚，掩蓋了骨骼和肌肉上面某些僵直生硬的細節，因而皮膚的每一部分都表現出更加豐滿而柔和的曲面和弧線，這也就增加了其魅力。所以，「人體較之於自然創造出來的任何形體具有更多的由蛇形線構成的部分，這就是它比所有其他形體更美的證據，也就是它的美產生於這些線條的證據」[015]。當然，霍加斯強調，只有健康的人體才具有更優美的蛇形線。如果

015　霍加斯：《美的分析》，楊成寅譯，桂林：廣西師範大學出版社，2005 年，第 53 頁。

將蛇形線去掉，人的軀體便立刻變得僵死呆板，或呈現為病態的樣子，換句話說，蛇形線不僅使人體保持美的外表，而且也充分展現了其活潑靈動。作為生命體，人的各個部位必須要能符合靈活自如的行動這個重要目的。事實上，霍加斯也特別讚美自然的創造物達到了裝飾性和效用的完美融合。

顯而易見，蛇形線的性質恰恰就代表了使形體變得最為優雅的繁複原則，或者說繁複之所以美的真正原因在於符合這個原則的形體包含著蛇形線。但是，霍加斯並不簡單地認為蛇形線是美的形體的唯一要素。正如在論證美的原則時他最後特意提出大小這個問題，這說明，要構成一個優美的形體，不僅其每一部分都是多樣變化的，而且它們的大小和位置也都必須保持協調。一個優美的部分無論過大還是過小，都會造成怪誕可笑的結果。同樣的道理，單獨依靠蛇形線並不能構成美的形體，因為它必須符合整體的構圖和形體，但無論如何，它是美的形體所必備的要素，因而也得到了更多強調，它彷彿就是美的代表，雖不是全部。

這樣，憑藉對具有各種性質線條的分析，霍加斯對最初透過直觀或單純經驗得到的美的原則予以了準確而形象的描述。可以這樣總結，凡運動、變化、多樣的線條及其構成的形體，比靜態、單調、刻板的要美。同樣的原則也可以用來解釋明暗、色彩、表情和動作等形式美。總而言之，只要對這些形式進行有效的分析、分解或抽象，得到其基本的構成要素 —— 這些要素有著統一的性質，只是在量級上有所不同，然後再觀察這些要素之間應具備的關係法則，我們就可以解釋它們之所以美和優雅的規律。在符合適宜、一致、匀稱等原則的前提下，美的色彩、動作的混合和運動方式會圍繞一個核心要素在多個向度上進行富有節奏的變化。即使某種形式的基本構成要素並不是線條，人們仍然可以發現它們遵循的變化規律，比如人們可以把明暗程度分為 5 個量級。首先，只有漸變的明暗才是美的。其次，更令人愉悅的變化規則是 5 4 3 2 1 2 3 4 5 4 3 2 1 2 3 4 5，因為這種變化有多種向度。同時，

如果明暗變化發生在不同方向上，那麼它便像蛇形線一樣具有強烈的運動感和立體感。

霍加斯沒有像艾迪生那樣把美分為新奇、偉大、美麗三種或更多的類型，但這並不代表他認為美只有單一類型，或者理想美只有一種，因為各種線條和形體的結合方式是多樣的，由此顯出的美的風格也應該各不相同。例如，龐大的、以直線和昏暗為主的構圖或形體更容易製造出崇高的效果，以曲線、波狀線及明快的色彩為主的構圖或形體更傾向於是優美的，把人的視線引向形體內部和背後的蛇形線始終讓人覺得是新奇的，這些不同的美給人的快樂當然也並不相同。不過，無論是何種風格的美的形式，都不能違背適宜、一致等基本原則，同時也需要富有變化的裝飾：「尺寸給優雅增添了偉大。但要避免過度，否則尺寸就變成了笨拙、沉重或怪誕。」[016] 尤其是那種與對象本身的性質不成比例的尺寸，如穿著成人服裝的兒童，長著娃娃臉的成人，便非常可笑。即便是金字塔這種宏偉的建築，之所以撼人心魄，也是因為它的各個側面以及光照之下所呈現出的明暗富有變化。這樣來看，霍加斯可以用蛇形線原理解釋各種不同的美，雖然他並沒有刻意強調美的分類。當然，他沒有像柏克那些列出崇高和優美的對象的各種性質，但毫無疑問的是，他的解釋比柏克更系統，在某種程度上也更有說服力。

想像與美感

霍加斯主要把自己的注意力放在對美的形式的分析上，這給人造成一個印象，即他沒有充分闡釋美感的性質和原因，不過這並不意味著他過於簡單地看待了這個問題；相反，我們在很多地方都可以發現他受到了艾迪生和休謨的影響，將想像活動看作美感的主要原因，儘管他的闡釋並不完善。

016　霍加斯：《美的分析》，楊成寅譯，桂林：廣西師範大學出版社，2005 年，第 28 頁。

霍加斯

作為畫家，霍加斯集中探討的是視覺對象的美，也許他繼承柏拉圖依賴的傳統，認為美本來就是視覺對象。然而，他幾乎沒有像柏克那樣把視覺活動看作是一種生理活動，也沒有把美感看作是對象在視覺器官上留下的刺激。既然美的主要原則在於形式的變化和繁複，那麼視覺在觀察這樣的形式時自然不會是停滯的，換言之，這時的視覺不僅僅接收到各個獨立的印象或者一個籠統的整體印象，而且必然在各個印象之間進行來回地轉移。所以，美感是視覺在對象的各部分之間進行的運動造成的，這種快樂最終來自內在的心理活動。根據艾迪生尤其是哈奇森和休謨的理論，視覺的這種內在運動應當屬於想像的範疇。事實上，霍加斯常常使用想像這個概念，只不過他幾乎將視覺運動與想像等同起來。霍加斯強調，總是有各種偏見干擾人們對於美的發現或欣賞，因而如果要發現真正的美，人們就必須學會用正確的方法觀察對象，甚至還要擺脫某些藝術作品的誤導，到對象的內部去尋找美的形式的構造，甚至要理解大自然創造這些形式的法則。的確，在多數時候人們也並不能直接看到使一物之所以美或優雅的蛇形線，這必須借助想像。

再次引用霍加斯關於繁複的形式之所以令人愉悅的原因的那段話：

一個活躍的心靈總是忙碌不停。探索是我們生活的使命，縱然有許多其他景象的干擾，也仍然令人愉快。每一個突然出現而暫時耽擱和打斷探索的困難，都會讓心靈倍加振奮，增強快感，把本來是辛苦勞累的事情變成遊戲和娛樂。[017]

這不禁讓人想到艾迪生論新奇的一席話：

真的，我們往往對陳套的事物習以為常，或者對同一事物的多次反覆感到厭倦，所以凡是嶄新或非凡的東西都稍有助於使人生豐富多彩，以它的新奇面貌為心靈解悶消愁；它足以使我們心曠神怡，足以排除厭足之感，因為

017　霍加斯：《美的分析》，楊成寅譯，桂林：廣西師範大學出版社，2005 年，第 22 頁。

我們在慣常的平凡娛樂中往往要怨嘆無聊。[018]

休謨也曾受艾迪生的啟發，他說道：

最有力地刺激起任何感情來的方法，確實就是把它的對象投入一種陰影中而隱藏其一部分，那個陰影一面顯露出足夠的部分來，使我們喜歡那個對象，同時卻給想像留下某種活動的餘地。除了模糊現象總是伴有一種不定之感以外，想像在補足這個觀念方面所作的努力，刺激了精神，因而給情感增添了一種附加的力量。[019]

正如人天生的感官和肉體慾望必須得到滿足，同樣心靈也難以忍受空虛匱乏的狀態，它必然要尋求種種新奇非凡的觀念來給自己提供刺激，排解沉悶厭煩，甚至有意給自己製造一些小小的難題，在破解這些難題的過程中享受成功的快樂。這種快樂無須人們占有真實的事物，不會讓人貪得無厭，沉溺於奢侈放蕩的生活，正是這種快樂誘使人們從事各種知識探索和藝術創作。對於霍加斯來說，這無疑就是美感的根源，也是各種藝術之所以令人愉悅的原因：「解決最困難的課題，對於心靈來說是一種愉快的工作；講寓言和猜謎語，似乎是小玩意兒，卻能引人入勝；而我們又以多麼大的興趣去追尋一齣戲或一部小說的虛構得巧妙的線索，我們的興致隨著情節的複雜化而不斷增長，而當情節終於解開和一切都明朗起來的時候，我們也就感到徹底心滿意足了。」[020] 毋庸置疑，這樣的快樂與感官快樂迥然不同，它並不來自單純的感官刺激，更多是想像的追新逐奇，期待猜測。但是，純粹雜亂的形式並不能讓想像感到快樂，反而使其迷失方向，處於恍惚之中，只有在經歷紛繁複雜的探索之後發現其間的規律和目的，想像才能得到滿足。

事實上，當人們用眼睛觀察一個對象時，也總是在用想像捕捉其中的運

018　《繆靈珠美學譯文集》（第二卷），章安祺編訂，北京：中國人民大學出版社，1987 年，第 38 頁。

019　休謨：《人性論》，關文運譯，北京：商務印書館，1980 年，第 460 頁。

020　霍加斯：《美的分析》，楊成寅譯，桂林：廣西師範大學出版社，2005 年，第 23 頁。

動軌跡，單純的視覺並不能勝任這項工作。霍加斯舉例說明，如果有一組對象（如一排字母 A）呈現於眼前，眼睛的注意力一般只能集中在一處，遠離視野中心的對象總是變得越來越模糊。這就等於說，當人們瀏覽到一個對象的總體面貌時，清晰呈現於視野中的細節只有一處。所以，如果要清楚地把握對象的整體，眼睛就必須依次掃視每一個細節，也必須在這些細節中發現一條線索，依靠這條線索，形式的細節被貫穿為整體。可以說，視覺只是為心靈提供基本的素材，即將外在對象的構成要素轉化為內在觀念，是心靈在發現甚或創造和連綴這些素材或觀念的規則，也就是在對象的形式中發現一條想像運動所依循的線，至少是一個運動的趨向，這樣的線並不是平面圖上的輪廓線。霍加斯所謂的蛇形線也就是想像的運動路線，因而在很多時候，他把想像看作把握對象形式這一努力的產物，粗略的觀察或被動的印象卻不能發現其存在。

由蛇形線引導的想像運動的特點在於，它不僅保留了視覺所接受的某個局部細節，也不僅把握了形式的可見部分，而且透過可見部分把人的視線引向未知的那一面，力圖將一個對象構想為立體形態。在這個過程中，想像運動的路線更為複雜變幻，面臨著更多誘惑，心靈保持著更旺盛的探索慾望，但最終又能得到一個更全面的意象。在某種程度上，蛇形線必須是隱藏起來的，否則就相當於把形式背後的東西敞露出來，沒有給想像留下任何餘地，正如「衣服應當喚起我們的某種願望，但不能馬上使之得到滿足。因此，身體、肩膀和腿，都應當被遮蓋起來，只是在某些地方透過衣服暗示出來」[021]。

然而必須注意到，只有多樣而統一的想像運動才是美感的直接原因，破壞這種運動的做法都可能消解美感。最大的威脅便來自對想像運動的阻斷，通俗地講，是把一個形式分解為互不相關的細節。就如臨摹者並不能理解原

---

021 同上，第 33 頁。

作的美,雖然他可以做到以假亂真,因為「他並不需要比哥白林的熟練織毯工有更大的能力、天才或生活知識,這個織毯工在織毯時按照一幅畫工作,一絲不苟,幾乎不知道他想做什麼,不管他織的是一個人還是一匹馬,到最後幾乎是無意識地完成一匹漂亮的掛毯,掛毯上描繪的或許是倫布朗所畫的亞歷山大的一次戰役」[022]。

　　對於想像活動以及變化原則的重視,讓霍加斯對比例觀念提出批判。不過,他批判的是用數學和幾何方法把握美的做法。他並非完全否定比例的用處,因為它可以讓人們掌握某個形體的基本結構,但也僅此而已,因為真正的美和優雅並不來自嚴格的比例。即使同一類形體,比如人體,在各個個體上都有很大差異,甚至是同一個體在行動中也並不總是保持恆定的姿態,尤其是肌肉和皮膚等組織也都時時在張弛伸縮,很難予以準確的測量:「不管某些作者多麼費力,要把人體肌肉的真正比例像數學那樣準確地用線測量出來是不可能的。」[023] 且不說準確但也是機械地按比例造成的形式本身就是刻板無趣的,這樣的形式沒有任何運動的趨向,所以也絕不會給人任何美感。人們發現和欣賞美更多地憑藉的是直覺,這種直覺是在實際經驗中養成的。騎手們知道不同用途的馬匹應該具備什麼樣的骨骼和肌肉,婦女們對於人軀體美醜的判斷多數時候要強於學者。事實上,傑出的藝術作品往往會打破常規比例,如觀景殿的阿波羅,其大腿和小腿與上半身相比顯得過長過粗,但也顯得偉岸而優雅。

022　霍加斯:《美的分析》,楊成寅譯,桂林:廣西師範大學出版社,2005年,序第 viii 頁。
023　同上,第 68 頁。

自然與藝術

霍加斯常常責備藝術家和鑑賞家囿於自己的先入之見，不去觀察和理解自然的創造，「情願追蹤影子而丟掉現實」[024]，終而曲解和誤解美的原則，倒是平常的人們能夠擺脫偏見，做出準確的判斷。

這不禁要讓人斷定，藝術的任務便是正確的模仿自然。但他又說，自然之物中也未必全美，如豬、蟾蜍之類的動物就是醜的，凋零的草木也不美，幼年和老年的人同樣乏美可陳。人們可以說，藝術模仿的是自然所創造的美的東西或者創造美的原則，但霍加斯又說，古人所塑造的垂死的角鬥士和瘋癲的牧神，雖然這些對象本身是醜的，但是「塑造手法之高超一如安蒂諾烏斯像和阿波羅像，區別只是，在後者的刻畫上以準確的美的線條為主。儘管如此，它們的同等的價值贏得了普遍的承認，因為它們的製作所需要的是幾乎同等的技巧」[025]。

的確，任何藝術美都無法比肩自然美，因為自然的造物不僅具有裝飾性的美，而且也符合效用的美，前者表現在形式或外表上，而後者則表現在構成一物的體積和質量與其目的或用途的適宜性上。後者也許是《美的分析》的讀者們容易忽視的一點。有些自然事物，如桲樹葉子，或者如霍加斯所讚賞的鳳梨這種果實的形式，布滿了奇妙的曲線，連最優秀的雕塑家也難望其項背，這些形式美只是裝飾性的，或者說是呈現於視覺的美。但在很多情況下，事物的各部分總是服務於某個效用，因而具有特定的材質和構造，以便能做出符合效用的運動，這些材質和構造的形式是由效用決定的。這樣的形式有時並不會令視覺感到愉快，但人們仍然稱之為美的。這兩種美並不總是能相互交融，甚至在某些時候是互有牴牾的。哈里森發明的航海鐘堪稱最精

024　同上，第 4 頁。
025　霍加斯：《美的分析》，楊成寅譯，桂林：廣西師範大學出版社，2005 年，第 113 頁。

巧的機械，但其整體和各部分的形式卻異常雜亂，其運轉方式也並不優美；如果人們稱其為美的，那這種美只是效用的美。

然而，自然的造物卻能將裝飾美和效用美緊密無間地融為一體：

如果適合這種目的的機械是由大自然創造出來的，那麼，它的整體以及每一部分就都會具有完全的形式美，而且這種形式美對於它的機械運動不會造成危險，似乎這種裝飾性就是它的唯一功能。這種機械的運動也會特別優雅，而沒有一點點附加於這些完美的目的之上的任何多餘的東西。[026]

我們可以將這種相互交融的美稱作理想美。在自然界，最美的也就是最有效的，最有效的也便是最美的。但是，理想美並非只有一種，在自然世界裡，即使同一類事物的面貌也是千姿百態，有的馬以力量見長，有的擅長速度，有的行動敏捷，相應地，它們的骨骼、肌肉和整體形態有著很大的差異。正因為此，霍加斯認為自然創造的事物上面沒有精確的比例，人們也不可能運用精確的比例來判斷理想美，而是要依賴一種形成於經驗的「卓越感覺」。

理想美是表現在運動著的事物上的，根據運動方式的多樣性，自然事物的美也就有不同的等級：魚的美無疑比不上馬和狗的美，而最美的事物當然是人體。霍加斯相信，整體上協調的運動應該源自事物的某種內在力量，而這種力量又使得這個事物與眾不同：「一個形體不管多麼非同尋常，只有當它的特殊面貌有著某種特殊原因或特殊理由時，才可以被理解為性格。」[027]人體及其運動之所以是最美的，就是因為只有人才有理智；只有成年時期的人體才是最美的，因為理智和教養使動作變得優雅起來。缺乏相應的內在性格，人的動作就變得呆板或造作：「名門和富有之士，在舉止的從容和典雅方面，往往會超過他們的模仿對象——他們的舞蹈教師。這是因為優越感使

026　同上，第64—65頁。
027　霍加斯：《美的分析》，楊成寅譯，桂林：廣西師範大學出版社，2005年，第75—76頁。

他們的舉止行動毫不緊張，特別是如果他們的身體結構勻稱的話。」[028] 同樣，在較低級的動物那裡，自由運動的形體才是美的；反過來，人們可以透過面貌、表情、言語和舉止來感覺到一個人的性格或情感。

　　霍加斯並不像艾迪生或沙夫茨伯里那樣認為自然中存在某種神性，也不會像法國的拉美特利那樣把自然看作是一臺完全由物質規律支配的機器，但其中的造化變幻莫測，又細緻入微，彷彿是一個吸引人一探究竟的迷宮，是一個讓人流連忘返的畫廊，這個畫廊裡面的作品美不勝收，但各種事物的特徵又得到恰如其分的刻畫。毫無疑問，他對自然的喜愛之情，尤其是對他所謂的美的事物，也就是那些繁複多變、雅緻鮮活事物的讚美，勝過任何的藝術作品，甚至藝術大師筆下的維納斯的美「都不足以與英國廚娘的身材相提並論」[029]。相比於自然的神奇造化和實際生活經驗造就的性格各異的人物，藝術的描繪真是不及萬一。身為畫家的霍加斯從未自賣自誇。藝術的職責並不是補充自然的不足，也不是美化自然或現實生活，而是潛心觀察自然和現實生活的實踐者和參與者無意地但又是必然地表現出來的千姿百態，並忠實地模仿或記錄下來。然而，藝術的最終目的也許並非模仿，而是啟發人們再次關注和體察眼前身邊的自然和生活。看看霍加斯自己的畫作，哪一幅不是來自生活，忠實地記錄生活，其中三教九流無所不包，高雅低俗群相畢現，無論美醜都一視同仁，但是哪一個形象不是唯妙唯肖，令人擊節拍案。霍加斯並非沒有道德上的取向，但藝術並不是抽象的說教，無論何種性格，只要畫家予以真實的描繪，觀眾一看便知，真偽善惡都會透過形式的美醜展露無遺。自然從容的舉止是真誠高貴的，刻板造作的行為則是虛偽卑瑣的，面對藝術這面鏡子，人人都會做出正確的選擇。

028　同上，第 124 頁。

029　William Hogarth, The Analysis of Beauty, ed. Ronald Paulson, New York; London：Yale University Press, 1997, editor』s introduction, xix.

　　藝術就是對自然的模仿，但它並不模仿古典主義那種永恆但抽象的自然，而是真實而多樣的自然，藝術呈現善惡美醜，但它無須說教。從這個角度來說，如沙夫茨伯里所說，美善是同一的，雖然他們對於美和善的理解並不完全一致，但一致的是：自然的、自由的表現就是美的，也是善的。

　　霍加斯闡述的不是一般的藝術理論，而是一門關於形式語言的科學，是一門關於感覺的科學，這門科學來自對自然和生活的觀察，而非來自某種先天觀念。作為畫家，霍加斯並不擅長理論思辨，甚至厭惡任何抽象的推理，但他那種具體而形象的分析獨樹一幟，其結論也暗合了 18 世紀英國美學的主流。

霍加斯

休謨

休謨

　　大衛・休謨（David Hume, 1711～1776），生於蘇格蘭愛丁堡的一個貴族家庭，幼年得到母親的悉心教育，加之「好學、沉靜而勤勉」，1722 年便進入愛丁堡大學，在那裡他接觸了笛卡兒和牛頓的學說，也為其後來的哲學生涯奠定了基礎。由於家庭變故，3 年後輟學，此後便再也未進入大學。他說自己「在很早的時候，我就被愛好文學的熱情所支配，這種熱情是我一生的主要情感，而且是我的快樂的無盡寶藏」[001]。出於經濟方面的考慮，休謨曾試圖經商，但一無所成，便又重新回到了自己所鍾愛的哲學上來。1734 年他到了法國，潛心學習，並寫作他後來的名作《人性論》的前兩卷，於 1738 年出版。但是，「任何文學的企圖都不及我的《人性論》那樣不幸。它從機器中一生出來就死了，它無聲無息的，甚至在狂熱者中也不曾刺激起一次怨言來」[002]。即使此後他將這部作品改寫成《人類理解研究》和《道德原則研究》，也還是反響甚微。如果說他的哲學還發揮了些作用的話，那就是其中所表現出的懷疑主義和無神論的論調讓他與愛丁堡大學的道德哲學教授職位徹底無緣。倒是他在 1741 年及之後所寫的幾卷《政治和道德論文集》大獲成功，18 世紀 50 年代所寫的《英國史》也給他帶來了他一心所想的「文名」。休謨生前在文學方面獲得了成功，其哲學思想成為人們競相爭論的焦點，甚至還促成了由裡德發起的蘇格蘭常識學派。

經驗主義與情感主義的合流

　　除了有很多關於美和藝術的論文，休謨在美學方面沒有寫過系統的著作，但他對 18 世紀英國美學的發展來說卻是舉足輕重的。他沿著經驗主義哲學的道路，闡述了更為豐富也極具創造性的心理學理論，這為後來的美學

001　休謨：《人類理解研究》，關文運譯，北京：商務印書館，1957 年，第 1 頁。
002　同上，第 2 頁。

對審美心理的描述提供了依據，也增添了充實的內容。出生於蘇格蘭的休謨無疑受到了由哈奇森闡發的沙夫茨伯里確立的情感主義傳統影響，加之美學問題在他的時代已蔚然成風，這自然使他的哲學滲透著濃厚的美學思維，在他的主要著作中本身就包含著大量美學思想。當休謨把經驗主義和情感主義兩種思潮相互融合時，自然就生成了一種美學，因為經驗主義堅持認識始於感性知覺，一切知識和行為都以此為基礎和出發點。同時，他尤其強調作為感性知覺的情感在認識和行為中的主導作用。如果按照鮑姆加登的定義，美學就是感性認識學，那麼在休謨那裡，認識和行為就遵循著美學的原則。所以，我們不應該把休謨關於美的言論視為零散的經驗之談，他的美學屬於其哲學中不可分割的一部分，甚至可以說他的哲學就是美學，在很大程度上，離開了美學就不可能理解他的整個哲學。當然，他並不完全贊同沙夫茨伯里和哈奇森的主張，他對經驗主義和情感主義各有取捨，這使得他在經驗主義哲學中貫徹了情感主義的原則，又使得他的美學採取了經驗主義的語言和方法。他的美學比沙夫茨伯里的美學具有更明確的概念和邏輯，也比艾迪生的美學更嚴謹而複雜。同時，他也把經驗主義和情感主義中蘊涵的道德和政治觀念吸納進來，使他的美學既不像原先的經驗主義者那麼功利，也不像原先的情感主義者那麼純粹，這種折中的趨向也一直體現在他之後的美學思潮中。

　　把休謨關於美的言論摘錄出來加以彙編是沒有任何意義的，而是必須將它們置於休謨的整個哲學體系中加以理解，對於本文而言，最先要明確的是他的哲學意圖是什麼，而不是其中那些看似模稜兩可的概念和令人費解的推論。休謨在《人性論》的引論中直言，要建立各門具有堅實基礎和確切結論的科學前提是對人性進行準確的認識，不僅是「那些和人性有更密切關係的」科學，「即使是數學，自然哲學和自然宗教，也都是在某種程度上依靠於人的科學；因為這些科學是在人類的認識範圍之內，並且是根據他的能力

和官能而被判斷的」[003]。

　「因此，在試圖說明人性的原理的時候，我們實際上就是在提出一個建立在幾乎是全新的基礎上的完整的科學體系，而這個基礎也正是以前科學的唯一穩固的基礎。」[004] 但是，對人性的認識「必須建立在經驗和觀察之上」，《人性論》的副標題就是「在精神科學中採用實驗推理方法的一個嘗試」，顯然，休謨的哲學在方法上要堅持培根依賴的經驗主義傳統。但是，人性究竟是什麼呢？這個問題至少可以從兩個方向來回答：一是人追求的目的是什麼，二是人具有什麼能力以及這些能力如何運作。關於休謨的研究幾乎全部集中在後一個問題上，而對前一個問題卻少有人問津。的確，這個問題在休謨那裡看起來不會太明確，但是這兩個問題在很大程度上是無法分離的。如果我們不知道人為什麼目的而生活，也就無法理解人的各種能力是如何運作的，反過來也一樣，如果我們不對人的各種能力及其運作方式進行觀察，也就不知道人是如何實現其目的的。回答這兩個問題對於理解休謨的整個哲學來說是同樣重要的。

　在《人類理解研究》的開篇，休謨指出有兩種研究精神哲學或人性科學的途徑：一種依照的是趣味，產生了「輕鬆而明顯的哲學」；另一種則追求嚴格的理性，構造了「精確而深奧的哲學」。然而，兩種不同的途徑又包含了對人性的不同理解，前一類哲學家「把人看作在大體上是生而來行動的，而且在他的舉止中為興味和情趣所影響的：他追求此一個物象，而避免彼一個物象，至其或趨或避，則是按照這些物像似乎所含有的價值以為定的，是按照他觀察這些物象時所採取的觀點以為標準的」；後一類哲學家「則把人當作是一個有理性的東西來加以考察，而不著眼於其作為活動的東西，他們力求形成他的理解，而不是來培養他的舉止。他們把人性人物一個可以靜

003　休謨：《人性論》，關文運譯，北京：商務印書館，1980 年，第 6—7 頁。
004　休謨：《人性論》，關文運譯，北京：商務印書館，1980 年，第 8 頁。

思的題目，他們精密地考察它，以求發現出，有什麼原則可以規範我們的理解，刺激我們的情趣，並使我們贊成或斥責某種特殊的對象、行動或行為」[005]。休謨沒有斷然判定孰優孰劣，因為它們「都可以給人類以快樂、教訓或知識」。不過，我們可以斷定的是：在他看來，人不僅是理性的，還是情感的、行動的，人不是一個孤獨的思維機器，還是「一個社會動物」，雖然無論在哪個方面過度執迷都會帶來不利後果，「人們假設最完滿的人格是介乎兩個極端之間的」[006]。可以看出，休謨所指的這兩派哲學就是以洛克為代表的經驗主義和以沙夫茨伯里為代表的情感主義。

他認為洛克等人的哲學是偏頗的，而沙夫茨伯里以來的哲學也不盡完善，看起來他要走中庸之道，但其態度並非這麼簡單。事實上，休謨始終主張情感是人性中最強大的力量，所有理性知識最初都是由情感激發起來的，最後只有打動情感的知識才能促使人們行動，真正地發揮作用。所以，「一開始我們就可以說，由精確而抽象的哲學所產生一種重大的利益，就是這種哲學對於淺易近人的哲學所有的那種補益」[007]。相信了解休謨的人都記得他在《人性論》中的那句話：「理性是並且也應該是情感的奴隸，除了服務和服從情感之外，再不能有任何其他的職務。」[008]

情感始終是休謨哲學的一條主線，毫不奇怪，他在《人性論》中要單列一卷討論情感，理解任何其他主題都必須圍繞這條主線，否則就會產生誤解。休謨的研究者們之所以認為其哲學晦澀難懂的主要原因就在於偏離或拋棄了這條主線，當然並不排除休謨自己在推理上的煩瑣以及某些時候的自相矛盾。休謨在經驗主義哲學內部扭轉了理性與情感的位置，但他仍然需要重新處理理性與情感的關係，的確他巧妙地解決了這個問題。在他的哲學中，

005 休謨：《人類理解研究》，關文運譯，北京：商務印書館，1957年，第9頁。
006 同上，第11頁。
007 休謨：《人類理解研究》，關文運譯，北京：商務印書館，1957年，第12頁。
008 休謨：《人性論》，關文運譯，北京：商務印書館，1980年，第453頁。

情感始終是核心主題，理性只是一種方法，情感作為推動人行動的一種原始力量需要予以深刻而精確的觀察和理解，這就是理性的任務。哲學雖然自身是一門實驗和推理的科學，但需要牢記的是這門科學的對象是人，現實生活中的人是「行動的東西」，從根本上說受著情感的促動。這實在是一個糾纏不清的問題，休謨也常常困擾於此。正在研究哲學的人可以無所顧忌地進行純粹的推理，但這不免要肢解活生生的人，得出些違背常情的奇談怪論來，這樣的哲學除了滿足一時的好奇或矇蔽無知者之外毫無用處。如果要讓哲學進入現實生活，又不免讓理性遭遇重重干擾，屈服於情感和想像的支配，使哲學半途而廢，甚至推翻自己。面對此種困境，要麼把哲學與生活劃清界限，盡情讓哲學去打破常識，懷疑一切，「自然本身」會「把我的哲學的憂鬱症和昏迷治癒了」，我們可以「不再為了推理和哲學而放棄人生的快樂」[009]。如果要讓哲學真正面對現實生活，成為現實生活的一部分或一種方式，就需要創立一種新的哲學，或者對哲學秉持一種新的態度。首先，透過直觀來觀察現實生活中的人所表現出的明顯事實；其次，運用嚴格的理性來進行分析和實驗，說明這些事實的原因，因此就可以認識到支配人認識和行動的根源和目的是什麼，人依靠什麼能力來實現其目的，以及什麼樣的目的是正確的；再次，用理性的結論來指導人的生活，以求得人生的幸福，即情感上的快樂。這樣的哲學出發點和歸宿都是情感，其中理性的作用是有限的，雖然也是積極的，正如在現實生活中就是如此，因為盲目的情感必然導致狂熱和迷信，人們必須學會反省和駕馭自己的情感。這種哲學正是休謨的目標：

　　我們如果僥倖把深奧的研究和明白的推論，真確的事理和新奇的說法調和在一塊，因而把各派哲學的界限都接近起來，那就幸福了。我們如果在這樣輕鬆推論以後，把從來似乎保障迷信並且掩護荒謬和錯誤的那種奧妙哲學

009　同上，第300頁。

的基礎推翻了，那就更幸福了。[010]

顯然，休謨不願把哲學與生活相分離，哲學應該遵循嚴謹的理性，但最終還是要作用於人的情感，以能夠讓哲學的思考對生活中的自己和他人發揮實際的作用。由此可知，休謨在根本上把人看作是情感的、行動的動物，人生的目的就是追求快樂的情感。在很多時候，理性恰恰是人滿足情感的一種手段而不是目的，若不是受到某種熱情的鼓舞，人們也不願意去從事那些深奧枯燥的推理了。

在這樣一種語境中，休謨改變了人們對於理性的慣常看法。理性不僅是一種推理和計算的能力，不僅給人提供確實的真理，而且其過程和結論的精密、巧妙和完整這些特徵本身就是讓人欣賞的對象，也就是可以滿足人的趣味。與休謨同時代的傑拉德曾說，「牛頓的理論不僅憑藉其正確的推理滿足人的理解力，同樣也因其簡潔和優雅使趣味愉悅」[011]，而且認為自然、藝術和科學都是趣味的對象。這樣的理性不僅滿足了個體自我的好奇心和求知慾，而且也在社會交往中給他人以精神上的快樂，使自我獲得他人的尊重或敬慕。

我們可以很明顯地在休謨那裡發現，在滿足情感或者讓人獲得快樂這一點上，任何科學都是一樣的。所以，休謨是把理性置於現實生活這個最大的環境中來理解的，而不是局限於狹隘的哲學範圍內。還有一點可以說明這個問題，休謨在《人類理解研究》中把理性分為兩種，它們分別面對觀念的關係（relations of ideas）和實際的事情（matters of fact）。他主要論述的是第二種理性，即受情感力量主導的理性。事實上，他在《人性論》中也是試圖從「實際的事情」角度來解釋數學和形而上學的一些主題的，任何知識的構成都需要有感性經驗的支撐，需要從情感上得到確證。可以說得更明確一些，任何科學都帶有藝術的成分，用以給人們帶來某些特殊快樂。

---

010 休謨：《人類理解研究》，關文運譯，北京：商務印書館，1957年，第18頁。

011 Alexander Gerard, An Essay on Taste, London, 1759：191.

休謨

　　當然，從另一方面來說，當休謨重新定義了理性與情感的關係時，他並不希望消除理性對於情感的積極作用。人的一切行動都受到情感的促動，但真正的幸福需要理性的協調。的確，理性是情感的奴隸，這是事實。不過，情感這個主人的確需要理性這個奴隸。情感最初是由感覺激發起來的，也很容易受到外界環境的紛擾，因而變得過度敏感易變、乖戾狂暴，這終究導致生活的不幸。當我們避開變幻無常的外在世界轉向內心世界時，我們可以依靠較為溫和淡漠的理性來使情感免受偶然的、不確定事物的擾攘，獲得一種雖不那麼強烈但卻更為安寧靜謐的快樂。所以，休謨推崇的不是直接爆發的情感，不是純粹的感官快樂，而是經過知識、藝術和社交禮儀等仲介表達出來的儀式化的情感，也就是一種審美化的情感。哲學源自生活而用於生活，哲學的目的是為人們帶來快樂、自由和幸福，免受無知、迷信和專制的禍害。「有德之人、真正的哲人，能夠支配自己的慾望，控制自己的激情，根據理性而學會對各種事業和享受樹立正確的評價。」[012] 從以上這條線索來理解，說休謨的哲學是一種美學是有充分理由的。

　　可以看出，在休謨與沙夫茨伯里之間有著諸多相似之處，他們都強調情感對於人生的重要性，也都承認理性對於情感的調節作用。然而，他們也有很大的不同，休謨反對沙夫茨伯里那樣的柏拉圖主義，他很難認同沙夫茨伯里的目的論，也不承認人天生就對與己無關的他人和整體充滿憐愛之情。種種不同的原因在於休謨堅持了經驗主義的方法，無論是科學知識還是道德實踐，都只能從個體自身的經驗出發並以此為最終根據，一切觀念都必須能在個體的經驗中找到根源，否則就是虛妄的。因此，休謨的美學在方法上是以經驗主義的心理學為基礎的，有著更具體明確的概念和清晰的邏輯，可以對審美經驗做更詳細明確的描述。

012　Hume, Of the Standard of Taste and Other essays, edited by John W. Lenz. Indianapolis：The Bobbs—Merrill Company, Inc., 1965：101.

美是情感

　　人總是要趨樂避苦，但是根據經驗主義原則，情感並不會無緣無故地產生，人必須首先從外在世界中接受某些刺激，心靈才開始其活動。當然，人自然地具備接受這些刺激並在心靈中生成情感的官能，而且他甚至有為自己創造出快樂情感的能力。隨著人的經驗的不斷增長，情感也就變得愈加複雜，為了追求更大的或對自身更有利的快樂，人也會主動地增長自己的經驗。因而情感的發生和變化有一個非常複雜的過程和機制，在這個過程中，情感本身也不再單一，而是衍生出更多性質和類型。對於情感的發生和變化的機制以及情感在人生各方面的作用的探討貫穿於休謨哲學的始終，從某種意義上說，甚至是其中核心的主題，因為離開這個主題就不可能說明認識和實踐等領域的原理和規律。毫無疑問，這對於理解休謨的哲學是非常關鍵的。

　　人的一切活動都從知覺開始，休謨理所當然地認為一切知覺可以分為兩種：即印象和觀念。

　　兩者的差別在於：當它們刺激心靈，進入我們的思想或意識中時，它們的強烈程度和生動程度各不相同。進入心靈時最強最猛的那些知覺，我們可以稱之為印象（impressions）；在印像這個名詞中間，我包括了所有初次出現於靈魂中的我們的一切感覺、情感和情緒。至於觀念這個名詞，我用來指我們的感覺、情感和情緒在思維和推理中的微弱的意象；當前的討論所引起的一切知覺便是一例，只要除去那些由視覺和觸覺所引起的知覺，以及這種討論所可能引起的直接快樂或不快。[013]

013　休謨：《人性論》，關文運譯，北京：商務印書館，1980 年，第 13 頁。「意像這一概念本身是一個隱喻。……說一個觀念是一個印象的意象，從字面意思上是說觀念在沒有刺激物繼續在場時全部或部分地複製了印象」。（Dabney Townsend, Hume』s Aesthetics Theory：Taste and sentiment, New York; London：Routlodge, 2001：88）

休謨還說：「我們的印象和觀念除了強烈程度和活潑程度之外，在其他每一方面都是極為類似的。任何一種都可以說是其他一種的反映；因此心靈的全部知覺都是雙重的；表現為印象和觀念兩者。」[014] 所以，印象和觀念最關鍵的區別就是其強烈、生動或活潑的程度。此外，休謨還把知覺區分為簡單和復合兩種，印象和觀念都是如此。這個區分使休謨確定，所有簡單觀念和簡單印象都是類似的，而且簡單觀念總是來自簡單印象。復合觀念和復合印象之間卻不一定存在相應關係，但是既然復合觀念和印像是由簡單觀念和印象構成的，而簡單觀念又來自簡單印象，所以就可以說，復合觀念也最終來自簡單印象。人所有的思想都不可能超出最初的簡單印象的範圍，簡單印像是一切知識和行為的出發點。

兩相對比，首先，印象更多直接來自感官，是當下發生的，而觀念則更多發生在思想中，是過去印象的重新呈現，這類似於霍布斯所謂的想像，即感覺的衰退。需要注意的是：休謨所謂的印象指的不是生理機能的直接產物，而是一種心理事實。當然，觀念也是如此。其次，印象和觀念之所以在強烈和生動程度上有差異，是因為印象具有更多內容，它們包含著「直接快樂或不快」的情感。這也是休謨在觀念論上區別於洛克的地方，在洛克那裡，快樂或不快的情感最初是由「感官和反省兩種途徑」產生的，但在休謨看來，這些情感本身就是原始的，而且是先於觀念發生的。當一個對象呈現於我們的感官時，我們得到的不僅是一個意象，而是還同時伴隨著某種直接情感，這兩者最初是不可區分的，只有當這個對象不在眼前而被反省時，那些直接情感才會消退，因而轉變為觀念。在《人類理解研究》中休謨舉例說道：「一個人在感到過度熱的痛苦時，或在感到適度熱的快樂時，他的知覺是一種樣子；當他後來把這種感覺放在記憶中時，或借想像預先料到這種感覺時，他

---

014 休謨：《人性論》，關文運譯，北京：商務印書館，1980 年，第 14 頁。

的知覺又是一種樣子。記憶和想像這兩種官能可以模仿或模擬感官的知覺，但是它們從來不能完全達到原來感覺的那種強力同活力。」[015] 再次，印象和觀念可以具有同一個對象，但它們不僅在強烈和生動程度上有差異，也意味著知覺方式上的差異，我們既可以直接地感覺到一個對象，也可以思維這個對象。可以說休謨是從現象學角度來描述印象和觀念的，一個對象總是某種知覺方式中的對象，它可以呈現出多種面貌來。

顯而易見，印象側重於情感，而觀念側重於意象。兩者的區分並非多餘，這意味著休謨強調情感的原始意義，情感是最早出現於心靈中的事實，而且將始終伴隨人的整個認識和實踐過程，無論在何種情況下，只有強烈和生動印象的事物或事情才能吸引心靈，從而對人的生活產生顯著的意義和作用。若不是梨能給我們甜美的味道，我們就不會研究其性質和生長規律，以求更多地得到它；若不是仁善令我們感到快慰，我們也不會要求他人善待我們，我們也不會善待他人。同時，這個區分也意味著情感不是自我維繫的，因為在印象中情感與意像是並存且不可分離的，情感需要借助於意象來更有力地延續和增強，也就是說，印象和觀念是彼此共存、相互促動的。當然，這不是說只有真實存在或透過外在感官接受的意象才具有這個作用，藝術中尤其是文學中的形像是憑藉想像生成的，但也仍然伴隨著情感；一個意象越是鮮明生動，如在目前，與之相隨的情感就越是強烈。由此我們可以發現，休謨的這個區分對於美學的重要意義。

人們會有疑問，有些東西直接在我們眼前，但我們並不一定必然感覺到明顯的快樂或不快。對此，休謨可以有其他解釋，例如，這些東西不是第一次呈現給我們的感官，我們對它們太過熟悉了，因而不再感到明顯的快樂或不快。休謨的確認為這是一個重要的原因。休謨還可以說，我們根本就沒有

---

015 休謨：《人類理解研究》，關文運譯，北京：商務印書館，1957 年，第 19 頁。原文中「想像」（imagination）為「想像」，為符合現在一般的用法，本文統一使用「想像」一詞。

對這些東西產生知覺，我們從來就沒有注意到這些東西，對其視而不見，聽而不聞。休謨明言他研究的不是物理事實，而是心理事實：一個事物透過光線進入我們眼中，這是物理事實，但如果從未被我們注意到就不會形成印象，它存在或不存在對我們來說是無所謂的，它既不會被認識，也不會被欲求。休謨也可以說，有些印象的確不十分強烈和生動，強烈和生動是相對的，印象只是比觀念要強烈和生動，而且印象和觀念的界限也不是絕對明確的，有些觀念甚至比另一些印象更強烈，例如，回憶或想像中的宮殿要比眼前的一堵牆更強烈，但兩者不是同一個東西；如果說回憶中的一個地方比我們現在見到時更令我們快樂，那是因為這種回憶不是純粹的回憶，或者回憶的並不是這個地方本身，而是我們曾在此度過的快樂或不快樂的時光。看來這些疑問並不會完全駁倒休謨的理論，倒是引出更多有待解釋的問題。對於美學來說，由此引出的最重要的問題就是：情感既會因外在現象而產生和變化，也會因內在的心理活動而消長波動，而且後一種情況更為普遍。

任何知覺從不可能是靜止和孤立的，一個知覺會因為心理原因產生不斷的變化；心靈總是遭遇一個空間中的並存以及在時間中接續的多個知覺，它們彼此之間總是要相互影響。在各種複雜的情境中，情感也會發生相應的變化並發揮不同的作用。為了說明在心靈中情感是如何運動的，休謨繼而對作為其哲學體系基點的印象做了進一步的區分。他借用洛克的方法，把印象分為感覺印象和反省印像兩種。

一個印象最先刺激感官，使我們知覺種種冷、熱、饑、渴、苦、樂。這個印象被心中留下一個複本，印象停止以後，複本仍然存在；我們把這個複本稱為觀念。當苦、樂觀念回覆到心中時，它就產生慾望和厭惡、希望和恐懼的新印象，這些印象可以恰當地稱為反省印象，因為它們是由反省得來的。這些反省印象又被記憶和想像所復現，稱為觀念，這些觀念或許又會產

生其他的印象和觀念。[016]

　　他後來又把這兩種印象稱為原始印象和次生印象，「所謂原始印象或感覺印象，就是不經任何先前的知覺，而由身體的組織、精力或由對象接觸外部感官而發生於靈魂中的那些印象。次生印象或反省印象，是直接地或由原始印象的觀唸作為媒介，而由某些原始印象發生的那些印象。第一類印象包括全部感官印象和人體的一切苦樂感覺；第二類印象包括情感和類似情感的其他情緒。」[017]

　　這個區分包含了幾重意思：首先，印象本身雖然會停止，但會在心靈中得到延續並弱化為觀念，而且即使心靈只是想到這個觀念時還能生成不同於原始印象的新印象，所以印象或者直接說情感並不只是來自外在感官。心靈一旦接受了原始印象就彷彿被激活，不斷地運動下去，繼而再生成後續的不同觀念和印象，以至無窮。其次，印象所包含的情感不是一成不變的，在與觀念的相互作用下，心靈中又會生成更複雜的精神性的情感，這種情感才被休謨稱作「情感」（passion），這種情感反過來又作用於人的感覺方式。對於休謨來說，反省或次生印象更加重要，因為現實生活中人們更多地受到它們的影響。再次，我們也可以繼續推論說，心靈並不是被動地接受外在事物給它的刺激，心靈總是在已有經驗的影響下認識外在世界和自我。因為從前的經驗必然參與到每一個當下的印象中來，增強或削弱它。既然情感總是與觀念相伴隨，那麼心靈為了追求令自己滿足的情感還可以能動地製造出一些觀念來。這會導致人的認識不可避免地發生一些歪曲或錯誤，但這些歪曲或錯誤也是人性所需要的。所以，印像一旦以任何方式保存在心靈中，就為心靈提供了材料儲備，隨時供心靈支配驅遣，以滿足自己的需要。人為了追求某種快樂甚至會不顧真實情況，而去用想像和虛構來創造一些觀念。不僅

016　休謨：《人性論》，關文運譯，北京：商務印書館，1980 年，第 19 頁。
017　同上，第 309 頁。

藝術是如此，現實的人生又何嘗不是如此呢？

　　休謨的哲學主要就是研究心靈如何從最初的簡單印象出發，一步步衍生轉化，構成了人生所從事的各種事業。在這個過程中，印象和觀念相互依存、相互轉化、相互作用，但引導人生的始終是各種情感，主要是精神性的情感。人生無論是幸福還是不幸，一切都源自人性的規律，只要我們熟知這些規律，我們就可以獲得幸福。幸福不僅需要外在的物質世界，更取決於內在心靈的狀態。印象和觀念相互作用和結合的方式不同，情感也就有不同的類型和形態，表現在認識、道德、政治、宗教和藝術等領域中。如果說美是與感性知覺和情感相關的概念，那麼每一個領域都帶有審美色彩，因此在休謨的哲學中經常有真理美、便利美、道德美、藝術美等多種說法，當然藝術美具有一些獨特性質。

　　那麼，美是什麼呢？它屬於印象還是觀念，是何種印象或觀念？休謨對美有一個定義：

　　美是一些部分的那樣一個秩序和結構，它們由於我們天性中的原始組織，或是由於習慣，或是由於愛好、適於使靈魂發生快樂和滿意。這就是美的特徵，並構成美與醜的全部差異，醜的自然傾向乃是產生不快。因此，快樂和痛苦不但是美和醜的必然伴隨物，而且還構成它們的本質。[018]

　　在很多時候，休謨對美這個概念的使用並不嚴謹和一貫。在這裡，休謨所謂的美看起來是事物的一種性質，但事實上，美屬於印象的範疇，亦即一種情感，或者心靈的一種狀態。雖然在很多時候他也稱某些事物或其中的某種性質是美的，但這毋寧說是出於表達上的方便，因為他從來沒有像哈奇森那樣把美規定為某種特定的性質。當然，情感幾乎不會與某種觀念或形象相分離，所以稱美為事物的某種性質也並非不合理，但可以肯定的是：美的根

018　休謨：《人性論》，關文運譯，北京：商務印書館，1980 年，第 334 頁。

本原因不在於這種性質，因為這種性質不是必然被所有人都稱作是美的。他在其他地方明確說：「美不在於圓柱的任何一個部分或部位，而是當這個複雜的圖形呈現於一個對那些精緻感覺比較敏感的理智心靈時從整體中產生的。直到這樣一個觀察者出現之前，存在的都不外是一個具有那樣一些特定尺寸和比例的圖形而已；只是從觀察者的情感中，它的雅緻和美才產生出來。」[019] 至於美屬於何種情感或印象，休謨沒有明確的說明，但根據他的體系和關於美的一些言論，這無疑是一個複雜問題。因為情感在不斷的演化當中，而且因此而具有多種類型和形態，所以如果說美是一種快樂的情感，那麼這種快樂也有多種類型和形態，而且也還有取決於各種不同的場合，如自然美與藝術美是不同的。

　　要理解休謨關於美的本質的觀點，還是要回到他的哲學的出發點。根據經驗主義原則，最初的經驗始於簡單印象。但我們同時還要清楚，簡單印象雖然是心靈被動接受來的，並激發了原始的情感，但它們並不等同於客觀事物及其性質本身，而且休謨在哲學上始終認為外在世界是不可知的，作為心靈認識對象的不是外在事物及其性質，而是已經存在於心靈中的印象。印象包括兩部分，即情感和意象。例如，當我們看到一個紅色的蘋果時，出現於我們心靈中的不僅是紅色和近乎圓形的形狀，而且還有那種鮮豔和圓潤的感覺。我們會說這個蘋果是美的，實際上這個說法是含糊的，因為我們沒有說清楚究竟美的對象是紅色和圓形本身還是那些感覺。如果我們說這個蘋果是美的，指的是其紅色和圓形是美的，嚴格說來，這種說法是錯誤的，因為我們看到這個蘋果時可以有不快的感覺，或者說不喜歡那種鮮豔和圓潤的感覺。你可以說我這個人很奇怪，但不可否認的是，只有我喜歡那種感覺時，我才籠統地說這個蘋果是美的。所以，真正說來，只有那種感覺是美的，或

019　休謨：《道德原則研究》，曾曉平譯，北京：商務印書館，2001 年，第 144 頁。

者說美的對象是那種感覺，而不是蘋果的各種性質的觀念，雖然這種感覺只有當一個蘋果的各種性質呈現出來時才會產生，但只有這種感覺才給我們帶來快樂。

因此，首先可以肯定的是，美是一種快樂的印象，而不是觀念，如果它轉化成了觀念，那就說明它可能已經不美了。其次，美是一種次生印象，而非原始印象，鮮豔和圓潤的感覺是原始印象，它既可以令我們快樂，也可以令我們不快。如果這種感覺使我們感到快樂，那麼這種快樂便是次生印象。美就是這種快樂。的確，我們可以有原始快樂和不快的感覺，但這樣的感覺是完全被動的，不是我們有意識地做出的判斷，而且，即使是不快的感覺也可以產生美的情感，如烈酒、菸草的味道本身令人不快，但有些人還是很享受它們。顯然，在欣賞崇高的對象和悲劇時，這種情形尤為顯著。實際上，不僅是事物的某些性質才能產生美的情感，任何觀念（包括情感的、道德的觀念）在心靈內部的呈現、轉化和運動都能產生和影響這種情感。所以，休謨認為美的原因是多重的：「由於我們天性中的原始組織，或是由於習慣，或是由於愛好。」自然地，美這種情感也是多層次的。一個事物的某種性質給人的美是直接而單純的，一片自然景色會在人心中產生較複雜的心靈活動，藝術作品卻需要接受者有豐富的知識和嚴密的推理能力。此外，在科學研究中發現千差萬別的觀念都遵循著嚴格的法則，這種精確和巧妙的法則使人快樂。看到某種事物的形式和構造有效地實現其目的，這種便利的形式和構造也使人快樂；看到某人的行為給自己或他人帶來福利，其中的努力和善意的行為也使人快樂。這些快樂都可以被稱作美，它們各不相同，但都是心靈活動的結果，其中的規律值得深入研究。

美與想像

任何印象和觀念都不是孤立和靜止的，而是不斷地在心靈中轉化、結合和運動，並伴隨著相應的情感活動，這對於描述美這種心理現象來說非常重要。

印象以兩種方式得到保存和復現，即記憶和想像。休謨對兩者的定義非常簡單：「我們從經驗發現，當任何印象出現於心中之後，它又作為觀念復現於心中，這種復現有兩種不同的方式：有時在它重新出現時，它仍保持相當大的它在初次出現時的活潑程度，介於一個印象與一個觀念之間；有時，印象完全失掉了那種活潑性，變成了一個純粹的觀念。以第一種方式復現我們印象的官能，稱為記憶（memory），另一種則稱為想像（imagination）。」[020] 因此，記憶與想像的區別就像印象與觀念的區別一樣，在於記憶中的觀念比想像中的觀念更加強烈和活潑。此外，休謨說，記憶受原始印象次序和形式的束縛，「記憶的主要作用不在於保存簡單的觀念，而在於保存它們的次序和位置」，而想像則「可以自由地移置和改變它的觀念」[021]。但是，休謨後來又說：「這兩種官能的差別同樣也不在於它們的復現觀念的排列方式……因為我們不可能將過去的印象喚回，以便把它們與我們當前的觀念加以比較，並看看它們的秩序是否精確地相似。」[022]

就像赫拉克利特所說，人不能兩次踏入同一條河流，甚至一次也不可能。過去的事情只能留在心裡，至於它是否與原來一樣是無法保證的，但不管是否一樣，既然留在心裡便要繼續發揮作用。這樣，記憶和想像的差別只在於強烈和活潑的程度，而且兩者還是可以轉換的，微弱的記憶被認為是想像，而強烈和活潑的想像又被認作是記憶。這種轉換並不是說兩者是不可區

---

020 休謨：《人性論》，關文運譯，北京：商務印書館，1980 年，第 20 頁。
021 同上，第 21 頁。
022 同上，第 21 頁。

分的，而是說它們在我們的認識活動中發揮的作用沒有確切的界限，也就是說，兩者的區分很多時候是主觀的。的確，我們清楚地記得事情是這樣的，但最終可能只是我們迫切希望事情原本是這樣的。

顯然，在休謨的整個哲學當中，想像發揮著更大的作用，記憶只不過是更強烈和生動的想像。心靈主要依靠想像來分離和結合或新鮮或陳舊的觀念。既然想像如此自由，可以對一切觀念加以分離和組合，那麼它便毫無規律可循。但是，儘管如此，「自然似乎向每個人指出最適於結合成一個復合觀念的那些簡單觀念。產生這種聯結，並使心靈以這種方式在各個觀念之間推移的性質共有三種：類似，時空接近，因果關係」[023]。在休謨那裡，自由的想像和自然的傾向是兩個無法解釋的概念，他彷彿將它們看作是人的原始官能。不過，有了自然的傾向，想像便不是漫無目的的遊蕩了，依靠這三種關係，想像可以把所有的觀念都富有秩序地聯結起來。這兩者形成了辯證關係，如果沒有規律，便無所謂自由；如果沒有自由，也無所謂規律。

但是，我們必須要問，心靈在什麼時候選擇自由馳騁或循規蹈矩，又為什麼要這樣或那樣活動，答案只能是情感。「人類心靈中生來有一種苦樂的知覺，作為它的一切活動的主要動力和推動原則。」[024] 如果不是感覺到某種快樂或痛苦，如果不是為了追求快樂和避免痛苦，心靈就不會做任何活動，也不會選擇把某些觀念聯結。休謨的同代人，尤其受了杜‧博斯理論的啟發，一般認為心靈喜歡活躍，厭惡倦怠，喜歡張弛有度或有節律地運動，厭惡平淡無奇或千篇一律。[025]

023　休謨：《人性論》，關文運譯，北京：商務印書館，1980 年，第 22 頁。

024　同上，第 139 頁。

025　杜‧博斯說道：「靈魂和身體一樣有自己的需求，人最大的需求之一就是使自己的心靈不斷地忙碌。與心靈的惰怠緊緊伴隨的沉悶，這種情境對人來說是非常不適的，所以他經常選擇使自己投入最為痛苦的活動中，而不會因此感到煩亂。」他又說道：「除了外部的（按：即身體的）運動，還有兩種其他方法使心靈忙碌。一個是，當靈魂被外在對象觸動時，也就是我們所謂的一種可感的印象；另一個是，當靈魂用對有用稀奇的東西思考來娛樂自己時，恰當說就是去反省和沉思。」（Abbé Du Bos, Critical Reflections on Poetry, Painting and Music, Vol 1, translated by Thomas

休謨用經驗主義的方法和更系統清晰的語言表達了這種觀點。因而，在心靈中發生的不僅有觀念的聯結，也有印象的聯結，只不過休謨認為「印象卻只是被類似關係所聯結的」，「悲傷和失望產生憤怒，憤怒產生妒忌，妒忌產生惡意，惡意又產生悲傷，一直完成整個一週為止。同樣，當我們的性情被喜悅鼓舞起來時，它自然而然地就進入愛情、慷慨、憐憫、勇敢、驕傲和其他類似的感情」[026]。而且觀念的聯結和印象的聯結往往是相互促進的，很多情感就是由觀念和印象的雙重關係產生出來的。當然，印象和觀念在想像過程中應該發揮著不同的作用，強烈而活潑印象的作用是激發我們的情感，而觀念的作用是使情感有所憑附。印象和觀念的聯結不斷把原初的情感傳遞擴散出去，使其持續或中斷、增強或減弱，甚至產生新的情感。同時，某些觀念聯結也能產生新的印象，亦即次生印象，其中的情感或情緒又促使心靈想像新的觀念。依此原理，印象和觀念不斷相互作用。[027] 總的來說，自然的觀念聯結是心靈被動接受的，而想像則表現了心靈的能動性。想像更容易激發情感，因為自然的觀念聯結是很難被人覺察到的，因而也就不能使心靈產生強烈的反省或次生印象，而想像可以打破自然的聯結法則，使心靈在遭遇困難時活躍起來，因而產生相應的反省或次生印象。

想像理論的運用使休謨在經驗主義的體系中證明美是一種精神性的快樂，正如他之前的美學家所主張的那樣，同時也說明了審美活動的一系列心理規律。首先，想像在心靈中構造對象的活動是美的情感的一個重要來源。一個對象使心靈感到快樂的原因有兩個：一個是用印象提供強烈的刺激，以在心靈中激起直接情感來；另一個是在想像中保持較快速和活躍的活動，也就是在觀念之間的推移。當然，這兩者往往是共同作用的。休謨說：

Nugent, London, 1768：5）

026　休謨：《人性論》，關文運譯，北京：商務印書館，1980 年，第 317 頁。

027　可以類比地認為記憶和想像的作用也大致如此，記憶為我們的判斷提供看似堅實的基礎，使我們信以為真，想像為我們的判斷提供緊密聯繫的推斷過程。

休謨

最有力地刺激起任何感情來的方法，確實就是把它的對象投入一種陰影中而隱藏其一部分，那個陰影一面顯露出足夠的部分來，使我們喜歡那個對象，同時卻給想像留下某種活動的餘地。除了模糊現象總是伴有一種不定之感以外，想像在補足這個觀念方面所作的努力，刺激了精神，因而給情感增添了一種附加的力量。[028]

可以說，一個對象的美主要來自想像對其各部分之間進行的聯結活動，而不是來自直接的感官刺激，後者只是美發生的契機。例如，當我們看到一朵玫瑰花時，首先是顏色、形狀、氣味等簡單印象，或者只是其中一個簡單印象吸引了我們，此時我們心中有一種直接快樂，但對這朵花的細節並沒有清晰的認知；其次，為了更好地了解這朵花，我們必須仔細地觀察它的每一個局部和細節上的性質，也就是在想像中對一朵花進行分解，分解產生的觀念會產生新的次生印象或情感；再次，想像又會把這些性質的觀念進行聯結，如果想像在各個觀念之間的推移是十分順利的，心靈中就會興起快樂的情感，無疑，這種快樂也屬於次生印象或次生情感。[029] 顯然，休謨可以根據這個原理來說明，在形狀、聲音上符合一定比例、勻稱、平衡或者規則的對象之所以容易讓人感到美，就是因為它們使想像活動變得非常順利。此外，在聯結過程中各個觀念或印象所伴隨的次生印象或情感也會隨之結合起來，或者相互增強，尤其是當這些觀念或印象呈現出較大的多樣性時，從這個角度來說，哈奇森所確立的寓於多樣的統一這個原則是有道理的。然而，休謨不需要哈奇森所說的那種直接而單純的內在感官，固然他也時常使用這個概

---

028 休謨：《人性論》，關文運譯，北京：商務印書館，1980 年，第 460 頁。

029 我們是先知覺到整體的一朵花，還是個別的性質，這是個非常令人困惑的問題。從知性的角度來看，休謨主張人首先接受的是簡單印象，繼而產生相應的簡單觀念，然後才能得到整體的花的觀念，但他又認為想像可以把簡單觀念相互分離，也可以將它們結合（休謨：《人性論》，關文運譯，北京：商務印書館，1980 年，第 22 頁。又見該書第 95 頁：「每一個不同的事物都是可區分的；每一個可區分的事物都可以被分離」）。這樣的說法顯然是前後矛盾的，因為如果知覺始於不可再分的簡單印象，那麼想像就不需要分離什麼東西。合理的解釋只能是：對整體的一朵花和對個別性質的知覺都是簡單印象，但是當心靈反省整體的一朵花這個觀念時，又發現這個觀念還可以再分離成更簡單的觀念。

念，但其內涵指的是由想像產生的次生印象或情感，因而他也不需要給美的對象或原因規定一個固定的性質或特徵，因為美並不單純依賴直接的原始印象。休謨也引用艾迪生的話來說明印象和觀念相互聯結時的效果：「想像對於以前偉大、奇異而美麗的事物都感到愉快，而且想像在同一對象中所發現的這些優點越多，它就越感到愉快，因為這個緣故，它也能夠借另一個感官的幫助得到新的快樂。

例如任何連續的聲音，如鳥鳴的聲音或瀑布傾瀉的聲音，每一剎那都激發觀賞者的心靈，使他更加注意他眼前那個地方的各種美景。」[030] 也許很多人並不會意識到這些複雜的心理活動，但很容易發現的是：當我們欣賞一個對象時往往會沉浸於一種獨特的狀態中，有時流連忘返。毫無疑問，當面對的是較新奇的對象時，我們都會有複雜的心靈活動。

美需要鮮明生動的形象作為刺激物或誘發物，在任何情況下，如果要在人們心中激起強烈的情感，就必須呈現給他具體的形象，正如藝術作品總是力求描繪更多的細節，而非進行抽象的推理。同時，為了使一個形象更加鮮明生動需要運用很多手法使人們的想像活躍起來，這個時候，一個形象本身的性質沒有發生變化，但在心靈中引起更為強烈的情感來。總之，對審美判斷來說，僅有外在對象的刺激是不夠的，只有在主動展開想像活動時，心靈才有美的情感，只不過，在有些情況下美的情感是相對直接的，在另一些情況下是相對間接的。「有許多種美，尤其是自然美，最初一出現就抓住我們的感情、博得我們的讚許；而在它們沒有這種效果的地方，任何推理要彌補它們的影響或使它們更好地適應於我們的趣味或情感都是不可能的。但是也有許多種美，尤其是那些精確的藝術作品的美，為了感受適當的情感，運用大量的推理卻是必不可少的；而且一種不正確的品味往往可以透過論證和反

---

030 休謨：《人性論》，關文運譯，北京：商務印書館，1980年，第318頁。艾迪生的原文見《想像的快感》，繆靈珠：《繆靈珠美學譯文集》（第二卷），章安琪編訂，北京：中國人民大學出版社，1987年，第40頁。

思得到糾正。」[031] 但我們仍然要考慮到，如果我們不去注意眼前的自然景色，美也不會產生，因為我們不會主動地在心靈中構造對象；在欣賞藝術作品時，我們就更需要主動地調整自己的態度，運用推理正確地了解作品所描寫的基本事實，才能使自己產生恰當的情感反應，並體會到自己的想像在觀念之間推移時帶來的快樂。所以，美始終是心靈自身創造出來的快樂情感。

　　然而，並不是所有事物都是美的，即使通常被認為美的事物也不是無時無刻地給人美的情感，一個非常重要的原因是習慣，也就是一個事物所處的心理環境。任何一個心靈總是積累了大量的觀念和觀念之間的聯結方式，因為一旦想像在觀念之間建立起了一定的關係，久而久之心靈就生成一種習慣，也就是今天人們常說的思維定式，這使心靈在想到一個觀念或受到一種情感的觸動時便自動地期待另一個觀念的出現，直到形成一個完整的鏈條。因此，我們對於一個對象的美的判斷在很大程度上取決於一種思維定式，而不是某些偶然的外在因素的影響。我們往往習慣地認為某些事物是美的或醜的，只要給予一點暗示，我們心中便會產生有關這些事物的一整套的想像活動。只要有人說出「玫瑰花」這個詞，或者給出一種類似於玫瑰花的顏色、形狀或氣味，我們就立刻想到層層疊疊的花瓣、花瓣包裹著的明黃色的花蕊、襯托花瓣的綠葉、花朵散發出的醉人香氣以及它們的相互位置和關係，我們甚至想到了前來採蜜的蜜蜂，這些想像本身就足以令我們沉浸在一種愉悅之中。「任何一個對象就其一切的部分而論，如果足以達成任何令人愉快的美，它自然就給我們以一種快樂，並且被認為是美的，縱然因為缺乏某種外在的條件，使它不能成為完全有效的。……想像有一套屬於它的情感，是我們的美感所大大地依靠的。這些情感是可以被次於信念的生動和強烈程度所激起，而與情感對象的真實存在是無關的。」[032] 這顯然是虛構的藝術作品

031　休謨：《道德原則研究》，曾曉平譯，北京：商務印書館，2001 年，第 24—25 頁。
032　休謨：《人性論》，關文運譯，北京：商務印書館，1980 年，第 627 頁。

也能感動我們的原因，因為只要它們描寫的對象符合一般的習慣，我們就假定它們為真實的，從而激起相應的情感來。這倒不是說我們無法區分虛構與真實，而是說我們在某種態度之下把虛構的藝術看作是真實的。

不過，習慣的作用是雙重的，它使我們的想像變得輕易而順暢，也使我們容易適應一種情感，即使是起初不快的情感也會因習慣而變成愉快的，與此同時，習慣形成了一種自動化的觀念聯結，觀念所連帶的情感在延續過程中自然變得微弱，所以司空見慣的事物很少給人以美感。休謨說：「一個美麗的面貌在二十步以外看起來，不能給予我們以當它近在我們眼前時所給予我們的那樣大的快樂。但我們並不說，它顯得沒有那樣美了；因為我們知道，它在那個位置會有什麼樣的效果。透過這種考慮，我們就改正了它的暫時現象。」[033] 的確，根據習慣性的想像，二十步之外的對象會給我們帶來美，但倒不如說是美的觀念。真正來說，習慣本身不會產生多麼強烈的情感，多數時候它是新的判斷的一個基準，只有在比較當中，它的作用和力量才更充分地表現出來。當時時都面對熟悉的對象時，我們不會產生任何明顯的情感，但是當面對新奇或者長時間未曾見到的對象時，就勢必會與習慣形成對比，因而產生鮮明的印象，在我們心中激起強烈的情感。美的對象應該是與眾不同或出其不意的，能夠引起人們的注意，從而更有效地誘發人們的想像。

所以，心靈中進行的比較是產生美的一個有效方式。「在人性中可以觀察到一種性質，即凡時常呈現出來的而為我們所長期習慣的一切事實，在我們看來就失掉了價值，很快就被鄙棄和忽視……我們判斷對象時也是大多根據於比較，而較少根據其實在的、內在的優點；我們如果不能借對比增加對象的價值，那麼就容易忽略甚至其本質的優點。」[034] 比較不改變對象本身的性質，但會改變對象給人們的印象，而且在比較過程中，新奇對象的出現會

---

033 同上，第 624 頁。
034 休謨：《人性論》，關文運譯，北京：商務印書館，1980 年，第 326 頁。

對習慣性的想像活動造成阻力，對阻力的克服使心靈活躍起來，因而比較本身就產生一種新的次生印象。「當靈魂致力去完成它所不熟悉的任何行為或想像它所不熟悉的任何對象時，各種官能就有某種倔強性，而且精神在新的方向中運動時，也有些困難。由於這種困難刺激起精神，所以就成了驚異、驚訝和由新奇而產生的一切情緒的來源；而且它本身是很令人愉快的，正如把心靈活躍到某種適當程度的每種事物一樣。」[035] 看來，艾迪生把新奇本身作為一種美不是偶然的，休謨的理論可以對其做出很好的解釋。

從這個角度來看，一個孤立的對象很少是美或不美的，或者說，其美與不美不單單取決於自身的性質，而是受到它所處環境的影響，甚至一個本身不美的對象在特定環境中也能給人帶來美的情感。「醜自身產生不快；但透過與一個美的對象的對比，這個對象的美因此而更美，醜就使我們感受到新的快樂；正如另一方面，美自身產生快樂，但因與一個醜的事物對比而使其醜更醜，就使我們感受到新的痛苦。」[036] 心靈很難固定在某一個觀念上，總是遊蕩在各種觀念之間，一個對象所引起的想像絕不會僅僅局限於這個對象自身的範圍內，由此被想像到的其他對象的性質也會被加到這個對象上，或者產生相互的混合。同樣，一個對象給人的美也不單單來自這個對象本身，也來自它所引發的更為廣泛的想像。

想像不是抽象地進行的，而是發生在時間和空間環境中，比較不一定發生在兩個具體對象之間，也可以發生在一個對象的時空環境與「此時此地」之間。休謨曾專門論述了觀念聯結過程中「空間和時間的接近和遠隔」，這裡的空間和時間不是物理上的，而是心理上的。想像在聯結眾多觀念時，是不會毫無限制地跨越的，總是要遵循接近原則來將它們依次串聯起來，就像一列火車到達目的地時不能漏過任何中間的一個站點。在休謨看來，離我們

035 休謨：《人性論》，關文運譯，北京：商務印書館，1980年，第326頁。
036 同上，第413頁。

最近的印象或觀念就是自我，想像這列火車從自我出發旅行時，在每一個站點也都要重新返回自我，然後再到達更遠的觀念。看來這趟列車是不斷折返運行的。「當我們反省與我們遠隔的任何對象時，我們不但先要經歷位於我們和那個對象之間的一切對象，然後再達到那個對象，而且每一剎那都得重複那個過程，因為我們每一剎那都被召喚回來考慮自己和自己的現前情況。我們很容易設想，這種間斷必然把觀念削弱，因為它打斷心靈的活動，而且使想像不能那樣緊張連續，一如在我們反省一個近處的對象時那樣。」[037] 簡而言之，情感的強度與一個觀念距離當下的遠近是成正比的，離自我越近的觀念所產生的次生觀念或情感就越強烈，對我們當下的影響就越大，反之則越弱。「家中摔破一面鏡子，比千百里外一所房子著了火，更能引起我們的關切。」[038] 其次，休謨認為時間的距離比空間的距離更容易削弱情感，因為觀念在空間中是可以共存的，使想像實現順利的聯結，而在時間中觀念只能依次呈現，使得想像必須一一經過。再者，同樣距離在過去比在將來有較大的削弱情感的效果，因為時間總是向前邁進的，人們容易期待自己的未來，但不能改變過去，所以回想過去就是逆自然秩序而行。根據這個原理，如果我們要透過觀念的聯結來影響情感，應該是由遠及近的，文學的敘述應該考慮到想像的這種規律。在《人類理解研究》的《觀念的聯結》一章裡，休謨論述了各類敘事文學的法則。敘述應該具有統一性，也就是圍繞一個主題展開，以使想像有一個明確的目的。同時，歷史和傳記的敘述最好是按照時間上從先到後的順序，使想像實現順利的推移。「即使一個要寫阿喀琉斯生平的傳記作家，也會像一個詩人那樣透過展示事件之間的相互隸屬和關係來串聯事件，他應該把這個英雄的憤怒作為他敘述的主題。」[039] 但比起傳記和

037 休謨：《人性論》，關文運譯，北京：商務印書館，1980年，第466頁。
038 同上，第467頁。
039 Hume, An Enquiry Concerning Human Understanding, ed. Stephen Buckle, Cambridge：Cambridge University Press, 2007：22.

歷史來，史詩要在事件之間建立「更緊密而明顯的聯繫」，也就在最重要的事件之間建立緊湊的聯繫，不能事無巨細按部就班地悉數記錄，這樣就能「滿足讀者的好奇心，史詩的這種安排依賴於這種作品應有的想像和情感的特殊情形」[040]。顯然，歷史和傳記的目的是真實，而史詩的目的則是感人，所以史詩的敘述不能服從一般的時空接近原則。

然而，從經驗可以得知，在很多時候，時空的遠隔反而會使情感變得異常強烈。「顯而易見，單純觀察和思維任何巨大的對象，不論是接續著的或是占有空間的，都會擴大我們的靈魂，而給它以一種明顯的愉快和快樂。廣大的平原、海洋，永恆、漫長的世紀，所有這些都是使人愉快的對象，超過任何雖然是美的但沒有適當的巨大和它的美配合的東西。當任何遠隔的對象呈現於想像前時，我們自然就反省到間隔著的距離，並借此想像到某種巨大而宏偉的東西，獲得了通常的快樂。」[041] 因此，在某種情況下，遠隔不僅不會削弱而且會增強情感。在這裡休謨似乎也指出了一個重要因素，即除了時空的遠隔之外，被想像到的對象本身應該是美的，當然我們也可以說它應該是重要或有價值的。空間上廣大的對象之所以給人以快樂，一方面，是因為想像在構造這個對象時是把眾多的觀念疊加起來，如果每一個單獨的觀念都是美的或有價值的，那麼心靈在反省想像最終構造出的復合觀念時所感受到的不僅是每一個單獨觀念所帶有的情感的簡單相加，而可能是相乘或增殖。「任何極其龐大的對象，如海洋、一個廣大的平原、一個大山脈、一個遼闊的森林，或者任何眾多的對象集合體，如一支軍隊、一個艦隊、一大批群眾，都在心靈中刺激起明顯的情緒，而且在那類對象出現時所發生的驚羨乃是人性所能享受到的最生動的快樂之一。這種驚羨既然是隨著對象的增減而增減的，所以我們可以依照前面的原則斷言，驚羨是一個復合的結果，是由

040　同上。
041　休謨：《人性論》，關文運譯，北京：商務印書館，1980 年，第 471 頁。

原因的各個部分所產生的各個結果結合而成。因此，廣袤的每一個部分和數目的每一個單位，當它被心靈所想像時，都伴有一種獨立的情緒；那種情緒雖然並不總是愉快的，可是在與其他情緒結合起來並把精神激動到適當的高度時，它就有助於驚羨情緒的產生，這種情緒永遠是令人愉快的。」[042] 另一方面，想像把異常眾多的簡單觀念相結合時要付出很大的努力，這種努力本身就是一種新的印象，即情感；這個過程本身是痛苦的，但在成功時就轉變成極大的快樂。因為「人性中有一個很可注目的性質，就是：任何一種障礙若不是完全挫敗我們，使我們喪膽，則反而有一種相反的效果，而一種超乎尋常的偉大豪邁之感灌注於我們心中。在集中精力克服障礙時，我們鼓舞了靈魂，使它發生一種在其他情況下不可能有的昂揚之感。……反過來說，也是真的。障礙不但擴大靈魂的氣概，而且靈魂在充滿勇氣和豪情時，還可以說是故意要尋求障礙」[043]。另外，既然在一般情況下時間的遠隔更容易削弱情感，那麼在特殊情況下也會產生更強烈的情感。同理，對過去對象的想像要比對未來對象的想像更能激發其強烈的情感，這就是人們對古代遺物倍加珍視的原因。這個原理也可用來解釋史詩為什麼比歷史和傳記更能感動人，史詩不去追求事件在時間順序上的緊密連接，以使想像順利地推移，而是只選擇重大事件，這些事件本身就能給人以強烈的情感，而且事件之間的間隔需要想像付出更大的努力來實現聯結，這又增強了情感。毫無疑問，上述原理形成的美就是沙夫茨伯里和艾迪生所謂的偉大或崇高，但休謨的解釋更多依賴的是經驗主義的心理學，消除了形而上學和宗教內容。相比起來，較順利的想像所產生的輕鬆活潑的情感就是優美的本質。

　　總結起來，想像以以下方式影響或產生美：第一，想像在心靈中對一個對象的構造引起美的情感；第二，習慣性的想像影響著一個對象在心靈中的

---

042 同上，第410—411頁。
043 休謨：《人性論》，關文運譯，北京：商務印書館，1980年，第472頁。

呈現方式，因而也影響美的情感；第三，想像在對象之間形成的關係（如比較、時空位置）影響噹下對象給人的印象或情感。但是，除此之外，休謨的想像理論還衍生出其他的觀點。首先，一個對象因與其他對象存在密切聯繫而給人以美的情感，這就是聯想，例如，某種款式的衣服本身不會給人顯著的美，但因為其專屬於某些顯貴或某個令人尊敬的職業而被人認為是美的；一個陶罐因為來自古希臘那樣一個偉大的時代而被人珍愛。其次，想像的運動方式本身，如方向、速度等生成一種印象，給人以美的情感。例如，視覺從下到上的運動給人努力的感覺，從上到下則給人放鬆的感覺，這種運動既發生在對一個對象的觀察中，也發生在一個對象的運動方式中，這可被看作是後來美學中的內模仿說。這兩種觀點在傑拉德、霍加斯、凱姆斯和艾利森等人那裡得到廣泛的運用，此處不再詳細展開。

美與同情

　　想像理論可以從知性層面闡釋美這種情感的本質、原因及其規律，但是很顯然，在休謨那裡，知性並不是人的唯一能力。人的心靈所面對的不僅是無生命的物質事物，而且也能反省到他自己，面對與自己相同的其他心靈，始終處於與其他心靈的交往之中，也就是說，心靈也是實踐著的，要與他人建立各種關係。人不僅知覺到各種事物及其性質，也知覺到自己原始的慾望、感情和傾向以及他人的善意、邪惡等內在性質。即使在實踐中，人也必須服從知性的規律，然而只有受慾望、感情和傾向支配的知性才是現實的。「人不僅是一個理性動物，還是一個社會動物」，顯而易見，在道德理論中，休謨的出發點是有慾望、有動機、有性格的人，而不是純粹知性的人。在道德實踐中，物質世界以及人對它們的理性認識只充當仲介和工具的角色。「你可以儘量愛好科學，但是你必須讓你的科學成為人的科學，必須使

它對於行為和社會有直接關係。」[044] 同樣，美的情感可以從想像這種知性能力得到說明，但它並不是孤立和純粹的。所以，在休謨那裡，美有兩個來源的原因，美既來自對外物的知覺，也來自人的慾望等內在性質，這兩者原因並不是相互隔絕的，但美最終要在由活生生的人構成的社會中發揮作用，也受到社會的影響。基於人的內在性質而來的美的規律可以透過同情這種能力得到說明。

在休謨那裡，同情也屬於想像，只不過想像是把印象轉化為觀念，而同情則把觀念轉化為印象，也就是心靈由一個觀念想像到這個觀念由以產生的印象。因為印象總是一個人心靈中的印象，所以同情就是由一個觀念想像到與這個觀念相關的人的印象或情感，通俗地說，同情意味著我們能「設身處地」，簡言之，同情就是由物及人，這個人可以是我們自己，也可以是他人。「同情不是對他人的一種感受（某種形式的仁慈或仁善），而是對他人情感的複製。同情的典型例證是：當你被刀割時我的肌肉在抽搐，我也可能與此同時幸災樂禍，或者認為你的愚蠢活該被刀割，所以我根本就不同情你（在更普遍的意義上）。」[045] 當然，從原則上講，我們從來也不可能完全重新知覺到那個原初的印象，也就是從來也不可能真正地同情他人，因為我們從來也不可能成為他人。但是，我們如何能體會他人的心靈呢？休謨認為：「顯而易見，自然在一切人之間保持了一種很大的類似關係，我們在別人方面所觀察到的任何情感或原則，我們也都可以在某種程度上在自身發現與之平行的情感或原則。」[046] 這並不代表我們能直接地理解他人的動機和情感，我們只能從自己出發來感知任何對象，包括他人。真正來說，我們是透過他人的表情、行為以及所屬的事物來想像其內在的動機和情感的。所以，同情

044　休謨：《人類理解研究》，關文運譯，北京：商務印書館，1957 年，第 12 頁。

045　Dabney Townsend, Hume』s Aesthetics Theory：Taste and sentiment, New York; London：Routlodge, 2001：99.

046　休謨：《人性論》，關文運譯，北京：商務印書館，1980 年，第 354 頁。

是先由己及物，再由物及人，最後由人及己的，中間需要有外物作為媒介。我們以物度人，也以人度物，所發生的先後順序是難以辨清的。美的情感是由外物激起的，但也必然受到他人對這物的態度的影響。

一個知覺之所以發生，總是因為某個對象與我們自己存在一種關係，這種關係不僅僅是時空關係，而且更是心理或內在關係。一個對象與我們最緊密的關係便是滿足了我們的慾望和需要，因此我們關心這個對象，正如我們前文所言，我們可以視而不見、聽而不聞，這代表對象與我們不存在真正的關係。對象不僅在我們心中留下其形式的印象和觀念，也留下其滿足我們慾望和需要的內在價值的印象和觀念。這種內在價值便是效用。效用這一概念在休謨的著作中被頻繁使用。他很多時候表示，效用或便利是美的一種原因，或者本身就是一種美。在《道德原則研究》中，他又把效用看作是道德的一個重要基礎。的確，這種觀點多半來自培根以來的經驗主義哲學中的功利主義傳統，但在休謨那裡，效用是同情之能夠發生的一個重要因素。如果不是知覺到一物的效用，我們就無法想像到與此物相關的人；我們從不可能直接知覺到他人的心靈和情感，除非透過與他人相關的外在性質。

這裡首先要提到的一點是：對象的效用和形式並不是相互分離或矛盾的。因此，即使在對對象的形式的想像過程中，效用觀念也是同時發揮作用的。正如印象對心靈的激發和想像的運行方式是美的重要原因，效用是美的另一種重要的原因，或者說也是一種構成要素。效用是對人而言的效用，效用本身就給人一種快樂，而且在這種快樂的引導下，效用在某些方面決定了我們對一個對象的構想方式。效用在人眼中成為一個事物成其所是的目的，在夏夫茲博裡看來，整個宇宙客觀地有一個目的，而在休謨看來這個目的只不過是人為地施加到外物上的，無論如何，效用作為目的決定了一個對象在人眼

中的呈現方式。[047]「我們還有另外一種手段，透過它可以誘導想像更前進一步；那就是，是各個部分互相聯繫，並與某種共同目的或目標結合起來。

　　一艘船雖然由於屢經修繕，大部分已經改變了，可是仍然被認為是同一艘的船；造船材料的差異，也並不妨礙我們以同一性歸於那艘船。各部分一起參與的共同目的，在一切變化之下始終保持同一，並使想像由物體的一種情況順利地推移到另一種情況。」[048]的確，想像之所以得以順利地推移的原因一方面固然是船的各部分存在接近關係和因果關係，但想像也本可以根據這些關係延伸到更遠的地方，也可以把船舷和海水或與其接近的其他對象或性質結合到一起，而不必受制於通常所謂的船所應有的範圍。無疑，這只是受到了一個共同目的的引導，因此一艘船的各部分才在想像中成為一個整體，同時給人帶來美的情感。然而，船的各部分本無所謂什麼共同目的，是人把自己所知覺到自己行為的目的移植到了船的各部分上面。一個事物被人賦予不同目的或效用決定著這個事物在人心靈中的呈現方式，因而也帶來不同的美感：「顯然，最能使一塊田地顯得令人愉快的，就是它的肥沃性，附加的裝飾或位置方面的任何優點，都不能和這種美相匹配。田地是如此，而在田地上長著特殊的樹木和植物也是如此。我知道，長滿金雀花屬的一塊平原，其本身可能與一座長滿葡萄樹或橄欖樹的山一樣美；但在熟悉兩者的價值的人看來，卻永遠不是這樣。不過這只是一種想像的美，而不以感官所感到的感覺作為根據。」[049]效用觀念有時規定著想像的方向，雖然其聯結的路徑是相似、接近和因果關係。

047　在《人性論》和《自然宗教對話錄》中，休謨都有意無意地批判了夏夫茲博裡的目的論。在筆者看來，休謨是對夏夫茲博裡的思維方式做了一個顛倒，亦即不是外在的目的決定了人的存在方式，而是人的欲求決定了人看待外在世界的方式。從這個角度來說，休謨早已完成了康德所謂的哥白尼式的革命。當然，休謨有時候也說有些事物客觀地內含有目的，他說：「在所有動物中，美的一個相當重要的源泉是它們由自身肢體和器官的特定結構獲得的好處，這種結構是與大自然給它們命定的特定生活方式相適應的。」但筆者認為這更多是為了表達上的方便。

048　休謨：《人性論》，關文運譯，北京：商務印書館，1980 年，第 287 頁。

049　同上，第 401—402 頁。

在這裡可以總結，在休謨那裡，美的原因是多層面的，因而美的情感也有多種類型，這裡至少涉及形式和價值兩個層面的美。

從效用的角度看，美的原因並不是某種固定的形式法則，被認為是美的事物甚至是違背通常的形式法則的，也就是形式法則服從效用法則。「甚至一種無生命的形式，如果其各部分的規則性和優雅性並不破壞其對任何有用的目的的適合性，將受到何等稱讚！任何失調的比例或外表的醜陋，如果我們能夠表明這個特定的構造對我們所意向的用途的必要性，為它辯護又將是何等令人滿意！對於一位藝術家或一個擅長於航海的人，一艘船，船頭比船尾寬闊高大，較之於如果被精確地按照幾何學的規則、違背力學的一切法則而建造出來，將顯得更美。一幢建築物，如果其門窗是精確的正方形，將由於那種比例而傷害人的眼睛，因為它不完全適合於所意圖服務的人類被造物的形象。」[050]

沒有任何一種性質和形式比例是所有美的對象共有的，因為各類對象有著不同的效用和目的。「男人的嬌柔的舉止，女人的粗魯的做法，這些是醜的，因為它們不適宜於他們各自的性格，不同於我們對不同性別所期望的品質。這就彷彿一齣悲劇充滿喜劇的美，或一齣喜劇充滿悲劇的美。」[051]因此，在休謨看來，審美判斷不可能像康德所說的那樣完全脫離利害關係和不依賴任何概念，否則想像便不能進行有目的的因而也是順利的推移。

效用觀念總是使人聯想到一個事物與自己的利害關係，即使是藝術所遵循的一般的形式法則很多時候也是出於這個考慮。「在繪畫和雕塑中，最必不可少的規則莫過於使形象平衡，根據它們的適當的重心而將它們置於最精確的位置，一個沒有適當平衡的形像是醜的，因為它傳達出傾跌、傷害和痛苦這些令人不快的觀念。」[052]在感受對象的美時，我們往往不由自主地設身

---

050 休謨：《道德原則研究》，曾曉平譯，北京：商務印書館，2001年，第63頁。
051 休謨：《道德原則研究》，曾曉平譯，北京：商務印書館，2001年，第119頁。
052 同上，第97頁。

處地、身臨其境，這便是同情。休謨以無數例子說明，當一個對象呈現於我們面前時，我們就立刻想到其效用，再想到享受這種效用的人，然後自己心中又興起一種快樂。然而，此時我們並不僅僅想到我們自己。

大多數種類的美都是由這個根源（按：即同情作用）發生的；我們的每一個對象即使是一塊無知覺、無生命的物質，可是我們很少停止在那裡，而不把我們的觀點擴展到那個對象對有知覺、有理性的動物所有的影響。一個以其房屋或大廈向我們誇耀的人，除了其他事情以外，總要特別注意指出房間的舒適，它們的位置的優點，隱藏在樓梯中間的小室、接待室、走廊等等，顯然，美的主要部分就在於這些特點。一看到舒適，就使人快樂，因為舒適就是一種美。但是舒適在什麼方式下給人快樂呢？確實，這與我們的利益絲毫沒有關係；而且這樣美既然可以說是利益的美，而不是形相的美，所以它之使我們快樂，必然只是由於感情的傳達，由於我們對房主的同情。我們借想像之力體會到他的利益，並感覺到那些對象自然地使他產生的那種快樂。[053]

這裡的意思是這樣：如果這所房子是屬於我的，我可以直接感覺到它的舒適和美；現在這所房子不屬於我，但我知道房子的目的是讓人住得舒適，當我看到這所房子的各部分都很好地實現這一目的時，我可以想到擁有或居住在其中的人所享受到的舒適，因而感到它的美，即使我絕不奢望房主會給我一點好處。當然，這並不排除這所房子的形式本身透過我心中的想像活動也可以引起我的美感來，然而，如果我不知道房子這個對象的效用，以至於無法想像其各部分如何構成一個整體，這所房子給我的美感就大打折扣，甚至不能在我心中引起美感。同樣明顯的是：如果這所房了屬於我，那麼它就更容易給我美感。不過，如果我有意要向別人炫耀我的房子，那麼由此帶來的快樂就不限於美這種情感，而是驕傲或虛榮了。所以，很多時候美與效用

---

053 休謨：《人性論》，關文運譯，北京：商務印書館，1980 年，第 401 頁。

有關，但美本身並不代表一種功利的態度，因為透過同情我們把自己置於一種普遍的立場上。美感必須以自我的經驗為前提，但我們卻能夠超越自己利益來觀照對象，我們僅僅是從一個對象因其各部分恰當地符合了其效用或目的而來的快樂。

我們的美感也大大地依靠於這個原則（按：即同情）；當任何對象具有使它的所有者發生快樂的傾向時，它總是被認為美的；正像凡有產生痛苦的傾向的任何對象是不愉快的、醜陋的一樣。例如一所房屋的舒適，一片田野的肥沃，一匹馬的健壯，一艘船的容量、安全性和航行迅速，就構成這些個別對象的主要的美。在這裡，被稱為美的那個對象只是借期產生某種效果的傾向，使我們感到愉快。那種效果就是某一個其他人的快樂或利益。[054]

藝術作品給人的美同樣在很多時候依靠同情原則，就像休謨所舉的例子一樣，詩人所描寫的優美的田園風光之所以能吸引我們，是因為詩歌讓我們想到居住在這種風景中的快樂；劇中人物的喜怒哀樂、幸福悲傷也無不讓我們牽掛，就像是發生在我們自己身上一樣。不能引發我們同情的作品就不是好作品。我們無須在這些問題上多費筆墨。

無論是從想像還是從同情原則來看，美都可以是一種「純潔的」情感，但人的情感不可能保持同一狀態。自我所體驗到美的情感勢必要進一步轉化，尤其是在社會交往當中，因為自我總是他人眼中的自我，他人也總是自我眼中的他人，所以自我對美的體驗不能不受到他人的影響。美在很大程度上是一種社會性情感。休謨在《人性論》的論情感專科門提出美這個題目，在那裡，美被當作各種間接情感的原因。休謨在論情感中重申情感屬於印象，並對印象做了進一步的區分，由此也明確了各種情感性質和特徵。他首先把印象分為原始印象和次生印象，也就是在論知性當中所謂的感覺印象

---

054 休謨：《人性論》，關文運譯，北京：商務印書館，1980 年，第 618 頁。

和反省印象。接著，又把反省印象區分為平靜的和猛烈的以及直接的和間接的。看起來，這些區分的原則完全來自經驗性的觀察和歸納，因而並不嚴格，但是當我們進入休謨對這些印象或情感的分析時，我們就會發現，休謨的這些區分絕不是為了論述上的便利。

休謨重點討論的是屬於猛烈，也是間接情感的驕傲與謙卑、愛與恨。他雖然認為這些情感都是不可定義的，但並不是不可分析的，因為這些情感都包含有一些相同或不同的原因和對象。驕傲和謙卑的對象都是自我，愛和恨的對象都是他人；驕傲和愛的原因是引起人快樂的性質，而謙卑和恨的原因則是引起人痛苦的性質。這些性質總是寓於一個事物，休謨稱其為主體。因而驕傲和謙卑、愛和恨是在快樂和痛苦、自我和他人的交叉聯合中形成的。這裡先撇開美學問題不談，首先值得一問的是：休謨曾加以懷疑的自我或人格的概念如何能在這裡被毫不懷疑地使用。[055] 筆者認為休謨的懷疑是有充分理由的，但事實上他從另一個角度確立了自我的實在性。

在論知性中，休謨根據他的經驗主義方法確定，人格不具有同一性，因為從知性的角度來說，人從來不可能接收到自我或人格這樣的印象，所以其存在是沒有根據的。在休謨看來，人格的同一性源於我們的思維在類比某些現象時發生的錯誤，實際上是我們想像的虛構。[056]

任何時候，休謨都否認任何先天存在的實體，人格或自我同樣不是實體，而是心靈活動的產物。但是，源於想像虛構的自我如何能使人如此固執

055 自我和人格是一個意思，休謨說：「這個自我或者說就是我們各人都親切地意識到他的行為和情緒的那樣一個特定的人格。」（休謨：《人性論》，關文運譯，北京：商務印書館，1980 年，第 320 頁）

056 休謨做了這樣的分析：「我們考慮不間斷的、不變化的對象時的那種想像活動，和我們反省相關對象接續時的那種想像活動，對於感覺來說幾乎是相同的，而且在後一種情形下也並不比在前一種情形下需要更大的思想努力。對象間的那種關係促使心靈由一個對象方便地推移到另一個對象，並且使這種過程順利無阻，就像心靈在思維一個繼續存在著的對象那樣。這種類似關係是混亂和錯誤的原因，並且使我們以同一性概念代替相關對象的概念。……為了向我們辯護這種謬誤，我們往往虛構某種聯繫起那些對象並防止其間斷或變化的新奇而不可理解的原則，這樣，我們就虛構了我們感官的知覺的繼續存在，藉以消除那種間斷；並取得了靈魂、自我、實體的概念，藉以掩飾那種變化。」（休謨：《人性論》，關文運譯，北京：商務印書館，1980 年，第 284 頁）

地相信是實際存在的呢？休謨並不認為我們無法區分真實和虛構。事實上，他已經指出人格除了來自想像的作用，還來自情感的確證：「情感方面的人格同一性可以證實想像方面的人格同一性，因為前一種同一性使我們的那些遠隔的知覺的互相影響，並且使我們在現時對於過去的或將來的苦樂發生一種關切之感。」[057] 因而從情感方面來說明人格同一性的原因是必不可少的，可以說休謨論情感的主要意圖就在於解決與人格相關的問題。[058]

然而，我們還必須追問，人格或自我是如何成立，又如何得到體現？這些問題可以透過對驕傲和謙卑、愛和恨等情感的分析得到解釋。所有間接情感總是指向一個個體，休謨稱作對象。然而，一個對象總是一個具有意識的人眼中的對象，因此，這些情感必然是自我從另一個個體觀察到的情感。以驕傲為例，其對象是自我，其原因是能引起快樂的一個事物，即主體，但是離開了他人，自我還是否能體驗到驕傲這種情感？答案應該是否定的。因為，首先可以肯定的是，如果他人無法從同一原因中獲得快樂，我就不會感到驕傲。其次，從他人的角度來看，只有他人在作為對象的自我與作為原因的主體之間建立起一種所屬關係，才能理解我的驕傲。再次，也是很重要的一點，休謨強調，驕傲的原因，也就是能夠引起快樂的事物，不僅與自我有密切關係，「而且要為我們所特有，或者至少是我們少數人所共有的」[059]。「特有」只能是我們相對於他人的「特有」。

他對驕傲等間接情感的分析顯示，人格的同一性不可能由一個孤立的個體形成，而是要依賴他人的存在，或者說是被他人賦予的，自我的人格是在特定的社會文化中與他人交往時確立起來的。同時，人格的形成不依賴於理性，而是以情感的方式表現出來。如果說人格就是一系列具有因果關係的知

057　休謨：《人性論》，關文運譯，北京：商務印書館，1980 年，第 292 頁。
058　比如他在這一部分討論到了「自由與必然」這個人格理論中的重要問題。
059　比如他在這一部分討論到了「自由與必然」這個人格理論中的重要問題。

覺，而因果關係不是客觀存在，而是依靠情感支撐起來的，那麼人格實際上是一種較為穩定的情感狀態。從根本上說，休謨的情感理論是一種以情感為主線的社會交往理論。只有在社會交往中，人格或自我才得以確立。在論述愛和恨時休謨承認，我們意識不到他人的「思想、行為和感覺」，但他仍然堅持，「我們的愛和恨永遠指向我們以外的某一個有情的存在者」[060]，即一個具有同一性的人格。這表明，在與他人交往的過程中，我們總是試圖賦予他人一種同一性的人格。最終來說，自我意識的形成是以他人的存在為條件的。

回到美的問題上來。相比於四種間接情感，美並沒有如此複雜的構成，因而是一種直接情感，儘管絕對不是簡單的感官經驗，但顯而易見的是：作為一種快樂，美很容易轉化成間接情感，繼而發揮社會性的作用，反過來間接情感又必然增強美的情感。美本身是一種較為平靜的情感，如果不能產生驕傲和愛這樣猛烈的情感，我們就不必費盡心機去關注和追求它。美是借同情原則而被我們感覺到的，但有了各種間接情感，同情才是一種更為完善的原則。同情並不是對他人情感的簡單復現，也是自我對這種情感的再次反應。當借同情原則感到一所房屋的美時，我們不能不對房主所享受的快樂產生愛甚至妒忌的情感，如果這個房主是我們的親朋好友或者競爭者的話；在愛和妒忌的刺激下，我們心中的美會顯得越發強烈。這種規律對於藝術作品的接受來說非常重要。作品總是某個人情感的表達，或者表現有情感的人，觀賞者不僅是在自己心中復現這種情感，而且也要對這種情感有相應的反應，有對驕橫者快樂的痛恨，也有對失意者苦難的嘆息。這才使得「一個靈巧的詩人創作的戲劇的每一個跌宕起伏，彷彿魔法一般傳達給觀眾；他們哭泣、顫抖、憤恨、欣喜，為驅動劇中人物的所有各類激情所激動。當任何事件阻礙我們的意願，打斷我們鍾愛的人物的幸福時，我們就感到明顯的焦急

---

060 休謨：《人性論》，關文運譯，北京：商務印書館，1980 年，第 365 頁。

和憂慮。而當他們蒙受的痛苦出自敵人的背信棄義，殘忍，或暴虐時，我們胸中就充滿對這些災難製造者的最強烈的憤恨」[061]。

從根本上說，在休謨眼中，外在事物不僅是一種人滿足肉體慾望的物理性存在，同時也是一種情感性和價值性存在，用以滿足人的情感需要和表徵人與人之間的社會關係。人的生存不是生物性的，更多是社會性的，即使是所謂的來自苦、樂、善、惡的直接情感，在社會交往中也必然與自我和他人的觀念聯結起來，與間接情感發生相互轉化。如果說人格是一種穩定的情感狀態，那麼它必須透過一些觀念或意象表現出來，反過來我們也透過這些觀念或意象來構造他人的人格。從原則上說，我們只能「以貌取人」，也生活在他人的「眼中」。我們力圖透過德行、財富、權力、美等有形的東西將自我展現給他人，也憑藉這些東西來確定他人的人格和身分。同樣，我們設想他人也在透過這些東西來評價自我，因此而受到「我們眼中的他人」情感的影響，即使這些情感並不真實。「一個旅客的僕從和行裝就表明他是巨富或中產之家，並按照這個比例受到款待」[062]，「出身名門而境況貧乏的人們，總是喜歡拋棄了他們的親友和故鄉，寧願投身生人中間，從事低賤的和手藝的工作去謀生，而不願在素知其門第和教育的人們中間生活」[063]。人性本就如此勢利。最終來說，美是社會交往的產物。感官慾望的滿足只是一時的感覺，而美則是一種穩定和普遍的情感，它產生於一個生活在社會中的有自我意識的人。

然而，只要我們稍加反省即可發現，各種間接情感，亦即社會交往中的情感模式對美的情感的影響並不那麼簡單。顯而易見，使我們感到美的東西未必令我們驕傲，令他人驕傲的東西也未必讓我們感到美，在其他間接情感

061　休謨：《道德原則研究》，曾曉平譯，北京：商務印書館，2001 年，第 72 頁。
062　休謨：《人性論》，關文運譯，北京：商務印書館，1980 年，第 399 頁。
063　同上，第 358 頁。

中也同樣如此。雖然休謨斷言：「如果我們觀察一下人性，並且考慮一下，在一切民族和時代中，同樣的對象永遠產生驕傲與謙卑。」[064] 但他也說：「軍人不重視雄辯的能力，法官不重視勇敢，主教不重視幽默，商人不重視學問。」[065] 顯然，自我的感受很多時候受到他人的挾制。我們往往在自己的感受和社會風俗的強加之間游移不定：有時候我們需要為了附和他人而虛假地表達我們的喜好，也有時候為了自己的喜好忽略他人的看法；有時候我們為他人並不欣賞的東西感到驕傲，也有時候對他人表示驕傲的東西示以輕蔑。休謨的理論並不周全。不過，不可否認的是，美在社會交往中承擔著重要作用，人們幾乎是必然地要用感性的方式來表現自己的性格和各種價值觀念，並由此確立與他人的關係和整個社會的秩序。因此，選擇什麼樣的美就代表著選擇什麼樣的生活方式。從這個角度來看，美也有另外一種分類，即私人領域或隱逸的美以及公共領域或社交的美。當然，休謨自己沒有這樣表達。

　　以觀念理論為出發點，以想像和同情的規律為線索，我們可以勾勒出休謨的美學體系來。最基本的美是一種印象或情感，它源於外物對人的刺激和人性中的原始情感，但美不是感官或肉體的反應，更多是一種精神性的心理體驗，用休謨的話來說是一種次生印象。想像理論的介入進一步使美脫離了感官層面的快感，表現為思維在心靈內部的不同觀念之間進行聯結的各種模式以及與之相伴隨的種種次生印象，這使得美容納了包括科學、歷史等內容在內的認識活動。從這個意義上說，美有著理性的內涵。同情理論則使美進入了社會交往的領域，美成為自我性格和社會交往模式的表現方式。從這個意義上說，美又有著道德和政治的內涵，反過來美滲透到休謨哲學的各個領域中。

064　同上，第 315 頁。
065　同上，第 358 頁。

趣味的標準

　　講到休謨的美學，他的《趣味的標準》一文大概是不得不提的，彷彿休謨就是因此文而蜚聲美學史的。也許令人感興趣的地方在於，一個以懷疑主義聞名的哲學家反而執意要肯定趣味是有標準的。的確，這篇文章成為人們熱議的對象不是毫無來由的，因為這個題目本身就是近代美學中的一大難題。對於 18 世紀英國的美學家們來說，解決這個難題甚至就是他們的目標。

　　當沙夫茨伯里把情感作為道德和審美的根基時，他就面臨著一些困境。在自柏拉圖以來的哲學中，情感始終被置於人的各種官能的最底層。情感與感性認識和衝動被聯繫在一起，它只能對理性或理智的發揮造成困擾，而不能有助於真理的獲得，所以應該被抑制。這種傾向表現在各種禁慾主義的主張中。沙夫茨伯里本來的意圖是要剷除道德上的懷疑主義和相對主義，他始終堅持德行是不以個人的利益和偏好為轉移的。在他看來，除非在人性中間有對德行的天生趨向，德行才是普遍和可靠的。但是，沙夫茨伯里在轉而求助於情感時也面臨著同樣的困難。雖然他認為我們不應該聽從感性情感的衝動，而是要確立一種理性情感，但他仍然意識到德行和美當中有些不可言說的神祕東西 —— 人們常常用法語 je ne asia quoi（我不知道）來表示，人們可以憑藉某種趣味直覺到它們，而依靠數學式的推理是不可能真正接近它們的，雖然也不是毫無意義。沙夫茨伯里只能求助於目的論的形而上學和存在於人們中間的共同感或自然的社交情感來解決這個問題，但是這些觀念的確是無法被證實的。同時，沙夫茨伯里的目的是去培養一種對社會富有責任感和對他人富有同情心的人格，而對於如何在具體的審美判斷或藝術鑑賞中確立可操作的標準，他從未做過嘗試。到了 18 世紀，尤其是得到了哈奇森的推動，情感在哲學中乃至社會實踐中的地位被人們普遍承認，相應地，與情感密切相關的審美問題也成為人們競相討論的話題，「趣味」變成了一個

流行的詞語，然而趣味所包含的模糊性和神祕性也一併留存下來，就像休謨所引用的那句著名的諺語一樣：「趣味無爭辯。」（Be fruitless to dispute concerning tastes）休謨的文章看起來要致力於解決這個難題，提供一個可操作的趣味的標準，據此可以判別哪些人的趣味是好的，哪些人的趣味是壞的。不過，很難說休謨實現了這一目的，因為我們根本沒有辦法根據他提供的方法來提高自己的趣味或者判別他人的趣味，他最多也只是提供了趣味的標準的可能性而已。他的論述中充滿了各種疑惑甚至矛盾，被眾多評論家激烈批判。讓我們首先來捋清楚休謨這篇文章的思路，然後再從他的哲學體系中尋找其根據，並檢驗他是否解決了趣味的標準這個問題。

一開始，休謨就觀察到，不僅身處不同民族和文化語境中的人，而且即使是同一個民族和文化中的人在趣味方面也有很大差異，很難說清楚誰對誰錯。更加不可思議的是：「要是我們認真加以檢視，會發現實際上的差異比初看上去還要更大些。人們對各種類型的美和醜，儘管一般議論起來相同，但實際感受仍然時常有別。」[066] 因為人們在一般議論時所使用的都是抽象語言，而語言很多時候是不能表達真切的具體事實的。休謨在《人性論》中說：「由於在大多數情況下這個名詞所指的全部觀念不可能都產生出來，我們就以一種比較片面的考慮簡化了這種工作，並且發現在我們的推理中這種簡化並未引起許多的不便。」[067] 所以，一般的議論都是比較含糊的。「優美、適當、質樸、生動，是人人稱讚的，而浮誇、做作、平庸和虛假，是大家都指摘的。但是只要評論家們談到特殊事例，這種表面上的一致就煙消雲散了，我們就會發現他們賦予種種言辭的含義原是大不相同的。」[068] 人們對道

066　Hume, Of the Standard of Taste and Other Essasys, ed. John W. Lenz, Indianapolis： The Bobbs— Merrill Company, Icn., 1965： 3.（《趣味的標準》一文的中文版可見楊適譯《鑑賞的標準》，載瑜青主編：《休謨經典文存》，上海：上海大學出版社，2002 年。本節譯文也參考了中文版）

067　休謨：《人性論》，關文運譯，北京：商務印書館，1980 年，第 33 頁。可參看第一卷第一章第七節《論抽象觀念》。

068　Hume, Of the Standard of Taste and Other Essasys, ed. John W. Lenz, Indianapolis： The

德的評價也是如此。因而，如果人們要在趣味問題上問出個是非曲直來，還是要還原到具體事例上來。不過，有一點需要提示的是：表達趣味判斷的詞語有些特殊，因為它們不是指外在事物及其性質，而指的是情感或價值，這類詞語的意義還是較為確定的。

「其實，在全部語言表述中，最不容易受到歪曲和誤解的，正是那些同其他意義聯結在一起的、包含著某種程度褒貶的語詞。」[069] 顯然，休謨的意思是說，人們在讚賞或指責哪一類情感這個問題上還是有著較為一致的看法的，即使引起這類情感的對象各不相同，而且，人們既然多數時候在這類詞語上有著共同的看法，那也就表明，人們是希望在趣味問題上找到標準的。

所以很自然地，我們要尋找一種趣味的標準，它可以成為協調人們不同情感的一種規則，至少它能提供一種判別的準則，使我們能夠肯定一類情感，指責另一類情感。[070]

顯而易見，解決問題的關鍵是：人們對某一具體事例的情感反應是否具有一致性。然而，這的確是一個難題。具體事物在人心中產生兩種不同的結果：一個是對其性質的復現，另一個是由其引發的情感反應，前一個結果是否正確是容易確定的，而後一個結果是否正確則不容易確定。因為「由同一事物所激起的上千種不同的情感，卻可以都是正確，因為情感並不表現對象中實際存在的東西」[071]。然而，另一種事實也是存在的，即人們在某些具體事例上還是有著較為一致的看法：「要是有誰在奧格爾比和彌爾頓之間，或在班揚與艾迪生之間做比較，說他們在天才和優雅方面不相上下，人們一定會認為他是在信口開河，把小土堆說成同山陵一樣高，把小池塘說成像海洋

Bobbs-Merrill Company, Icn., 1965：3.

069　Hume, Of the Standard of Taste and Other Essasys, ed. John W. Lenz, Indianapolis：The Bobbs-Merrill Company, Icn., 1965：4.

070　同上，第5頁。

071　同上，第6頁。

那麼廣。」[072] 雖然，這並不是說任何細微的差別都不允許，例如我們不必非得要在彌爾頓和艾迪生之間分出個高下來。

休謨認為，人們之所以在這些事例上有著大致相同的看法，原因是藝術創作畢竟是遵循著一些法則的，符合這些法則的作品就必然給人帶來快樂，反之則給人不快。不過，這些法則並不是像科學原理那麼確定，因為人們從藝術作品中得到快樂依賴的是想像的規律，而不是物質的規律。可以說，為人們所喜愛的作品必定是符合藝術創作法則的，那些經過歷代批評家讚美而歷久彌新的經典作品必然是符合藝術法則的。

反過來，之所以有人對符合法則或好的藝術作品無動於衷或斥之為醜，是因為他們在主觀上產生了偏差，或者是粗心大意而未能發現作品的精微之處，或者是受了外在環境的干擾而使自己的情感不能自由抒發出來，或者是因為性格上的心浮氣躁、偏激乖戾而對明顯的事實熟視無睹，或者是要標新立異、引人注目而故意拋棄公認的藝術法則。如果他們能夠選擇合適的時間、地點，保持從容沉靜的態度，並且深入觀察作品的細節，就能得到應有的快樂。總之，正如我們的外在感官由於疾病或環境干擾而對客觀事物的性質做出錯誤判斷。同樣，「內在器官有許多不時產生的缺陷，會妨礙或減弱我們對美醜感受的一般原則發生作用。雖然某些對象依靠人心的結構，能夠很自然地引起快感，但是我們不能期望因此在每一個人心中所引起的快感都完全相同。只要發生某些偶然事件或情況，就會使對象籠罩在虛假的光裡，或者使真實的光不能傳輸到我們的想像以及本來的情感和知覺中」[073]。

如果說人天然的心靈構造是相同的，而且有某些事物，例如，遵循某些法則的藝術作品也天然地適於在人的心靈中引起美的情感來，那麼只要我們

072　同上，第 7 頁。

073　Hume, Of the Standard of Taste and Other Essasys, ed. John W. Lenz, Indianapolis：The Bobbs-Merrill Company, Icn., 1965：10.

能發現某些事物有恰當的性質或藝術作品遵循著某些法則，我們就能確定趣
味的標準。不過，即使這樣，問題還不能解決，因為藝術法則從來不是千篇
一律、亙古不變的，有誰能發現它們呢？休謨認為我們可以依靠真正的批評
家，他們具有一些卓越的能力：

有健全的理智，能同精緻的情感相結合，又因鍛鍊而得到增進，又透過
進行比較而完善，還能清除一切偏見。把這些品質結合起來所做的評判，只
要我們能發現它們，就是趣味和美的真正標準。[074]

休謨把這五種能力都歸於內在感官名下。健全的理智慧使人進行準確的
推理和判斷，精緻的情感可以使人敏感，鍛鍊讓人接受眾多的具體事例並沉
浸作品中，比較可以使人們對各種事例建立起秩序來，而消除偏見則使人辨
別清楚作品所要表達的真實目的，設身處地感受作品。如此一來，休謨就
把趣味判斷轉化為了一種事實判斷，「這些只涉及事實而不涉及情感的問
題」[075]。但是，我們又到哪裡去找這樣十全十美的批評家呢？休謨說，這樣
的批評家確實幾乎不存在。不過，有些人確實在這些品質上要高於其他人，
這卻是事實。所以，我們只要承認這種理想的批評家所具備的品質就可以
了。在科學方面不也是如此嗎？實際上，沒有任何人的理論能長盛不衰，「亞
里斯多德、柏拉圖、伊壁鳩魯和笛卡兒，可以彼此取代」，倒是像泰倫提烏
斯和維吉爾這樣的作家流芳千古，縱然他們的作品中也有不盡如人意的地方。

看來，趣味的標準並不難尋找，事實上它已經被人們承認了，那就是所
謂的經典作品。這些作品給人帶來的美感是最卓越的，它們就是典範，是一
個標竿。依照這個標竿，我們可以給所有作品排個座次。同樣，我們也可以
把喜歡各個檔次作品的人的趣味排個座次。當然，這些座次並不需要嚴格精

074　同上，第 17 頁。

075　Hume, Of the Standard of Taste and Other Essasys, ed. John W. Lenz, Indianapolis： The
　　　Bobbs-Merrill Company, Icn., 1965： 17.

確，因為要說維吉爾和賀拉斯哪個更優秀，這是不必太較真的，就像中國人不必在李白和杜甫之間分個高低。所以，要問欣賞李白的人趣味更高雅，還是喜愛杜甫的人的趣味更高雅，這是沒有必要的，趣味上的這個差別是可以被允許的，因為這種差別源於個人的性格或普遍的文化，而不是人們有意為之。我們不應該因為作品中所描寫的生活方式和風俗習慣與我們的時代格格不入就對這樣的作品大加批駁，但是如果作品對道德上邪惡的行為和性格模稜兩可，就必然降低它的價值，因為它給我們的情感帶來不快。這樣的意思是說，作品所表現出的情感態度遠比其描寫的事實更重要，是決定人們趣味的主要根據。

看起來休謨得到了一個較為確定的結論，那就是只要具備了上述各種優秀品質或能力，我們就能發現趣味的標準。然而，讀者必定想問，能讓人從中獲得美的那些作品應該具備什麼特徵呢？如果我們擁有了這些品質或能力的話。休謨這樣說：「每件藝術作品都有它打算達到的目的或目標，在估量作品的完美程度時，就要看它是否與達到這個目的和達到的程度如何。雄辯的目的是說服人，歷史的目的是教導人，詩歌的目的是用激情和想像來愉悅人。」[076] 這是真理，但不是什麼高明的見解。

休謨這篇文章中包含的最大矛盾在於他把作為情感判斷能力的趣味轉化為了一種理性判斷的能力。當然，在沙夫茨伯里那裡，理性和情感就不是完全矛盾的，他所倡導的美是一種經過理性調和的美，從而讓人們追求一種溫和與穩定的情感狀態。在休謨的哲學中，理性和情感也不是矛盾的，理性有輔助和矯正情感判斷的作用，情感則能為理性指明方向。可以用《道德原則研究》中休謨對道德判斷的一個觀點來說明理性和情感的關係。「在每一堂刑事審判中，被告的第一個目標是反駁所指控的事實，否認所歸之於他的行

076　同上，第16頁。

動；第二個目標則是證明，即使這些行動是實在的，它們也可以證明為正當的，即無罪的和合法的。我們承認確定第一點必須透過知性的演繹，我們如何能假定確定第二點必須運用心理的另一種不同的能力呢？……除了天生適合於接受這些情感的人類心靈的原始組織和構造，我們還能將什麼別的理由永遠派定給這些情感嗎？」[077] 所以，為了能夠使人的內在感官，即一種情感判斷能力順利地發揮作用，就有必要事先進行周密的推理，以提供確定的事實或材料。休謨認為，欣賞藝術美時也是如此：「尤其是那些精巧的藝術作品的美，為了感受適當的情感，運用大量的推理卻是必不可少的；而且一種不正確的品味往往可以透過論證和反思得到糾正。」[078] 但是，在這裡休謨沒有明確斷言，透過理性得到的同樣的事實必然在所有人那裡引起同樣的情感來。一個人在看到小偷行竊時冷漠旁觀，這個事實是確定無疑的，但有人欣賞他非常明智，因為他教給人們如何自我保護，也有人覺得他毫無正義感，縱容犯罪。當然，在欣賞藝術作品時也可以有類似的情形，我知道《紅樓夢》這部文學作品內容廣泛、情節綿密、人物生動，我承認這是事實，但我還是認為簡潔質樸的作品更符合我的趣味，煩瑣隱晦的寫作方式讓我頭暈。

顯然，確定事實的理性判斷和分出美醜善惡的情感判斷是兩種不同的判斷模式，結論很可能是不一致的。然而，《趣味的標準》一文至少在某些方面認為相同的事實將決定不同的人感到相同的情感，只要給定的條件是相同的。這個觀點是休謨的《人性論》和兩個《研究》不能證明的。休謨放棄了沙夫茨伯里式的目的論，轉而從經驗主義的傳統來解析情感在人的各個活動領域中的規律。人先天的心靈構造可以是相同的，但是這僅僅是說，心靈活動所遵循的規律是相同的。這就是休謨所說的必然。例如，如果我們都被一朵玫瑰花所吸引時，我們都會產生相同或相似的想像；當被同一所漂亮的

077　休謨：《道德原則研究》，曾曉平譯，北京：商務印書館，2001 年，第 23 頁。
078　同上，第 25 頁。

房屋吸引時，我們都會產生相同或相似的想像和同情，因而得到相同或相似的美感。然而，前提是我們都喜歡它們，這是問題的關鍵。的確，有什麼理論會證明我們都應該選擇相同的對象或事實呢？

　　事實上，休謨在《趣味的標準》中認為趣味的標準的核心問題是：我們如何能得到相同的事實。他所舉的《唐吉訶德》中桑科的兩個親戚品酒的例子，就是要證明這個問題。兩個人之所以有精緻的趣味，是因為他們能將酒中的皮子味和鐵味分辨出來。同理，有些人之所以在藝術方面有卓越的趣味，是因為他們能準確分辨出作品的類型、作品所要實現的目的和所運用的恰當的手段。為了能養成這種能力，人們有必要在這些方面進行長期的鍛鍊、細微的比較、排除偶然因素和自身偏見的干擾。休謨曾解釋過人們不能分辨和判斷客觀事實的原因，即通則（general rules）或習慣的影響。

　　當一個在很多條件方面與任何相類似的對象出現時，想像自然而然地推動我們對於它的通常的結果有一個生動的概念，即使那個對象在最重要、最有效的條件方面和那個原因有所差異。這是通則的第一個影響。但是當我們重新觀察這種心理作用，並把它和知性的比較概括、比較可靠的活動互相比較的時候，我們就會發現這種作用的不規則性，發現它破壞一切最確定的推理原則；由於這個原因，我們就把它排斥了。這是通則的第二個影響，並且有排斥第一個影響的含義。隨著各人的心情和性格，有時這一種通則占優勢，有時另一種通則占優勢。一般人通常是受第一種通則的指導，明智的人則受第二種通則的指導。[079]

　　所以，在對事實的判斷力方面，人們之間是存在差別的。如果其標準是準確的，那麼判斷力也有優劣之分，富有經驗的人比沒有經驗的人更能準確地判斷事實，但這仍然不能證明這就是休謨所謂的「肯定一類情感、指責另

079　休謨：《人性論》，關文運譯，北京：商務印書館，1980 年，第 172—173 頁。

一類情感」的趣味的標準。透過學習，我知道一曲交響樂複雜精細的音調和旋律很好地實現了其莊重高雅的目的，但我同樣發現民間小調的音調和旋律也很恰當地實現了其純樸直率的目的，這並不代表我必須喜愛前者而排斥後者。然而休謨說：「民間小調並非完全缺乏和諧自然的旋律，只有熟悉更高級的美的人，才能指出它的音調刺耳，言語庸俗。十分低劣的美，在給熟悉最高級形式的美的有素養的人看，能給予他的不是愉快而是痛苦，因此他會稱之為醜。」[080] 顯然，這種結論是沒有根據的。

但是，休謨為什麼要確立這種標準呢？趣味上低劣究竟會造成什麼不良後果？也許我們應該首先思考的是：我們為什麼、什麼時候需要趣味的標準。我們應該分清兩種情況，即私人領域和社交或公共領域。在個人生活中，只要我們能夠在想像上從一個對象獲得快感，便是趣味情感。的確，如果我們在某個領域內積累了更多的經驗，我們就在對象間建立了更精細的秩序，能展開更豐富的想像，從而獲得更精緻和更充分的快感。從這個意義上說，我們體會到這件物品比另一件物品製作更精緻、工藝更複雜、形式上更和諧，或者具有更明確的主題。這可以稱作趣味的一種標準。但是，我們無法說服別人也從同一類對象上獲得同樣的快感，因為他對此不感興趣。另一種情況卻很不相同，當我們參與社會交往時，我們的衣著、舉止、談話就成為別人評價的對象，我們希望博得他人的讚賞，避免他人的嫌惡。在這種情況下，所有事物都是一種媒介，就像我們在解釋休謨提出的驕傲和謙卑、愛和恨等間接情感時所說的那樣。被稱作美的對象是作為人們的地位、財富以及性格或內在品格的象徵而出現的，在他人的評價中，我們心中形成驕傲或謙卑、愛或恨等情感。我們逐漸知道哪些事物一般來說被人讚賞或嫌惡，它們所代表的趣味就有了標準。外在地看，他人讚賞的是那些事物，但實質上讚賞的

080　Hume, Of the Standard of Taste and Other Essays, ed. John W. Lenz, Indianapolis： The Bobbs-Merrill Company, Icn., 1965： 14.

是我們的趣味。實際上，休謨所列舉的優秀批評家所具備的各種能力恰恰就是許多美學家所稱的趣味的各種要素。但是，仍然要提醒的是：對這些能力加以讚賞的前提是，所讚賞的對象是社會交往中的人所共同關注的。可是，我們知道並不是所有人都關注同一類對象。不同階層、行業的人各有其關注的對象，如果要讚賞某些對象、嫌惡另一些對象，那也就代表著對不同階層和行業的人的讚賞和嫌惡。這樣，趣味就成為區分社會階層和行業的象徵，這恐怕是休謨把作為情感判斷的趣味判斷轉化為理性判斷或事實判斷時隱含的意思，或者是必然的結論。

休謨接受了情感主義的影響，這使得他的哲學具有鮮明的美學意蘊。然而，他運用經驗主義的方法描述了情感運行的規律，在這個過程中，他揭示出的確存在一種特殊情感，它不同於純粹的感官快感，而是內在的精神性快感，也就是艾迪生所提出的想像快感。如果說沙夫茨伯里的思想傾向於以優雅的風格讓讀者感受到美的獨特魅力，那麼休謨以精妙的推理描繪了美感的複雜結構，形成了一套完整的審美心理學，雖然它與人的認識和道德交織在一起。不過，休謨本來也不打算把審美排除出認識和道德之外，只是他的美學顯得更世俗，或者說更貼近日常生活中具體的審美經驗。休謨的哲學極大地影響了同時代和後來的很多美學家，如果不是他對人性的細緻刻畫，就不會有傑拉德、凱姆斯和艾利森的美學。

休謨

柏克

柏克

柏克（Edmund Burke, 1729 ～ 1797），出生於愛爾蘭，14 歲進入都柏林的三一學院，21 歲到倫敦的中殿律師學院學習法學。他一生中長期擔任下議院議員，支持過美國獨立革命，也反對過法國大革命，在其政治生涯中發表過多部政治著作，對後世影響巨大。由於其保守主義思想，他被看作是老輝格政治家，他最著名的政治著作是《法國革命論》。年輕時的柏克卻十分喜愛文學，在三一學院期間就成立俱樂部討論文學，還創辦期刊，發表劇評。柏克唯一一部美學著作《對崇高與美的觀念的根源的哲學研究》（以下簡稱《崇高與美》）也是在此期間 —— 大約始於 1747 年 —— 開始思考和撰寫的，直到 1757 年才正式出版。這部著作極富創意，在 18 世紀英國的眾多美學論著中脫穎而出，流芳後世。

論趣味

1759 年《崇高與美》第二版出版時，柏克增加了一篇導言，名為《論趣味》，其原因應該是為了響應休謨的《趣味的標準》，與此同時，也為他自己的美學思想鋪陳一個系統的理論基礎。他說：「表面上看，我們在推理能力上各人差異巨大，我們所獲得的快樂的差異不會更小，但是儘管有這種差異 —— 我覺得只是表面上的而非實際上的，理性和趣味的標準在所有人當中很可能都是一樣的。」[001] 可見他的目的的確是為了化解關於趣味的標準的紛爭。因為，如果人們的理性和趣味差異懸殊，在日常生活中就不能進行有效的交流，對趣味這門科學的研究也是徒勞無功的。他承認趣味與理性是完全不同的兩個領域，但他仍然確信趣味領域存在客觀規律，人們可以透過研究其對象的性質、人的自然構造將它們揭示出來，就像人們在理性領域所取得的成果那樣。

001　Burke, A Philosophical Enquiry into the Origin of our Ideas of the Sublime and Beautiful, ed. Boulton, London：Routledge & Kegan Paul Limited, 1956：11.

　　根據一般的見解，柏克把趣味看作是「心靈中被想像的作品和雅緻藝術感動，或對其形成判斷的那種或那些官能」[002]。想像是趣味的核心，這的確是一個一般的見解，但柏克的目的在於探索想像發生的根據和原理。要理解趣味的本質就必須把想像還原為更基本和確切的概念，即感覺。他認為：「人了解外界對象的一切自然能力，是感覺、想像與判斷，而首先是感覺。」而且他斷定：「由於沒有人懷疑身體為整個人類提供類似的意象，因而就必須承認，當任何一個對象自然地、單純地，僅僅以其適當的力量作用時，它在一個人身上激起快樂和痛苦，也必定在全人類身上產生。」[003] 感覺作為生理機能是所有人共同的，它經由身體作用於人，既產生相同的意象，也產生相同的快樂和痛苦。「趣味」一詞的本義，即味覺同樣是一種感覺能力，它給人帶來相同的經驗。醋是酸的，蜜是甜的，蘆薈是苦的，這些經驗也必然會引起相同的情感，即甜味是令人愉快的，而酸味和苦味則令人不快。即使在隱喻意義上使用「趣味」一詞，人們也有著相同的體會，比如人們會說 sour temper（乖張的脾氣）、bitter expression（苦澀的表情），也會說 sweet disposition（溫和的性情）、sweet person（和藹可親的人）。

　　如果說人們對於感覺給人的苦樂情感有著不同的體會，這多半是由於個人的習慣、偏見或者是身體失調，導致各人有著不同的偏好。不過，即使這樣，人也不能否認感覺的共同性。有人喜愛菸草勝過蜜糖，但是他相信菸草苦蜜糖甜、光明使人快樂黑暗讓人痛苦這些普遍的自然事實。同樣的事實還有，人人都承認天鵝比大雁美、弗裡斯蘭母雞比孔雀醜。顯然，人們是可以把自然的感覺與後天的偏好區分開來的，前者的一致性不容置疑。這樣看來，柏克似乎認為美是事物中的某種客觀屬性，是透過肉體的、生理的苦樂

002　Burke, A Philosophical Enquiry into the Origin of our Ideas of the Sublime and Beautiful, ed. Boulton, London：Routledge & Kegan Paul Limited, 1956：13.

003　同上。

感覺被人知覺到的，但沒有像休謨那樣，把原始的生理感受與內在的情感反應區分開來，或者他相信兩者之間存在恆定的因果關係。

在確定了感覺的性質和特徵之後，柏克指出，想像是感覺的再現，只不過想像是「一種創造性的力量，或隨意表現感官所接受的事物意象的秩序和方式，或者以一種新的方式，根據不同的秩序組合這些意象」[004]。他特意提醒人們：「想像這種能力不能生成任何絕對新的東西，它只能改變它從感官那裡接受的觀念的性狀。」[005] 所以，柏克理所當然地認為，既然想像源自感覺，那麼在現實中給人苦樂的東西，再現到想像中時也一樣給人相同的苦樂。當然，柏克也採納了培根對想像性質的規定，即想像傾向於發現事物中的相似性，並因滿足人的好奇心而產生快樂。同感覺一樣，想像是以自然的、直接的方式體驗到這些快樂的，因而這些快樂對於所有人都是一樣的，也不會因習慣和利益的干擾而發生變異。至於想像如何能產生快樂，柏克求助於生理學的原則。正如外在事物作用於感官時產生苦樂的感覺，想像則使觀唸作用於身體內部的各種組織 —— 主要是神經 —— 而產生苦樂的情感。當然感覺與想像、情感與生理運動是相互影響的：感覺促使想像活躍，想像又帶來內在組織的運動，因而產生苦樂的情感，而且這一過程是可逆的。總之，柏克的想像理論建立在生理結構和功能的基礎上，他幾乎不承認離開生理運動的情感，這種理論顯然帶有霍布斯的痕跡。

既然想像與感覺一樣，本身是一種自然的能力，那麼趣味差異只能來自其他方面。想像的快樂有很大一部分源於對對象之間相似性的發現，那就需要可供比較的對象。這樣的對象越多，發現相似性的機率就越大，主體所獲得的快樂就越強烈。問題是每個人心中所儲備的對象在類型上和數量上都有

004　Burke, A Philosophical Enquiry into the Origin of our Ideas of the Sublime and Beautiful, ed. Boulton, London：Routledge & Kegan Paul Limited, 1956：16.

005　同上，第 17 頁。

差異，也許還很懸殊，這使得同一對象在不同的主體心中產生不同的快樂。

　　一個不懂雕塑的人看見理髮師的木製假頭或某些普通的雕像時，他馬上就感到驚訝和高興，因為他看到了某些像人形一樣的東西。他被這種相似完全吸引，絲毫注意不到其缺陷。我相信，沒有人在第一次見到模仿作品時不會這樣。我們假設，過了一段時間，這個初學者認識更精緻的作品，他就開始鄙視他初次讚賞的東西，不僅鄙視那個東西不像一個人，而且鄙視它與人的形體只是輪廓上而不是細節上相似。他在不同時間所讚賞的如此不同的形象嚴格來說是一樣的，因而儘管他的知識有了進步，但他的趣味卻沒有改變。到此為止，他的錯誤來自對藝術知識的缺乏，而這種缺乏又是因為其經驗不足，但他也可能仍然缺乏關於自然的知識。[006]

　　顯然，柏克的意思是：想像用以發現相似性的意象儲備來自各種知識，而獲取知識的機遇則是偶然的。同時，認識是理性的職能，所以理性的判斷不能改變趣味的性質，卻能夠使人得到更豐富的快樂，因此也造成各人的趣味在程度上的差異。如果一個人根本沒有經歷過藝術作品所模仿的東西，從而無法透過比較得知其真實與否，那麼他就不可能從中感到快樂。如果排除知識上的差異，則每個人都可以獲得相同的快樂，而且作為藝術的欣賞者，多數人沒有也不必掌握那麼多專門的知識，所以知識的多寡對趣味的影響也不是決定性的。柏克說，有些人之所以對維吉爾的《埃涅阿斯紀》不感興趣，是因為他不能理解這部作品的高雅語言，如果將其翻譯為像班揚的《天路歷程》那樣通俗的風格，那麼這個人同樣可以從中得到快樂。然而，讓人費解的是，如果真的把《埃涅阿斯紀》用通俗的語言加以轉述，它還是《埃涅阿斯紀》嗎？另一方面，柏克的意見也是正確的，對藝術作品的審美欣賞畢竟不同於理性認識。一個對《奧德修紀》中航海技術的描寫百般挑剔的讀

006　Burke, A Philosophical Enquiry into the Origin of our Ideas of the Sublime and Beautiful, ed. Boulton, London：Routledge & Kegan Paul Limited, 1956：18—19.

者不可能欣賞到其中的美，他沒有聽從想像的自然力量，沒有理解作品的意圖和價值，得到最多的是推理的精細帶來的自豪感。這樣看來，過分強調理性的作用反而會讓人對藝術產生不恰當的判斷。

柏克順從多數美學家的意見認為：「總的來說，人們普遍承認的趣味不是一個簡單的觀念，而是分別由對感官的初級快樂、想像的次級快樂和推理能力對於這兩種快感以對於人的情感、風度和行為的判斷構成的。所有這些都是趣味所必需的，而所有這些的基本作用在人類心靈中都是一樣的；因為正如感官是我們所有的觀念的主要根源，並因此是我們所有快樂的主要根源，如果它們並不是模糊而隨意的，那麼趣味的全部基本作用對於所有人來說都是共同的，這樣的話，對於這些事情的確定推論就有了一個充分的基礎。」[007] 但是，柏克傾向於認為前兩者是趣味的本質要素，而後者則是輔助性的。如果一個人缺乏敏感的想像力，那就說明他沒有趣味；如果他能對美的對象做出正確的判斷，則可以說明他有好的趣味。

判斷力的強弱和知識的多寡雖然不是趣味最重要的因素，卻是趣味差異的重要原因，那麼我們就可以說，只要具備同等的知識，人們的趣味就不存在差異，也就是說，趣味差異產生自後天經驗，也可以透過後天經驗加以抹平。但柏克有時並不認可這樣的結論，因為他提出每個人的感覺能力和判斷能力也存在差異，

「前者的缺陷導致趣味的缺乏，後者的弱點則構成一種壞的趣味」[008]。這個說法至少表面上與他最初的主張是矛盾的，單從感覺這個因素來說，既然感覺是人天生的一種能力，它們如何在每個人身上存在差異呢？柏克的解釋是：「（趣味的）原則是完全一致的，但這些原則在人類每一個個體身上

007　Burke, A Philosophical Enquiry into the Origin of our Ideas of the Sublime and Beautiful, ed.Boulton, London： Routledge & Kegan Paul Limited, 1956： 23.

008　同上，第23—24頁。

起作用的程度卻是不同的，這種程度就如同這些原則本身的相似一樣。」[009] 這句話實在有些拗口，大概柏克自己也覺得這個觀點不容易成立。他的意思也許是：感覺和判斷的原理或機制是客觀的、普遍的，但每個人運用它們的能力不盡相同。但這同樣解釋不通，難道感覺和判斷不正是運用它們的能力嗎？

有些人天生感受遲鈍，性情冷酷淡漠，很難說他在整個生活中是清醒的。對於這種人，最顯著的對象也只能造成一種微弱而模糊的印象。另一些人一直處於粗俗和純粹感官快樂的刺激中，或者為貪婪所累，或者痴迷於對榮譽和名聲的追逐，以至於他們的心靈始終習慣於這些強烈和狂躁的激情風暴，不能被想像的細膩雅緻的遊戲所觸動。這些人儘管是出於不同的原因，變得與前一種人一樣愚鈍麻木，但只要這種愚鈍麻木被任何自然的精緻和偉大或者藝術作品中類似的性質所打動，他們便回到同樣的原則上來。[010]

照此說來，有些人天生就不具備養成高雅趣味的條件，這不是因為他們的感覺器官存在什麼缺陷或障礙，而是因為他們的感覺能力是遲鈍或冷漠的，雖然後天的習慣和偏好也會造成影響。這正如哈奇森既認為內在感官是先天的、普遍的，但又同時指出有些人的確無法知覺到美；既認為後天的習慣和教育可能損害先天的內在感官，同時又主張高雅趣味需要訓練和培養。柏克顯然也陷入這種矛盾當中，儘管他有時是故意忽視這種矛盾的存在。他一開始說想像是趣味的核心要素，而想像是感覺的復現，所以應該具備普遍性和一致性，但到後來卻又主張判斷力是決定趣味高下的關鍵因素，高雅趣味必須以豐富的知識以及由此而來的精細判斷作為基礎，而知識的獲得是後天經驗，甚至不存在任何可資遵循的規程，只能在生活中積累，不斷揣摩精美的藝術作品。重要的在於，知識的積累和判斷的提高如何能糾正感覺和想像的缺陷，或者使它們變得敏銳，柏克沒有提供令人信服的答案。

009　同上，第23—24頁。
010　同上，第23—24頁。

柏克

論崇高

　　《崇高與美》能夠在美學史上占有一席之地，一個重要原因是它把崇高與美相互對立，使崇高成為一個與美相併行，甚至超越美的審美範疇。早在1世紀就有託名朗吉努斯的作家寫過《論崇高》，但直到法國新古典主義美學家波瓦洛在1674年將其譯為法文後才備受關注。在柏克之前的英國，論述到崇高或相似概念的人也不在少數，較早有丹尼斯在《詩歌批評的基礎》（1704）一書中就提到，人們在對某些特殊對象如太陽的觀念沉思時起初心生恐懼，繼而感到崇敬，這很類似於柏克意義上的崇高。沙夫茨伯里及之後的艾迪生、哈奇森、拜利、休謨、傑拉德等人都論述過崇高的觀念，比較著名的是艾迪生在《想像的快感》中列舉了三種美，即非凡、偉大和美，其中偉大相當於崇高。艾迪生說，偉大的對象讓想像自由翱翔、突破局限，因此令人沉浸於一種愉快的驚愕和靜謐之中。幾乎與《崇高與美》同時面世的傑拉德的《論趣味》，也明確把崇高單獨列為美的一類。可以確定，關於崇高的討論在當時已經非常普遍了。

　　令柏克不滿意的是：之前的美學家雖把崇高描述為一種特殊的美，但最終還是歸到了美的名下。他認為前人之所以混淆崇高與美，是因為他們混淆了在原因上極不相同的兩種快樂，即積極的快樂和由痛苦的緩解而產生的快樂。看到迷人的景色，聽到美妙的音樂，在享受這樣的快樂的時候，人們很難說清楚在這快樂之前自己處於什麼狀態，但這快樂肯定不是由於某種痛苦狀態的消失。同樣地，在被痛擊或嘗到苦味的時候，人們也不會覺得這痛苦是由於之前的快樂在溜走。然而，柏克注意到，任何情感，尤其是強烈的快樂和痛苦，即使在誘發其活躍的對象消失之後還會延續一段時間，它們不會轉化為相反的情感，卻也不同於先前確定的快樂和痛苦。快樂在延續一段時間後自然終止，人的情緒就恢復到一種中性狀態。如果快樂突然中斷，人們

就感到某種失望；如果人們意識到快樂的對象消失並一去不返，心裡就生出一點感傷。無論如何，這些情緒不同於單純的痛苦，即使是感傷的情緒，人們還願意忍受，但任何人都不願長時間地忍耐痛苦。同理，痛苦在消失或緩解之後也確實轉化為一種特殊狀態，這不是簡單的悲痛或不悅，雖然也不同於確定的快樂，卻又很像某種程度的快樂，或者說是相對的快樂。柏克特意稱這種快樂為欣喜（delight）。

之所以要鮮明地區分快樂和痛苦，柏克的目的是要更進一步指出痛苦和快樂分別源於人的兩種自然的激情，即自我保存的激情和社交性激情，前者就是求生的本能，是對危險和死亡的恐懼；後者是繁衍的本能，是對異性和令人快樂的對象的愛。柏克以為自我保存的激情「是所有激情中最為強烈的」[011]。這個分類可以追溯到霍布斯和沙夫茨伯里相互對立的主張，後有休謨加以調和，指出人兼有自私和有限的慷慨兩種自然傾向。柏克所提出的兩種激情對於他的美學有提綱挈領的作用，它們是人類社會必不可少、朴輔相成的內在驅動力，由此可以理解人類種種情感的類屬和意義，同時這也使其美學有了人類學和社會學的基礎。

崇高的形成與自我保存的激情有關。「無論任何事物，但凡適於極其痛苦和危險的觀念，也就是說，任何可怕的東西，或者與可怕的對象有關的東西，或者其作用與恐怖類似的東西，都是崇高的一種根源。」[012] 當然，最令人恐懼的觀念便是死亡。所以，崇高源於自我保存的激情——恐懼，但他明確表示恐懼不等於崇高感。因為在純粹的恐懼之下，人的一切精神活動都會停止，不容許人有欣賞對象的心情。當對象引發恐懼的同時又不會對人造成真正的傷害，或者因空間和時間上的疏遠使恐懼得到緩解時，恐懼才可以轉化為欣喜，這種欣喜就是崇高感。另外，柏克指出讚歎、崇敬和敬重等情感

011　Burke, A Philosophical Enquiry into the Origin of our Ideas of the Sublime and Beautiful, ed. Boulton, London：Routledge & Kegan Paul Limited, 1956：38.

012　同上，第39頁。

柏克

中都有恐懼的成分，因而也都可以轉化為崇高感。

在《崇高與美》的第二部分，柏克列舉了崇高的對象的種種特徵，分別有：恐怖、模糊、力量、空曠、廣大、無限、連續和一致、困難、宏偉、光亮、巨響、突然、時斷時續、苦味和惡臭、痛楚等。這些特徵是透過對各種感官經驗進行觀察和內省得來的，而不是由先驗的法則演繹而來，這體現了經驗主義的方法。不過，所有這些特徵都有一個共同點，即適於引起心靈的恐懼，或者使心靈陷於一定的困難和危險，並激發感覺和想像去努力克服它們。

柏克的例證既有自然對象，也有各種藝術作品。像其他美學家一樣，柏克美學所描述的審美對象不再局限於藝術作品，而是延伸到生活的各個領域，簡言之，凡是給人帶來快感的對象都屬於審美的範圍，這種美學注重探索的是這種獨特經驗的性質、活動規律以及它的社會文化作用。這使美學的範圍得以擴大，並成為一門具有普遍意義的學科。而柏克也在另一個維度上擴大了審美經驗的範圍，因為他所列舉的性質不僅包括傳統美學所圈定的視覺和聽覺的對象，而且也包括味覺、嗅覺和觸覺的對象，儘管這一點對後世影響甚微，但也不失為一家之言。

給人留下深刻印象的是柏克對崇高原因的剖析，生理學原則在其中得到了絕佳的體現。柏克反對洛克等人的觀念聯結論，即認為對象之所以給人帶來恐懼是因為人們習慣於把對象的性質與某些可怕的觀念聯結在一起，以至於當人們提到這個對象時就不由得聯想到那些可怕的觀念；相反，他主張恐懼直接來自人對對象性質的知覺，因為情感是透過人體器官的生理運動，亦即肌肉、神經、纖維等組織的運動引發的。他關於黑暗對視覺器官作用的描述是一個典型的例子：

我們可以觀察到，自然是如此設計的，當我們正在從光源後退時，瞳孔因虹膜的鬆弛而與我們後退的距離成比例地放大。假設我們不是一點一點地離開，而是一下子就從光源撤走，那麼理所當然地虹膜的徑向纖維的收縮也

就成比例地變得更大。這一部位會因深度黑暗而收縮，以至於把構成這一部位的神經抽緊到超出其自然彈性，並因此而產生一種痛苦的感覺。[013]

　　同樣的道理，任何感覺器官不自然的緊張或痙攣都會產生痛感。這種痛感對於人的生存來說甚為必要，因為正如體力勞動會鍛鍊人的四肢軀幹，使之強健，較精微的感覺器官的緊張也是一種鍛鍊，是人得以健康生存的必要條件。因為崇高的對象並不真正威脅到人的生命，肉體器官不自然的緊張反而使心靈處於一種奮發昂揚的狀態，感到征服困難和危險後的欣喜，亦即崇高感。這就是柏克列舉的種種性質激發崇高感的內在原理。

　　柏克的理論雖然新穎獨特，但很多時候難以經得住推敲，比如長時間盯視一個細小的點會使眼睛痠痛，但很難說這個點給人以崇高感。事實上，當柏克在分析崇高對象的性質時，他並沒有一味地貫徹這種生理學的原則，而是更多地運用艾迪生和休謨已經分析過的想像活動規律。在談到「連續和一致」這種特徵如何形成「人為的無限」時，柏克認為，「連續，是在同一方向上綿延的很長的各部分所必需的，以便對感官不斷刺激而給想像造成這樣的印象，即各部分的行進超過了它們實際的界限」[014]，而一致則不至於讓想像停頓下來，對無限的印象造成破壞。無限的印象會讓人心生驚駭，以至於最後形成崇高感。然而，即使他可以說想像也會引起感覺器官的運動，但這也不一定正確，當人們讀到「白髮三千丈」時，視覺器官未必因「三千丈」這一觀念做出多麼複雜的緊張運動。最為關鍵的是，柏克一味地強調的生理學原則讓人感到他幾乎完全排斥崇高中的精神因素，也無視這個觀念所包含的歷史和文化內涵，雖然這肯定不是他的初衷，我們將在談論英國美學與政治和文化的關聯時深入分析這個問題。

013　Burke, A Philosophical Enquiry into the Origin of our Ideas of the Sublime and Beautiful, ed. Boulton, London：Routledge & Kegan Paul Limited, 1956：145—146.

014　Burke, A Philosophical Enquiry into the Origin of our Ideas of the Sublime and Beautiful, ed. Boulton, London：Routledge & Kegan Paul Limited, 1956：74.

　　儘管如此，柏克的崇高理論在西方美學史上的意義仍然不容抹殺。18世紀以來的美學和藝術批評抬高情感的地位，試圖賺脫理性邏輯的桎梏，打破古典美學所尊崇的種種藝術規範，但始終難以找到恰當的語言來表達它的真正目的，因而不自覺地依附於古典美學。只有到了柏克那裡，美學不再唯美獨尊，他把崇高從美的範疇中解脫出來，並視崇高為比美更強烈、更動人的情感。在他之前，從未有人把崇高提到如此高的地位，從此之後，美不再是審美經驗的單一形態。柏克的崇高相比於美顯得更加自由奔放、雲雷奮發。在柏克眼中，藝術不必再受制於某些人為樹立的規範，其目的就是去激發人心中自然的情感。

論美

　　與崇高感相反，美感源於社交性激情 —— 愛。柏克把社交性激情分為兩類：一類發生在兩性交往中，為的是繁衍種族；另一類發生在普遍社會中，即希望與他人、動物，甚或無生命的事物交往的情感，這類激情又有同情、模仿和雄心等。自我保護的激情促使個體生命的延續，多少帶有自私的傾向，而作為社交性激情的愛則促使個體與異性和他人共處，凝聚社會整體；前者是透過痛苦和恐懼的情感激發起來，後者則是透過積極的快樂運轉起來。正如崇高不等於純粹的恐懼，美感也不同於純粹的情慾或慾望。情慾或慾望是發自心靈內在的衝動，要求占有對象，而美感則是由對象喚起的愛，不需要占有對象，可以說只是對對象形式的靜觀，一定程度上是非功利性的。人們可能對並不美麗的異性產生情慾，但也可以愛某個異性而不帶有任何情慾，人甚至也愛動物和無生命的事物。柏克對動物的情慾和人的情慾的區分也說明了這一點，動物只是憑藉本能直接地追逐異性，人卻是有意識地選擇異性，是透過某些可感知的外在性質的協助來間接地表現情慾，雖然這

些性質本身就產生直接而迅速的效果。總而言之，「美是物體中引起愛或類似於愛的一些情感的那種性質或那些性質」[015]。

在《崇高與美》的第三部分，柏克分析了美的特徵，包括：「第一，相對較小。第二，平滑。第三，各部分在方向上有變化。第四，沒有尖銳的部分，各部分互相交融。第五，具有精緻的結構，而沒有明顯富有力量的外形。第六，顏色純淨明亮，但不很強烈炫目。第七，若有炫目的顏色，也是散布在其他顏色中。」[016] 它們的共同之處在於使感覺和想像處於一種輕鬆而活潑的運動中，從而使心靈對這些對象產生愛的情感。在闡釋美的原因時，柏克同樣運用了生理學的原則。與崇高的對象使感覺器官處於一種不自然的緊張狀態不同，美的對象則使感覺器官乃至整個身體處於一種低於自然的鬆弛狀態，而且柏克斷言，這是一切確然的快樂的形成原因。所以，依照柏克的觀點，靜止或常態的身體各器官並不會產生任何快樂，只有當各器官被對象刺激起來時才能產生各種情感，只不過，崇高與美的對象是使其向相反的方向運動，崇高的對象使其緊張，而美的對象則使其鬆弛，從而分別產生恐懼和愛。崇高感和美感都不能脫離對象的特定性質或特徵而產生。當然，柏克關於崇高的理論所存在的缺陷也同樣適用於關於美的理論，茲不贅述。

柏克關於美的理論，除了生理學的闡釋原則之外，還有其他一些創造性的觀點值得關注，其中最重要的是他對傳統美論的批判。柏克指出，傳統美論中有三種典型的學說，即比例說、適宜說、完善說。在他看來，此三種學說多為穿鑿附會，不僅經不起經驗的檢驗，甚至還使美這一觀念含糊不清，阻礙了人們進行真正的研究道路。

比例說從亞里斯多德以來幾乎成為權威，在 18 世紀英國的很多美學家那

015　Burke, A Philosophical Enquiry into the Origin of our Ideas of the Sublime and Beautiful, ed. Boulton, London：Routledge & Kegan Paul Limited, 1956：91.

016　同上，第 117 頁。

裡，如沙夫茨伯里、哈奇森、休謨等，還可以發現這種學說的痕跡。柏克反駁說，發現和確定事物形式的比例應該是理性的任務，美卻是感覺的對象，它先於任何推理直接產生效果，在美的事物給我們以愛的情感之前，我們根本不需要預先用理性來計算其比例是否恰當。「美無須推理的協助，甚至與意志無關；美的外表有效地在我們心中引起某種程度的愛，猶如冰或火產生冷或熱的觀念一樣。」[017] 退一步講，即使各種事物的形式表現出一定的比例，我們也幾乎不可能確定究竟何種比例才是美的。人們普遍認為天鵝和雄孔雀都是美的，但它們的形式比例卻大相逕庭，天鵝有長脖子和短尾巴，雄孔雀卻有短脖子和長尾巴。比例說的根源在於，人們根據習慣得知每一類事物都有其正常的形態，畸形就顯得醜，但這不意味著畸形的對立面就是美；相反，某些適當超出正常比例的事物卻給人以新奇感，從而更能帶來美感，而正常比例久而久之倒變得平庸無奇。

適宜說認為事物之所以美是因為其各部分協調搭配，以使各部分的功用有利於實現整體目的，因而各部分也形成了和諧的比例關係，所以適宜說實際上與效用說唇齒相依，而效用說是比例說的翻版，但柏克認為適宜說也很難得到經驗的支持。因為依照這種學說，「豬楔形的鼻子，端部帶有粗糙的軟骨，小小眼睛深陷下去，頭的整個構造非常適合於掘泥拱土，應該是極美的」[018]。男性與女性的身體各部分都各司其職，盡其功用，但男性那種陽剛之氣更適於稱作崇高而非美，因而用適宜說來解釋美就是混淆概念。再說，當我們看到人的眼睛、鼻子、嘴巴是美的時，也極少會立刻聯想到其各種功用。所以，適宜也不是美的本質特徵。

完善說把美的根源歸結為道德的善，柏克認為這種學說無疑是在混淆概

017　Burke, A Philosophical Enquiry into the Origin of our Ideas of the Sublime and Beautiful, ed. Boulton, London：Routledge & Kegan Paul Limited, 1956：92.

018　同上，第 105 頁。

念。因為德行是心靈內在的品質，而美則是可感知的性質，兩者之間並無必然關聯。再者，讓我們喜愛的人未必有高尚的德行，女人嬌滴滴、病懨懨的神態最能引起人們的愛憐，但誰能說這就是美德的表現呢？有些英雄勇武剛毅，懲惡揚善，可謂有最高的美德，但我們卻很少愛他們，反而是敬而遠之。完善說可以說是一種理想，但不現實。

在柏克看來，這幾種學說的謬誤之處在於，它們把超出事物可感知的性質之外的東西看作美的原因，或者就看作美本身，這樣來探求美的本質無異於緣木求魚，使美的觀念失去事實的根據，陷於一種模糊不清的境地。一定程度上，柏克美學徹底貫徹了經驗主義原則，其生理學方法也更具唯物主義傾向，雖然是一種機械的唯物主義。從經驗主義美學本身的發展史來看，柏克彷彿有意清除沙夫茨伯里以來的目的論的影響，即把超自然的精神看作自然的形式構成的終極原因，他對崇高與美的闡釋很明顯地帶有更世俗的色彩。

語言的魅力

柏克因其崇高理論而在美學史上確立了自己的地位，此後的美學家們幾乎都會對崇高發表評論，並在自己的體系中給崇高留出顯要位置。縱然如此，崇高這一概念並不是柏克的發明，而相比之下，他對於語言的論述卻包含了更多的獨創性。在 18 世紀的英國，美學家們在藝術方面通常還堅持模仿論，自哈奇森開始，模仿還成為美的一種獨特類型，雖然其內容多來自亞里斯多德。柏克也無意全盤推翻模仿論，但仍然突出藝術作品本身的審美價值，「自然的對象，透過上帝在物體的特定運動和構造與物體在我們心靈中留下的特定感受之間建立的聯繫的規律，來打動我們。繪畫以同樣的方式感人，雖然還附帶有模仿的快感。建築透過自然和理性規律來打動人，理性的規律產生比例的法則，所設計的比例能否恰當地適應於目的，作品的整體或

某些部分就得到讚揚或責備」[019]。也就是說，藝術作品除了肖似的模仿，其自身的形式是否協調也是其審美價值的關鍵因素。由於語言本身不具備鮮明的形象性，所以批評家們討論文學的時候通常是透過它們所表現的觀念來評判其審美價值的，但在柏克看來，語言自身所能產生的美感甚至要強過其他的藝術形式。

根據詞語所表現觀念的不同，柏克把詞語分為三種：第一種詞語表現由自然結合起來的簡單觀念，即一個或一類整體事物，如人、馬、樹、城堡，可稱之為集合詞語；第二類詞語表現的是構成事物的單個性質的觀念，如紅色、圓的，可叫做簡單的抽象詞語；第三類詞語表現的是前兩類觀念的聯合及其關係，因而是複雜的觀念，如美德、榮譽、信仰、司法，柏克稱這類詞語為複雜的抽象詞語。最特殊的是第三類詞語，它們能夠在心靈中產生有時是強烈的情感，但不提供相應的印象或形象

無論它們對情感施加什麼力量，我相信這種力量不是來自它們所表示的事物在心靈中的再現。作為組合在一起的東西，它們不是真實的實體，我想也不能引起任何真實的觀念。我相信，沒有人在聽到「美德」「自由」或「榮譽」這些詞語的聲音時會構想出任何關於行為和思想的具體模態的準確概念，同時想到混合和簡單的觀念以及這些詞語所代表的觀念的諸種關係；他也不會有任何與它們混雜在一起的普遍觀念；因為如果他有這樣的觀念的話，那麼其中一些具體的觀念，儘管也許是模糊不清的，就會很快被知覺到。但在我看來，事實從不會是這樣。你可以分析這些詞語，你必須將它們從一組普遍詞語分解成另一組普遍詞語，然後又分解成簡單的抽象詞語和幾何詞語，在任何真實的觀念浮現出來之前，在你發現任何類似於這種組合的基本原則的東西之前，這一長串的分解很難被人一下子就想到，且當你發現

019　Burke, A Philosophical Enquiry into the Origin of our Ideas of the Sublime and Beautiful, ed. Boulton, London：Routledge & Kegan Paul Limited, 1956：163.

了原始觀念時，組合的效果就完全消失了。[020]

　　簡而言之，如果說詞語產生的效果有聲音、圖像和情感的話，第三類詞語只有聲音和情感的效果。複雜的抽象詞語沒有與之密切對應的具體事物或性質，而只是一些特殊聲音，但它們被運用於具體場合中，與善或惡聯繫在一起，久而久之，習慣讓人們一聽到這些詞語時心中就不由得生出某種情感，即使它們不再與具體場景相關。毫無疑問，柏克對這些抽象詞語的解釋是以沙夫茨伯里以來的道德感理論為基礎的，亦即善惡在人心中激起快樂或痛苦的情感，但柏克的獨特理解在於，習慣會使這些詞語的聲音與特定情感之前建立固定關聯，跨過了這些聲音與特定場景的直接關係。

　　甚而至於，柏克認為在文學作品中運用所有類型的詞語並不一定會憑藉圖像或者美學家通常所謂的印象和意象來影響讀者；在快速的閱讀中，單個詞語瞬間被掠過，匯聚成詞語流，讀者很少有機會停下來仔細想像它們所代表的觀念或印象。「談話中詞語迅捷快速地接續，確實不可能同時產生詞語的聲音以及它們所表現事物的觀念；此外，有些表達真實實體的詞語也與包含普遍和空洞的詞語混雜在一起，要想從感覺跳到思想，從具體跳到普遍，從事物跳到詞語，還能夠滿足現實目的，幾乎是不可能的，我們也沒有必要這樣做。」[021] 柏克的意思應該是：人們很少能準確地、清晰地辨明每一個詞語的確切含義，但這並不妨礙實際生活的交流。這頗像現象學美學家英伽登關於語言的看法，即人們很少單獨地關注文學作品中某個詞語及其語音和含義，在閱讀過程中，人們幾乎是同時就領會了整個句子，進而猜測或預想後面句子的意義。同時，一段話中的個別詞語並不具備確切的含義，其含義是在與其他詞語的比較和聯結中明確起來的。柏克舉了 18 世紀英國著名詩人

020　Burke, A Philosophical Enquiry into the Origin of our Ideas of the Sublime and Beautiful, ed. Boulton, London：Routledge & Kegan Paul Limited, 1956：164.

021　Burke, A Philosophical Enquiry into the Origin of our Ideas of the Sublime and Beautiful, ed. Boulton, London：Routledge & Kegan Paul Limited, 1956：167.

布萊克·洛克的例子，這位詩人六個月大時因天花而失明，但他描繪事物的「生動和精確」，即使視力正常人也難與其匹敵，更令人稱奇的是劍橋大學的數學教授桑德遜，同樣是早年眼盲，卻還能給人講授光學，可見他在光和色方面的知識遠超常人。

柏克對詞語與觀念間關係的理解之所以一反常識，目的是要表明文學產生審美效果的特殊規律：「詩歌的效力確實很少依賴於感性意象的力量，所以我確信，詩歌將會失去其大部分的活力，如果活力就是所有描繪的必要效果的話。因為感人的詞語的結合是詩歌最有力的手段，如果總是要激起感性的意象，詩歌最終要喪失其感染力，也要喪失其恰當和連貫。」[022]

詩歌的感染力來自綿延不斷的詞語流對心靈的衝擊，如果人們總是停下來仔細思索每一個詞的含義，閱讀過程就會時斷時續，持續的情感也被切割得七零八落，語言描繪的效果自然是喪失殆盡。從另一個角度來說，如果讀者總是懷著模仿的觀念，刻意尋找每一個詞語在現實中的對應物，並將這些物的觀念在頭腦中加以組合，那就破壞了詞語本身的組合規律及其產生的審美效果，所以詩歌不是嚴格意義上的模仿藝術，儘管在很多地方它也用到了模仿，但最需要訴諸情感的地方，模仿是無法奏效的。荷馬的《伊利亞特》中這樣描寫皮安姆和元老們見到海倫時的場景：「他們驚呼，如此貌若天仙，難怪九年來整個世界為之兵戎相向；多麼迷人的優雅！多麼高貴的儀容！她動若女神，行若女王！」[023]（柏克用了莆柏的譯文）荷馬對海倫容貌的細節隻字不提，沒有人能形成確切的觀念，但短短幾行文字卻勝過連篇累牘的精雕細琢。不過，在這裡也可以看出，柏克實際上還是繼承了艾迪生的想像理論，詩歌最有效的描寫在於激發讀者的想像，而不是實事求是地模仿對象的細節。

---

022 同上，第 170 頁。

023 Burke, A Philosophical Enquiry into the Origin of our Ideas of the Sublime and Beautiful, ed. Boulton, London：Routledge & Kegan Paul Limited, 1956：171.

　　然而，詩歌中的詞語為什麼能產生如此神奇的效果，也不僅僅是想像的作用，還有其他一些原因值得分析，而柏克的分析也確實鞭辟入裡。如果詞語僅僅是憑藉其表現的觀念來感染人們，那麼它們激起的情感必然不能很強烈，因為孤立的觀念很難維持對情感的連續作用，而當我們閱讀經典作品時，往往是心醉神迷、激動不已，比起其他藝術來，詩歌的感染力更勝一籌，所以詩歌也必然有其他藝術不具備的獨特手段。在柏克看來，詩歌之所以更能動人的原因有三個：首先，詩歌能使人產生更深切的同情。如果一個對象只是外在於我們，透過單純的形象來影響我們，其力量是有限的，畢竟它與我們的傾向和立場無關，我們可以漠不關心、無動於衷。「我們異乎尋常地參與到他人的情感中，我們輕易被他們表露出來的真相所感動，並被帶入同情之中。」[024] 詩歌的優勢就在於，它能動用各種詞語營造複雜的場景，其中的人物不僅向我們傳達某個對象，而且還將他由這個對象被感動的方式也表現出來，換言之，詩歌不僅描寫某個對象的外在特徵，而且還將這個對象投入人物所特有的情感、立場、態度中。這個時候，影響我們的就不單是對象本身，還有與這個對象密切相關的人物，而最能打動我們的恰恰就是與我們自己相似的人物了。休謨的《人性論》初版於 1738 年，柏克應該並不陌生，他所論的同情也應該是受了休謨的啟發，但是把同情運用於對詩歌的特殊手法的解釋也確實屬於新的嘗試，而且比起前人的理論來也更有效。

　　其次，詩歌能夠進行更為自由的虛構。現實生活中的事物和場景多是平淡無奇，猶如過眼煙雲，轉瞬即逝，不能給人留下深刻的印象，也不能激起強烈的情感。縱然歷史上不乏戰爭、死亡、冒險這些驚險刺激的事件，常人卻無緣經歷，或者真正說來也不願經歷，更不要說像上帝、天使、魔鬼、天堂、地獄這樣的東西，人們根本就無從見識。詩歌卻可以翻空出奇，將這些

024　同上，第 173 頁。

驚心動魄的事情描寫出來，自然令人好奇，想一探究竟，而在詩歌中經歷這些不尋常的事情，想像自由馳騁，情感也跌宕起伏。所以，詩歌能更出色地利用想像這種心理規律來營造新奇的效果。柏克的這種說法自然是來自培根，培根說詩歌能夠虛構常人不能經歷的大是大非之事、大善大惡之人，造成道德教化的作用。

再者，即使是司空見慣的事物，在詩歌中也能煥發出新的生命和力量。這一來是因為詩歌可以予以虛構和誇張，二來是能夠將它們置於奇特的場景之中，也就是把各種類似的詞語，哪怕它們之間沒有嚴謹的邏輯關係，堆砌在一起，形成一種整體的氣氛。彌爾頓在《失樂園》中對地獄的描寫就是一例：「他們行經許多暗黑、淒涼的山谷，經過許多憂傷的境地，越過許多冰凍的峰巒、火燒的高山，岩、窟、湖、沼、洞、澤以及『死』的影子。『死』的宇宙……」[025] 這番景象的詭異恐怖，令人毛骨悚然，幾乎都來自詞語的密集組合，如果把其中一個詞語拿出來，就不再具有原先的意味，也不會給人特殊感受。如果讀者停下來辨析每一個詞語所代表的實際事物是否真實，其間關係是否準確，這種陰森駭人的氣氛就喪失大半。說到底，詩歌是依靠感覺和想像來領會的，而不能處處運用理性去推論。

柏克勸人們不要過分追究詩歌中的詞語與其觀念之間的準確關係，一定程度上也是為他之前的崇高理論提供有力的佐證。作為一種強烈的審美情感，崇高的一個重要原因就是其對象除了有巨大、廣袤的特徵之外，總是處於一種隱約模糊的環境中，人們不能看到其邊際，不能準確測量其性質，因而顯出無限的特徵。此時人們彷彿被一個朦朧未知的世界所包圍，想像的力量在其探索中耗盡，理性也無用武之地，人們自然心生恐懼。在詩歌中，人們如果力求準確逼真，倒是違背了崇高的心理規律，適得其反。

025　彌爾頓：《失樂園》，朱維之譯，上海：上海譯文出版社，1984 年，第 70 頁。

傑拉德

傑拉德

亞歷山大・傑拉德（Alexander Gerard, 1728～1795），蘇格蘭人，受教於阿伯丁大學，之後成為該大學的道德哲學、邏輯學和神學教授。同時，他也活躍在宗教領域，是阿伯丁市的牧師，曾擔任蘇格蘭教會最高會議議長。其美學方面的著作有《論趣味》和《論天才》，前者尤為著名。1756年，愛丁堡藝術、科學、工業和農業促進會就「趣味」一題展開徵文活動，傑拉德的《論趣味》榮獲金獎，於 1759 年在休謨的協助下出版。這本書可以說是 18 世紀英國關於趣味的第一部系統著作。

趣味與想像

哈奇森的著作使人們相信，人天生具有一種審美能力，即內在感官。儘管他給這種感官提供了充分的形而上學基礎，證明了其先天性、直覺性和非功利性等性質，但也因此而忽視了對這種感官予以充分的心理學分析，這使其美學顯得抽象空洞，而且也存在諸多缺陷，例如，他區分了絕對美和相對美，但他並沒有對這兩種美形成的快感做出區分，而這兩者並不完全相同。為了維護其理論的一貫性，哈奇森沒有對艾迪生已經提出的崇高和新奇予以論述，但艾迪生已經指出，崇高和新奇的快感與美的快感是很不相同的。如果哈奇森將上述問題納入自己的理論中，那麼他所提出的美的對象的寓於多樣的統一這一原則就必將受到挑戰，威脅到其理論的一貫性。造成這一困境的主要原因應該是：哈奇森過多地依賴形而上學的規定，而沒有注重心理學的分析。此時，休謨的人性哲學給了傑拉德很大幫助。休謨對形而上學不感興趣，他以人性原則，即人的心理能力及活動規律，貫穿了哲學的各個領域，這同樣也為後來的美學提供了方法論的參照。總的來說，傑拉德更多地借鑑了休謨而不是哈奇森，雖然他仍然志在把哈奇森所勾勒的美學描述得更加完善和系統。

　　為了解決哈奇森留下的難題，傑拉德採取了折中道路。首先，他承認人具有不同於外在感官的先天內在感官，但這種感官本身並不完善，而是需要適當的後天培養。其次，在他看來，內在感官並不是單一的能力，而是可以被區分為幾個類型：新奇感、崇高感、美感、模仿感、和諧感、荒誕感和德行感。同時，他認為這幾種內在感官是由一種更基本的能力構成的，即想像力，換句話說，內在感官是想像力在不同的環境中與其他不同能力相結合而成的。所以，傑拉德稱一般意義上的美感為趣味，稱不同趣味為某種想像力或感官。他說：「趣味主要由幾種能力的發展構成，它們通常被稱作想像力，也被現代哲學家認為是內在感官或反省感官，它們為我們提供了比外在感官更為精細和雅緻的知覺。這些能力可被簡化為以下幾條：新奇感、崇高感、美感、模仿感、和諧感、荒誕感和德行感。」[001] 因此，《論趣味》的任務在於「探討趣味的本質。我們其次將努力揭示這些感覺在趣味的形成中是如何活動的，有哪些心靈的其他能力參與了它們的活動，是什麼使這些感覺得到提升和完善，被我們稱作良好的趣味，同時良好的趣味是如何獲得的。最後，我們將透過考察趣味的這些來源、活動和對象，確定其在我們官能中的真正位置，其確定的領域和真正的重要性。」[002] 在哈奇森那裡被當作基本原則的內在感官，到了傑拉德那裡只是趣味的構成要素或者不同表現。當傑拉德把內在感官等同於想像力的時候，他也改變了哈奇森所規定的內在感官的基本性質，即弱化了其被動性，強化了其能動性，因為想像力是一種具有改變、組合和創造觀念的能力。

　　然而，傑拉德的理解存在某些矛盾的地方，既然內在感官是想像力與其他因素構成的復合能力，那麼它們就不是原始的、天賦的，而且因為想像力的隨意性，內在感官也就可能沒有普遍性和必然性。為了解決這個矛盾，傑

001　Alexander Gerard, An Essay on Taste, London, 1759：1—2.
002　同上，第2頁。

拉德對想像力的規律進行了深入的探討。

傑拉德認為，人心中的一切現象「或者來自感覺的普遍規律，或者來自想像的某種活動。因而趣味儘管自身是一種感覺，但就其原則來說，卻可以被恰當地歸於想像」[003]。這種說法顯然是一個悖論，因為如果趣味不是外在感覺和反省，那麼它也就不是原始和簡單的能力，而只能是派生和復合的能力；既然是派生和復合的能力，那麼它就不是感覺。對此，傑拉德做了一種獨特的解釋。之所以說趣味是一種感覺是因為，首先，從經驗層次上看，「它為我們提供了簡單的知覺，完全不同於我們透過外在感官或反省所接受的知覺」[004]。因此，趣味能夠使我們了解外在事物的形式和內在性質，並了解我們自己的能力及其活動。從這一點上看，內在感官與外在感官和洛克的反省具有相同的性質，它們都是直接的，也就是說，在我們運用推理來理解對象的構成和性質之前，我們就已經得到了某些觀念和情感。其次，正如從外在感官和反省而來的簡單觀念是單一的，不能再還原為更簡單的要素。同樣，趣味活動給人的情感也是單一的，不可分析的。再次，像外在感官一樣，趣味的活動不受意志的支配，只要一個對象呈現於我們面前，我們就必然感受到快樂或痛苦的情感。

但是另一方面，趣味本身並不是知覺，只能說它「因對對象原始和直接的知覺而生，但並不包括在這些知覺中」[005]。因為趣味還有更複雜的原因或來源，也就是說，趣味在結果上或在給人的感受上是簡單的，其原因卻是複雜的，因而外在的感官知覺和反省可以是趣味的一種來源，但不是趣味本身。例如，兩種不同的酒香氣也不同，如果把兩者混合在一起就產生了第三種香氣，但這第三種香氣給人的感受卻仍然是直接的、簡單的，雖然其來源

003　Alexander Gerard, An Essay on Taste, London, 1759：160.

004　同上，第 161 頁。

005　同上。

卻是複雜的。通常，白色給人的感覺是單一的，但實際上白色是由其他七種顏色構成的，所以白色這個觀念的來源也是複雜的。之所以說趣味的來源是複雜的，是因為除了外在感官之外，還有想像力，而且兩者之間不是截然相隔的。這樣看來，趣味是一種綜合性的能力。不過，這一點在休謨的《趣味的標準》一文中也有相同的看法，而柏克的看法也大致如此，所以這是 18 世紀英國多數美學家的意見。

傑拉德認為感覺有一條規律是少有人加以闡明的。當一個對象呈現於感官之前時，心靈便使自身適應於這個對象的性質和外表，並透過意識或反省感到一種情感。不過，這個適應過程具有一定的困難，正是這種困難迫使心靈發揮其活力。在傑拉德看來，「心靈適應於當前對象的活動是趣味的多數快樂和痛苦的來源，而且這些（情感）的結果會加強或削弱許多其他（情感）」[006]，換言之，心靈適應對象的過程本身就伴隨著快樂和痛苦的情感，但這些情感又會產生後續的情感。因為心靈從一種狀態轉移向另一種狀態的過程雖然非常迅捷，但絕不是同時的，而是需要一定的時間，也需要克服一定的困難。「心靈的每一種情緒都具有某種穩定、堅韌，或頑固的狀態，這使心靈不情願放棄它對這種情緒的控制。每一種感覺或情感，若有可能，就不願被削弱或消滅。」[007] 因此，一旦某個對象占據了心靈，我們就很難立刻轉向其他對象。即使這個對象已經不在眼前，它仍然會影響心靈的狀態，使心靈傾向於朝著相同的方向運動，尤其是習慣會增強這種趨向。凡與當前對象相似的對象就會順利增強心靈的狀態，而性質相反的對象則使心靈產生不適或痛苦。從這個方面來說，趣味情感源於外在感官的普遍規律。

然而，趣味不同於外在感官，它是一種「派生和次生的能力。透過指明產生（趣味情感）的心理過程，或者列舉形成（趣味情感）的性質，我們

006　Alexander Gerard, An Essay on Taste, London, 1759：165.
007　同上。

可以將其追溯到更簡單的來源」[008]。這些來源就是想像力的活動。「想像力首先被運用於呈現不伴隨有回憶，或不伴隨有對其曾出現於心靈中的知覺的觀念。」[009] 傑拉德完全借用了休謨的觀點，認為當記憶衰退時，觀念之間便喪失了其原有的秩序，而想像則賦予觀念以新的秩序。想像根據觀念間的「相似，或相反，或者僅僅因習慣或其對象的接近、並存或因果關係結合在一起的觀念」[010] 而進行聯結。「想像一旦認定或知覺到觀念間有前文所提到的任何結合的性質，它就很容易並急切地從一個觀念推移到其關聯物。它賦予它們（觀念）以一種關聯，以至於這些觀念幾乎變成不可分割的，而且通常顯得是在一起的。」[011] 所以，想像把本來是分離的觀念聯結成一體，甚至感覺不到它曾在觀念之間推移的過程，而是一下子就全部把握的，但這些觀念在外在感官看來卻是獨立和分離的。

「所有觸動趣味並激起情感的對象都是由想像創造的形式或形象，想像把事物的部分或性質結合成複雜形態。」[012] 由此可以肯定，在傑拉德看來，審美對象是複雜觀念，而且只有在形成複雜觀念的過程中，想像力才處於活躍狀態。

想像之所以產生快樂，原因有幾個方面：第一，在聯結觀念的過程中，想像可以把某一個觀念的性質傳遞到其他觀念上面，因此也就把起初所產生的情感帶到整個形式或形象上面。第二，在聯結觀念的過程中，想像會對這些觀念進行比較，有時比較的效果會超過聯想。比較使一個快樂或痛苦的觀念變得比原初更快樂或更痛苦。在上述兩種情況中，想像從一個觀唸到另一個觀念的推移或者較為順暢，或者較為艱難，但是都會激發心靈處於活躍狀

---

008 同上，第 166 頁。
009 同上，第 167 頁。
010 同上。
011 同上，第 168 頁。
012 Alexander Gerard, An Essay on Taste, London, 1759：169.

態，從而產生快樂的情緒。第三，「想像不僅作用於自身的微弱觀念，而且經常與我們的感官聯合起來活動，將其效果擴散到感官的印象上。感覺、情緒和情感，憑藉相互聯結的力量，很容易在感受或趨向上成為相似的，而且它們甚至比我們的觀念構成更緊密的結合。因為它們不僅像觀念一樣聯合起來，而且還完全融合和混合在一起，以至於在它們所構成的混合體裡面，不能被分別知覺到」[013]。毫無疑問，傑拉德贊同洛克的觀念聯結論或聯想論，同時在這裡借用了休謨的觀念和印象的雙重性理論，即觀念憑藉接近關係相互聯結的同時也把印象（情緒）傳遞到每一個觀念上，而印象憑藉相似關係相互聯結的同時又把相應的觀念吸引在一起。在這些情況中，情感並不直接來自外在感官及其對象，而是想像活動的結果。想像的任何活動都伴隨著某種情緒，「這些情緒不是虛幻、空想或不真實的，而是由想像的活力普遍產生的，它們的確是非常重要的，對心理活動產生最廣泛的影響。透過相互復合，或與人性的原始性質相復合，它們生成了我們多數的復合力量。它們尤其產生所有的情感和趣味，前者是透過與心靈中宜於引起行動的性質相結合而產生的，後者是透過與感覺的一般規律結合而產生的」[014]。

七種內在感官

　　傑拉德是從對各種審美現象的描述來開始他的美學探索的，其目的首先是發現作為趣味的來源的七種內在感官所具有的不同特點，分析這些特點的原因，以圖在最後總結出趣味的根本原則來。

　　在開始探討新奇的感覺或趣味時，傑拉德跟隨哈奇森的思路區分了源自外在對象和源自心靈活動自身的快樂和痛苦，他沒有明確否認前者是審美情感，但他顯然認為後者才是真正的審美情感，它們更豐富、更細膩，而且不

013　同上，第 171 頁。
014　同上。

直接受外在對象的影響。「只要心靈處於一種活躍和昂奮的情緒中，我們就有一種快樂的感覺」，而活躍和昂奮的情緒又主要來自心靈對困難的克服，而且如果能成功地克服困難，則這種成功的意識（consciousness of success）又會產生新的喜悅（new joy）。言下之意，即使是不成功的克服也會給心靈帶來快樂，因為克服困難的行為本身已經使心靈處於活躍、昂奮的情緒中了。根據這個思路來推理，我們理所當然地想到，心靈內部的快感主要取決於心靈所面對困難的類型和程度。傑拉德也指出，這種困難應該是適度的（moderate），既能使心靈運動起來，又不至於將其完全挫敗 —— 當然休謨已經指出了這一點；相反，如果一個對象沒有給心靈留下任何活動的空間，它就不能產生快感：「一個作家的簡潔明晰甚至會令人不快，如果這種風格表現得太過因而沒有為激發讀者的思想留下空間的話。儘管過分的晦澀令人憤慨，我們卻因其情感的細膩而得到極大的滿足，晦澀總是包含著某種細膩的情感，伴隨著思想的遲疑，要讓人猜測其全部的內涵，只有全神貫注才能有所理解。」[015] 這很容易讓我們想到萊辛在《拉奧孔》當中對雕塑藝術原則的描述。

（一）新奇

在關於新奇的趣味或感覺的論述中，傑拉德列舉的心靈遭遇的困難有以下幾種情況：一是對古代文物殘片的研究，文物研究者因為其年代久遠就力圖恢復其本來面貌或者予以完整描述，雖然物品本身並不具有多少重要性，但對其所包含的模糊訊息的追溯卻給心靈以很大的激發，因而帶來探究的快樂。二是對我們不熟悉的事物的構想，使心靈面臨困難，但也激發了心靈的活力，使其產生一定程度的愉悅。如果對象本身就是令人愉悅的，那麼構想的過程就產生更大的快樂。例如，一個陌生人對一片風景的觀賞，人們

---

015 Alexander Gerard, An Essay on Taste, London, 1759：4.

在科學中的發現和在技藝上的創造，初次經歷總是比熟悉之後更令人激動。同時，人們在生活中也主動地尋求一些新奇的事物和活動，以緩解長時間專注於某一事物和活動而生的倦怠和厭煩。心靈總是厭惡產生慵懶與呆滯的一致性和習慣性，傾向於接受帶來活力和懸念的新奇之物。在藝術中也同樣如此，很多時候，人們往往因為厭倦了某種風格而去模仿中國式的風格或復活哥特式的趣味。不過，傑拉德補充說，人們所追求的新事物本身應該也是美的，否則新奇只能增強人們對這個新事物的厭惡。三是心靈在克服困難和構想新鮮對象時，往往伴隨有驚奇的情緒，這種情緒會增強快感。因此，詩人們一方面搜尋人們通常無法見到的形象和故事，而且也在作品的結構上追新逐奇，打破前人的成規，力圖給讀者以出其不意的感覺。「新奇能使魔鬼煥發魅力，使事物令人愉快，雖然它們除了罕見之外別無他長。」[016] 四是如果一個事物既新鮮又新奇，那麼由新鮮產生的快適的情感或情緒就會與新奇產生的快樂相互增強，產生更大的快感。例如，一套新衣服本身就使一個兒童快樂，但是如果他發現新衣服的款式與眾不同，他就獲得更大的快樂，因為這套新衣服「會激發他的驕傲，使他期待吸引同伴的注意」[017]。毫無疑問，傑拉德的這點認識來自休謨的同情原則。五是新奇的快感有時在反省中被增強。在構想一個新奇的對象時，心靈克服的困難越大，它獲得的快感就越大，但是當我們在隨後反省自己的行為時，那種成功的意識會使當初因新奇產生的快感變得更強烈。同時，如果我們隨後認識到我們實際上先前已經具有這個新奇對象的知識，那麼由新奇產生的快感也會因我們所具有的知識而被放大，雖然沒有當初的新奇感就沒有隨後的這種更強的快感。

從傑拉德對新奇的描述中，我們可以看出這樣一個邏輯，即新奇的基本原因是心靈對困難的克服和對新鮮事物的構想，當然這兩點本身是一體兩面

016　Alexander Gerard, An Essay on Taste, London, 1759：8.
017　同上，第 10 頁。

的，凡不熟悉之物都會給想像力帶來困難，凡給想像力帶來困難的也大都是新奇之物。但是，也許我們很快就意識到，新奇之所以能產生快感需要其他一些條件，或者這種快感會與其他種種因素相互作用、相互增強，而這些其他因素並不一定屬於審美的範疇。

（二）崇高

傑拉德顯然把偉大與崇高視為一物。他分兩方面描述崇高，即崇高的感覺和崇高的對象。對崇高的感覺的描述，傑拉德明顯借用了艾迪生的解釋：「當一個巨大的對象呈現於眼前時，心靈使自己擴張到與這個對象同等的程度，並被一種偉大的感覺所充滿，這種感覺完全占據了它，使其陷入一種莊嚴的靜謐之中，而且以一種沉寂的驚嘆和崇敬打動它。心靈發現自己將自身擴張到其對象那樣的規模是如此困難，因此就活躍和激發出了自身的情緒；當它克服了此種情形中的這種對峙之後，它有時想像自己就身處於它所觀賞的這片景象的每一部分；從這種巨量的感覺中，它感到一種高貴的驕傲，並享受它自己的這種能量的優越感。」[018] 對艾迪生有所補充的是：傑拉德提到心靈能夠克服對象的巨量所帶來的困難，並因此感到一種驕傲和高貴，這種理解是傑拉德的創見，並不見於 18 世紀英國的其他美學家，而且與他在解釋新奇感時運用的原則是一致的，也與後來康德對崇高的描述非常類似。

傑拉德對於崇高的對象也有著自己獨特的理解。崇高的對象固然應該是巨大或巨量的，但單憑這個特點一個對象並不必然產生崇高的感覺，除非「它也是簡單的，或者是由大致類似的部分構成的」；相反，多樣性有損於對象的崇高，「無數小島散落在海洋中，打破整個遠景，會大大地削弱了這景色的宏偉。多姿的雲彩使天空的面貌煥然多變，這可以增添它的美，

018　Alexander Gerard, An Essay on Taste, London, 1759：13.

但必定分散其宏偉」[019]。之所以如此，是因為多樣性會對心靈或想像力產生截然不同的效果。由多樣而微小部分構成的對象會使想像力忙碌於觀察各個部分，而心靈恰恰就厭惡瑣碎無聊的活動，厭惡不完整的觀念，「但是，我們可以輕而易舉地接受一個簡單對象的概念，無論這個對象多麼巨大，在發揮了這種能力之後，我們自然而然就把這個對象理解為一體；景色的每一個部分都暗示著整體，從而使想像擴張和擴大到無限，以至充滿心靈的空間」[020]。

　　崇高的對象並不局限於範圍上的廣大，而且也包括持續的長度和巨量的類似事物構成的整體。例如，人們往往認為龐大的軍隊是崇高的，但其特點不在於占據空間的廣大，而在於人數的眾多、隊列的方向一致，因而也具有簡單或整一的特點。所以，在傑拉德看來，崇高的對象應該具備兩個要素：一個是巨大或巨量，另一個是簡單性或整一性。這看起來與哈奇森對絕對美的規定是相似的。的確，傑拉德說：「科學的崇高正在於其普遍原則和一般公理，從這些原則和公理中，就像從一個不竭的源泉中，衍生出無數的推論和次要原理來。」[021] 他也用這個原則來解釋情感或品質上的崇高，如英勇、慷慨等，它們之所以崇高並不是因為這些情感或品質本身的特徵，而是因為它們的原因、對象以及效果，我們總是根據這些因素來認識它們的。當我們提到英勇時，就會想像一個強大的征服者，戰勝了重重危險，征服了眾多國家，彷彿統治著整個世界，其名聲也流傳百世；當人們提到仁善時，也不由得想像一個人的恩惠不僅限於近鄰，而且擴及眾多人群和整個社會。所以，情感和品質上的崇高也具有上述兩個要素。顯然，在傑拉德看來，任何情感和品質都可以轉化為廣度、長度等方面的數量。無疑，傑拉德對簡單或整一

019　同上，第 15 頁。
020　同上，第 16 頁。
021　Alexander Gerard, An Essay on Taste, London, 1759：17.

傑拉德

性的堅持是受到了艾迪生對建築物偉大的描述，這使得他能夠對崇高的對象予以量化，而不僅僅是做抽象或模糊的比喻，雖然這種量化會使他排除很多通常被稱作崇高的對象，或者運用其他的原則進行補充。例如，風暴和閃電等對象被稱為崇高，但並不具有上述特徵。傑拉德又根據這些對象所產生的效果與巨量或巨大的對象所產生的效果具有的類似性，即它們往往令人恐懼，因而可能被稱為崇高。

在對崇高的闡釋中，傑拉德還提出了一個特別的理論，即聯想。之所以提出這個理論是因為他發現上述兩個要素不能涵蓋全部的被稱作崇高的對象，也就是說，有些對象本身不是崇高的，但因與其他觀念聯結在一起而成為崇高的。很明顯，這個觀點來自休謨，而且他對聯想的解釋也源自休謨：「聯想的本質就是把不同的觀念緊密結合在一起，以至於它們在某種方式上成為一體。在這種情況下，某一部分的性質自然地被歸到整體或其他部分上面。至少說，聯想使心靈從一個觀唸到另一個觀念的推移變得快速而輕易，以至我們帶著相同的情緒來觀照它們，因而它們給我們的觸動也是類似的。因此，只要一個對象始終把另一個偉大的對象帶入心靈中，這個對象因其與後者的關聯也被認為是偉大的。」[022] 傑拉德將聯想理論特別運用於藝術領域，雖然由於每種藝術的媒介及其表現手法有所不同，但在表現崇高這種趣味上，大多都運用聯想原則。究其原因，大概是因為藝術不可能創造像自然事物那樣巨大或巨量的對象，也不能直接呈現某種高尚的品質，所以只能運用某些手法使人們聯想到它們所模仿和表現的原物。

文學中的某些詞語或措辭被看作是崇高或高貴的很少是因為其發音，而主要是因為與其相聯結觀念的性質，或者講話人的性格。建築物因使人聯想到力量和持久等觀念，或者聯想到其擁有者的財富和高貴被認為是崇高的；繪畫運用某些色彩、光影來讓人聯想到自然中的事物，或者塑造具有某些特

---

022 同上，第 20 頁。

徵和態度的人物，使人們聯想到這些人物的品質。因此，即使有些藝術作品篇幅短小，但也能夠充分傳達崇高的感覺。不過，傑拉德指出，最好的表現崇高的作品，其模仿的對象本身應該是崇高的，如果被模仿的對象本身不崇高，則可以運用隱喻、比較等手法來賦予對象以崇高的色彩，但這些手法之所以能發揮作用也是依賴於聯想原則。[023] 聯想原則的進入的確可以解釋巨量和整一性所無法解釋的現象，但是這個原則使得傑拉德的崇高理論在某種程度上顯得毫無規律。聯想是習慣中接近或聯結的觀念之間的相互影響和轉換，但是具有什麼樣關係的觀念才能進入聯想當中，並無一個確切的標準，因而聯想活動就可能是隨意的。傑拉德沒有依賴像哈奇森那樣的形而上學，也沒有建立像休謨那樣的人性哲學體系，這是使他的聯想學說很不完善的一個原因。聯想在他的美學中只能造成有限的補充作用。然而，他對於崇高的對象的量化闡釋的確有所突破，對崇高的感覺的解釋也與他用來解釋新奇的感覺的原則有著相通性。

（三）美

傑拉德對美的感覺或趣味的闡釋仍然貫徹了想像力的規律，同時也吸收了哈奇森的觀點。他把美分為幾類，包括形象的美、效用的美、色彩的美。

形象的美的性質是統一性、多樣性和比例，「每一種性質在某種程度上都是令人快樂的，但所有性質結合起來才能給人充分的滿足」[024]。之所以規定這些性質，是因為它們都符合知覺或想像力的規律，只不過這種規律與新奇和崇高那裡的想像力的規律有所不同。

在對新奇和崇高的對象的知覺中，想像力是在克服困難的過程中以及隨後的成功意識當中為心靈產生快感的；在對美的知覺中，想像力產生快感的

023　Alexander Gerard, An Essay on Taste, London, 1759：27.
024　同上，第31頁。

原因不是困難而是敏捷（facility）。「知覺一個對象時的敏捷，如果是適度的，就給我們帶來快感：當心靈沒有付出辛苦或勞累就能夠形成知覺時，它就對自己充滿讚賞。」[025]

使知覺變得敏捷的對象首先應該具有統一性或一致性，使心靈能夠輕易快速地掌握「各部分的意義或整體的趨勢」，而在通常情況下，這是需要付出很大的努力的。「具有這些性質的對象很輕易就進入心靈：它們不會分散我們的注意力，或者使我們忙於從一個場景轉向另一個場景。一個部分景色就暗示著整體，促使心靈想像其餘的部分，這就使心靈的精力產生一種令人愉快的釋放。」[026] 但是，過度的統一性會使心靈凝滯不動，直至厭倦，因此多樣性也是必要的，它能使心靈繼續處於活躍狀態。不過，過度的多樣性也是有害的，它會使心靈忙於適應和掌握各個不同的部分，而無法形成一個整體景象，因而陷入無盡的勞碌和痛苦。所以，統一性和多樣性應該相互交融，既使心靈在順暢的知覺中得到滿足，又能在克服適度的困難中保持活躍。

至於比例，傑拉德指的不是各部分之間可精確測量的關係，而是各部分對於一個目的的適宜性，這種適宜性只能被感覺到。還有一種比例是指構成整體的各部分的大小相對於整體要適度，如果太小，就不能被知覺到；如果太大，就會吸引太多的注意力，使人忘記了整體和其他部分。傑拉德用這個觀點來批評哥特式建築，因為它被過於瑣碎的裝飾所包圍，同時整體上也過於單調。

最終來說，傑拉德首先強調的是知覺的整體性，心靈傾向於形成對對象的整體把握，任何不完善的把握都會使心靈感到失敗和沮喪，因而產生不快。「正如最能給我們帶來快感的莫過於使我們對自己的能力形成一種優越感的事物，最使人不快的莫過於那些讓我們覺得自己的能力不完善的東

025　Alexander Gerard, An Essay on Taste, London, 1759：31.
026　同上，第 32 頁。

西。」[027] 如此看來，心靈或想像力是一種主動的能力，自身帶著一種實現某一目的的慾望。只有在這個前提下，多樣性才是必要的，才能使心靈保持適度的活躍。所以，對於美的感覺或趣味來說，統一性、多樣性和比例都是不可或缺的。

傑拉德討論的第二種美是效用或適宜，這個明顯是受到了休謨的影響。在他看來，效用或適宜的重要性要高於形象美的性質，「它是如此重要，儘管便利性在少數情況下有時會服從於規則性，然而較大程度的不便利一般會破壞所有源自各部分的協調和比例的快感」[028]，而且「在確立各種美和比例的標準時，我們非常注重適宜和效用」[029]。在藝術領域，凡是不能把適宜或效用與規則性完美結合的作品都不能成為傑作。尤其是在工具的製作上，效用具有決定性的意義，各種裝飾都要服從於這一要素，如果裝飾沒有用在合適的地方就會使人不快。在藝術作品中，效用和適宜指的是作品的布局和技巧契合作者的意圖或作品的主題。例如，在歷史畫中，一個次要人物的大小和位置如果高於主要人物就是不適宜的。富有天才的藝術家總是根據其目的或意圖來選取素材、設置布局和各部分的裝飾，而批評家也是根據其目的或意圖來評判其作品的。實際上，傑拉德強調藝術創作中的效用或適宜是要突出作品的整體性，從這一點上說，是與他對形象美的描述一致的。

但是，傑拉德幾乎沒有區分效用和適宜在實用物品和藝術作品中的內涵和意義。一件工具的效用和適宜是對於另一個事物而言的，而藝術作品的各部分和所用技巧的效用和適宜則是對於其本身的目的或意圖而言的，這顯然是有區別的。例如，說一幅畫掛在某個地方是適宜的，與說一幅畫的布局對於它要表達的主體來說是適宜的，這是兩個意思，前者更多的是把這幅畫看

---

027 同上，第37頁。

028 Alexander Gerard, An Essay on Taste, London, 1759：38.

029 同上，第39頁。

傑拉德

作一種裝飾的工具，後者則把這幅畫看作是自足的，不需要服從另一個對象。也許，造成這種混淆的原因主要是傑拉德沒有像今天的美學一樣區分實用的藝術和美的藝術。的確，這個區分在休謨那裡也不明確，但是休謨更強調效用在美感中的地位，無論是形式的比例或規則性，還是意圖，都服從於效用，所以兩者之間的矛盾並不明顯。

傑拉德所討論的第三種美是色彩的美。他把色彩的美分為兩種情形：一是色彩本身的美，一是色彩因聯想產生的美。他對前者的解釋仍然運用了心理學的原則，這種美的原因在於色彩所產生光線的柔和。「色彩只是不同強度和樣態的光線，某些光線對視覺器官較少傷害，因此在某些情況下被稱作是美的。而有些色彩憑藉其亮麗，給人一種活潑而強烈的感覺，因為心靈觀照它們時產生一種歡快和活躍的情緒，從而帶給我們以滿足。」[030] 這種解釋顯然比較單薄。不過，只有從他開始，色彩才真正作為一種美的對象出現在英國美學中，並運用統一的理論原則予以分析。

「但是，色彩的美在多數情況下要歸因於聯想；它們或者是透過天然的相似性，或透過習慣或輿論被引入並與任何適意的觀念相聯結而得到讚賞，而那些不被讚賞的色彩則與令人不快的觀念相關。」[031] 田野的碧綠被認為是美的，不僅是因為這種色彩對眼睛無害，也是因為它暗示著豐收這種令人快樂的觀念，而服裝色彩的美源自它使人聯想到穿著者的身分、情緒和性格等因素。

以上三種類型的美的原則各不相同，但它們給人的感覺卻是相似的。傑拉德認為，當三種類型的美結合在一起時就能給人以最大的滿足，它們之間是相互增強的。一張姣好容貌的美不僅源自其各個部位的協調比例，也源自紅白相間的色彩本身，同時前兩者都暗示著健康和活力以及良好的性格。

030　同上，第 42 頁。
031　Alexander Gerard, An Essay on Taste, London, 1759：43.

（四）模仿

傑拉德對模仿的論述很多地方都來自哈奇森，他甚至像哈奇森一樣稱模仿為相對美或次生的美。不過，他堅持用想像力的規律來解釋模仿的快感的原因。模仿的最大特點是模仿作品與原物之間的相似，這種相似促使心靈在兩者之間進行比較，在比較的過程中，心靈發揮自己的能力，這本身就產生快感；當心靈發現兩者的相似之後，成功的意識又會使心靈對自己的「辨別力和敏銳性」表示讚賞，從而產生新的快感。同時，如果模仿是有意進行的，人們就會對藝術家的「技藝和精巧」產生敬佩，這種敬佩與技藝所要實現的效果結合起來，就使模仿作品給人更多的愉悅。[032] 所以，模仿給人快感的原因是多重的。

像哈奇森一樣，傑拉德並不認為模仿需要達到完全的精確，而且「大才之作（work of genius）中相似性過分地精確的話，就會墮落成令人不快的奴性；如果對相似的偏離是卓越技藝的結果，這種奴性就會被輕易消除」[033]。所以，模仿應該選取原物本質性和鮮明的性質，並凝聚在作品當中，使接受者對原物產生鮮活而強烈的印象。這也就是藝術創作常常運用隱喻和諷喻（allegory）的原因。這些修辭實現的不是外表的相似，而是感覺或印象上的相似，或者說是神似。

傑拉德承認，模仿最好去選擇本身就是崇高或美的原物，因為這樣會給人以多重的快感，但他顯然更強調模仿本身的效果，而且他明確意識到，對醜的或不完善對象的模仿會產生一種特殊的審美效果，即諧仿和幽默（mimicry and humour）。所以，模仿可以把本來是令人痛苦的情感轉化為快樂，而且這是模仿帶給人最強烈的效果。但是，最能體現模仿這種效果的莫過於悲劇了。「悲劇中產生的焦慮、憂戚、恐懼，透過模仿它們的對象和

032 同上，第50頁。
033 同上，第55—56頁。

原因，並經過同情的感染，比起鬧劇或喜劇所激起的歡笑和喜悅來，不僅給人更嚴肅的滿足，而且是更強烈和高貴的滿足。」[034] 如果這些情感「是間接性地產生的，它們就會鼓動和占據心靈，激發其最大限度的活躍性；同時我們潛在地意識到（悲劇）場景是遙遠和虛構的，這就會使模仿的快感緩解這種場景初次發生時伴隨的單純的痛感」[035]。

如果以模仿作品與原物之間的相似程度為標準，那麼雕塑是最高級的模仿，繪畫次之，詩歌又次之。但是，如果按照想像的規律來評判的話，詩歌的模仿卻是最動人的。由於模仿媒介的不同，詩歌的模仿需要克服更大的困難，因而也需要更精湛的技藝；反過來，這種模仿會激發心靈付出更多努力去發現作品與原物之間的相似性，因而也產生更大的快感。詩歌「具有模仿最高貴和最重要對象的獨特能力，即內心中最平靜的情感以及表現在長時間行動中的性格」[036]，這是其他藝術無法比擬的。我們可以發現，到傑拉德這裡，對各種藝術類型的排序與艾迪生的排序有了一些變化，而更接近於康德的排序。

（五）和諧

和諧的感覺或趣味專門探討聲音的美，這與哈奇森的表述是一致的。不過，傑拉德認為聲音美不僅為音樂所專有，而是出現在各種藝術當中，尤其是語言藝術中。他把聲音美的快感分為兩種：一種來自單音，一種來自組合音（a combina-tion of sounds），但是和諧僅指組合音。和諧的聲音組合規則與美的形象的規則類似，要求有統一性、多樣性和恰當比例的結合，只不過這些組合是在時間中實現的。從心理學或想像力的規律來解釋，對聲音組合的欣賞還涉及回憶和期待兩種活動。「我們從聲音的延續中獲得的快

034　Alexander Gerard, An Essay on Taste, London, 1759：54.

035　同上，第54—55頁。

036　同上，第58頁。

感，是對一種複雜性質的知覺，這種知覺由對當前聲音或音符的感覺對之前聲音的觀念或回憶構成，因其混合和並發，產生一種僅有其一不能產生的神祕的愉悅，而且這種愉悅還由對後續音符的期待得到增強。」[037] 所以，傑拉德認為，為我們所熟悉的音樂是最能讓我們快樂的，因為我們對前後相續聲音的理解可以與新奇的力量取得相互平衡。按照他先前所提出的想像的規律，在這種情況下，我們既容易對音符的延續形成順暢的知覺，對樂曲形成整體性的理解，又有新奇對我們的心理所激起的活力。

在討論音樂時，傑拉德提出了一個頗具創造性的觀點，即「音樂主要的優勢在於其表現力（expression）」。「它對情感的作用力是它最重要的優點，並且因所有感覺和情緒在給人的感受上都是相似的，因而就趨於相互引帶，進入心靈；憑藉其和諧，音樂在靈魂中產生一種快樂的情緒，使我們特別樂於響應所有令人快適的情感。」[038] 同時，由於聲音天然就適於模仿某些對象和語調，或是讓人聯想到某些對象和語調，因此聽者就自然在心中生出與這些對象和語調響應的情感，這些都有助於增加音樂的表現力。傑拉德對表現力的論述並不豐富，但這是西方美學史上第一次提出這一概念，在後來的美學中，這一概念逐漸成為與崇高與美同樣重要的美學範疇。在英國美學中，到 18 世紀末的艾利森，表現力已經成為一個核心概念。

（六）荒誕

正如以上幾個範疇都來自艾迪生和哈奇森對美的分類，荒誕（ridicule）同樣不是傑拉德的首創。17 世紀的霍布斯就曾論述過笑這種情緒狀態，後來沙夫茨伯里專門寫過一篇文章《共同感，論機智和幽默的自由》，哈奇森也寫過《論笑》，這些內容都與傑拉德所謂的荒誕類似。但是，霍布斯的論述

037　Alexander Gerard, An Essay on Taste, London, 1759：61.

038　同上，第64頁。

只是隻言片語，沙夫茨伯里和哈奇森則是把嘲諷、幽默等與荒誕相關的主題放在政治和道德領域來討論的。可以說，是傑拉德首先把荒誕當作一個美學範疇，並對荒誕的構成和原則進行了系統的分析，雖然他的分析非常簡潔。

　　荒誕的表現有怪異、荒謬、幽默、詼諧，雖然傑拉德提到這幾種表現互有差異，但他只是集中論述它們的共同特徵。「由它們而來的滿足通常產生，並且總是易於給人以快活、歡笑和樂趣。儘管不如其他（趣味）那樣高貴，但絕不是卑鄙的。它有自己的領域，雖然不如其他（趣味）重要，但也是有用而令人愉快的。正如它們（其他趣味）是評價嚴肅和重大的主題的，只有它有權評判更為荒唐可笑的主題。」[039] 所以，荒誕的對象與美的對象的特徵是恰恰相反的，「其對象普遍是不協調，或者事物中關係的出人意料和非同尋常的混雜和矛盾，更準確地說，它是透過同一對象的一種不一致和不和諧，或者在主要方面密切聯繫的對象中，或者在整體上相反和不似的事物之間的意外相似或聯繫，來使人愉快的」[040]。這就是說，荒誕的對象有三種類型：第一，同一對象具有相反的性質，如自吹的人的懦弱，自稱博學者的無知，高貴者的卑賤。它們之所以讓人愉快是因為心靈總是習慣於把部分結合為一個整體，並認為各部分應該是統一的或具有緊密聯繫，但這些對象各種性質的相互對立恰恰使心靈的期待失落，因而使心靈將它們看作是可笑和荒誕的。第二，在整體上類似或具有密切聯繫的對象之間卻存在截然相反的性質。例如，同一個家庭中的成員卻有著不同的性格和舉止，一種情感給人的感受非常強烈，但其原因卻是微末小事；一個要完成的目標本身價值很小，但完成這個目標的手段卻異常艱難和誇張。第三，根本不同的對象卻存在某種意想不到的相似性，例如低等動物模仿人的動作。因為人的想像力總是將任何對象加以比較，即使這些對象初看之下沒有任何可比之處，所以如果最

039　Alexander Gerard, An Essay on Taste, London, 1759：66.
040　同上。

後竟然發現之前未曾發現的相似，就會使心靈倍加活躍，從而給人以快樂。很明顯，傑拉德根據的仍然是運用於前述種種範疇的心理學或想像的規律，其細緻入微的觀察自然也值得人們重視。

　　然而，傑拉德對荒誕的對象也進行了一定的限制，即極其惡的和真正悲慘的對象不能成為嘲笑的對象，雖然它們是最不和諧的，卻不是荒謬的，只有當它們偶然出現在不適宜的環境中，以至不能讓人施以同情時才顯得是荒誕的。這個限制不是美學上的，而是道德上的。事實上，哈奇森在《論笑》當中也有相同的看法，而且認為真正善的對象也是不能被嘲笑的，因為不管怎樣對它們進行不恰當的描寫和比喻，人們仍然會報以崇敬。

（七）德行

　　傑拉德最後討論的是德行的感覺或趣味。傑拉德賦予德行的趣味以非常高的地位，認為它與其他趣味本然地結合在一起，甚至要高於其他趣味。如果失去了道德上的正確導向，其他趣味就毫無意義，即使「某些特殊的美被人讚賞，但整個作品卻被人譴責」[041]。美善同一是 18 世紀英國美學中一個普遍的傾向，沙夫茨伯里和哈奇森的論述具有很強的說服力，即美和善的判斷模式以及它們在情感中所產生的效果是類似的，但兩者的同一性也僅限於此，而不能相互取代。因此，德行的美在美學中仍然是個難題。傑拉德幾乎是照搬了哈奇森的道德感理論，認為人天生就會喜愛善而憎恨惡，看到好人得到好報，我們就感到欣喜；看到惡人當道，就義憤填膺，因而道德判斷就成為藝術作品給人的最大快樂。但是，傑拉德幾乎沒有意識到這樣一個問題，即現實中與藝術鑑賞中的道德判斷有什麼區別。的確，在論述模仿的趣味時他也提到悲劇作為一種虛構所產生的特殊效果，但悲劇畢竟只是一種特殊的藝術類型，其審美效果也不是單純依賴道德判斷。傑拉德沒有關注藝術

041　Alexander Gerard, An Essay on Taste, London, 1759：74.

創造對道德判斷產生怎樣的影響，在其他趣味上所運用的心理學或想像的規律也沒有在這裡得到貫徹。所以，關於德行的趣味論述幾乎成為道德說教，也使這部分內容在他的美學中顯得是一個累贅。

審美判斷的條件

七種內在感覺只是構成趣味的七個要素，或者說是趣味的七種不同表現方式，所以真正來說，趣味是由這七種內在感覺綜合而成的。在有些情況下，各種內在感覺會單獨活動，或者占據主導地位，但當它們綜合起來時，它們就會相互增殖，擴大自身所產生的快感，整個審美快感也達到最大程度的完善。

內在感覺的綜合之所以達到這種效果，是因為人的情感或情緒本身具有相互影響和增殖的規律，而內在感覺的表現就是種種特殊情感或情緒。休謨在《人性論》中就詳細探討過這個原理，傑拉德顯然是借鑑了休謨的理論。「我們的情感或情緒會因它們之間的相互影響在強度上獲得一種極大增加並存在情緒，因它們的感受、趨勢或對象，甚至它們在心靈中不存在任何聯繫時，也會匯合成為一體，並因這種混合產生一種強烈的感覺，因而當相同或差異的內在感覺給人的不同滿足同時發生在心靈中時，就會給心靈一種複雜的快樂。」[042] 從對象方面來說，每一個對象都集多種特徵於一身，其中有一種或幾種是主要特徵，適於激發某種內在感覺，產生主要的審美情感，但它還有一些次要特徵，也會同時刺激其他內在感覺，產生不同的情感，這些情感就會使由主要特徵產生的情感得到增強。失去由次要特徵產生的情感，由主要特徵而來的情感也會被削弱。例如，崇高或偉大是最強烈的審美情感之一，但是如果沒有新奇這種情感的支持，它本身的強度也會降低，因為最為

---

042 同上，第79—80頁。

強烈的崇高情感也會因習慣而不被喚醒；如果崇高的對象讓人聯想到某種高尚的道德品質，那麼它給人的情感無疑又會得到更多的增強。總之，多種內在感官產生的情感要強於單一內在感官產生的情感。

在藝術鑑賞上也是同樣的道理，傑拉德重點分析了詩歌給人的審美感受。「詩歌是多種美的混合體，因為相互綜合而對彼此反射出更強的光芒。崇高、新奇、優雅、自然、高尚，常常在模仿時混合在一起，再加上虛構力量和最豐富的形象使它們更加鮮活，而韻律的和諧又使其帶來更多快意。當詩歌恰好適於以音樂歌唱時，詩歌和音樂都會因這種結合獲得新的力量。」[043]所以，相比近代諸多美學家致力於對各種藝術做精確區分，傑拉德更重視藝術之間的相互融合。

然而，種種內在感官是否能被激發還取決於心靈本身的狀態，即主導傾向（prevailing disposition），用後來美學的話來說，美感有賴於審美主體的態度。當心靈的狀態與對象的特徵相互契合時，對象就會深刻地打動和感染我們，但有時我們卻無動於衷。所以，在審美鑑賞時，保持一種平和、平靜、平衡的心理狀態是非常關鍵的。的確，由於天性或習慣的影響，人們總是傾向於接受某種特殊情感，當兩者相遇時，無須任何額外的刺激，心靈就會處於活躍狀態。但是，從原則上說，對象的性質在任何情況下都必然會激發相應的情感，只要心靈保持一種恰當的態度，亦即一種開放的狀態，以能在接受主要情感時，也能使其他的次要情感也匯合進來，如此便能獲得一種完善的趣味。不過，審美態度的理論只有到了艾利森那裡才明確起來，成為近代美學中的一個核心內容。

對趣味的完善來說，不僅需要保持內在感官的敏銳，以使想像力處於活躍狀態，而且也需要趣味本身之外的力量，首先就是判斷力。判斷力在美學

043　Alexander Gerard, An Essay on Taste, London, 1759：82.

中之所以如此重要，其原因在於 18 世紀英國美學所根據的經驗主義哲學。從洛克以來，經驗主義哲學便存在這樣一個問題，即由感官而來的觀念並不等於外在事物本身，這就使觀念與外在事物是否相符成為一個問題，這是導致不可知論和懷疑主義的主要原因。也正是這種理論為 18 世紀英國美學提供了施展心理學分析的廣闊領域，但在美學中也存在與哲學上同樣的甚至更嚴重的問題，那就是趣味能否是普遍的，這個問題引發了整整一個世紀的爭論。哈奇森在某種程度上證明了內在感官是先天的、普遍的，所有人不論貴賤都可以享受由其帶來的快感，然而事實是：個體之間在趣味上的確存在差異，即便這種差異不是高下之分。為了避免趣味主觀性和相對性的危機，美學家們不得不求助於更為客觀的標準，即人的外在感覺。即使無法求證外在世界的實在性，但幾乎所有哲學家都承認，因為人的感覺器官的構造是相同的，那麼由此而來的感覺觀念也是相同的，而且由感覺而來的內在觀念或反省觀念，即情感也是相同的。

然而，在很多情況下，人的感覺器官並不能根據其自然狀態活動，因為它們又受到環境和習慣的影響，從而產生歪曲的知覺，也就是很多簡單觀念因為環境和習慣總是傾向於相互影響，或聯結在一起。所以，要確定趣味及其情感的客觀性和共同性，一條道路就是消除環境和習慣的影響，還原外在感官和內在感官的自然狀態。哈奇森所採取的就是這條道路，在某種程度上，傑拉德也是這樣。在他看來，判斷力的作用就是把不管出於什麼原因而混雜在一起的觀念分割開來，以儘可能地還原為簡單觀念並尋找這些簡單觀念之間的聯繫。傑拉德說：「只有對象中確定的性質被知覺到，與其他相似的性質被分辨出來，並被比較和混合，判斷力才會活動起來。在這些活動中，判斷力得到了運用，它參與到對激發它的每一個形式的分辨和形成當中。」[044] 在審美鑑賞的過程中，「它（判斷力）運用藝術和科學需要的一切

044　Alexander Gerard, An Essay on Taste, London, 1759：90.

方法，發現使人眼前一亮但深藏不露的那些性質。它考察自然作品的法則和原因，將其與藝術不完滿的作品進行比較和對比，因此它提供使想像力產生觀念並形成組合的材料，這些材料將深深地感染內在的趣味」[045]。同時，判斷力也要對各種藝術進行比較，總結它們的規律，從而發現它們是如何相互增益，如何給人快感的；它也要發現每一件藝術作品的意圖是什麼，藝術家所運用的各種手法與這個意圖是否適宜。判斷力把它所發現的所有這些材料提供給內在感官，讓想像力順應其本性自然地活動，從而使心靈享受到藝術作品帶來的快感。不僅如此，即使心靈憑藉趣味和各種內在感官獲得了快感，判斷力還要對這些快感進行比較和權衡，判別其高下之分。

如此看來，審美鑑賞最終要依賴趣味及各種內在感官，但完善的趣味首先要依靠精確而正確的判斷力，因此審美鑑賞不純粹是情感活動，判斷力始終在對其進行監督。內在感官與判斷各司其職。

儘管反省感官和判斷力相互結合，也是與真正的趣味一致的，但它們是以不同的比例結合起來的。某些時候，敏銳的感官是主要要素；另一些時候，精確的判斷力是主要要素。兩者都會做出正確的判定，但卻受著不同原則的指引，指引前者的是感官的知覺，指引後者的是理解力的證明。一個人感到什麼使人快樂什麼使人不快，另一個人則知道什麼可以讓人滿意什麼讓人嫌惡。感官天生就不會犯錯，因此只要它是健全的，它就能避免錯誤，儘管判斷力是不完善的。判斷力透過檢視感染趣味的性質，考察趣味不知其原因的情感，常常會彌補想像力的遲鈍。[046] 所以，如果人們的秉性各不相同，或者其內在感官和判斷力在不同情況下各占優勢，那麼他們在鑑賞藝術作品時得到的快感也就有所不同。內在感官敏銳的人的快感來自強烈的情感，判斷力強的人的快感則來自其精細的辨別和理解，知道自己情感的原因；從

---

045 同上，第91頁。
046 Alexander Gerard, An Essay on Taste, London, 1759：96.

這種辨別和理解中，他得到了快感，但這是一種知性的快感（intellectual pleasure）。顯然，傑拉德認為認識上的成功也能轉化為審美快感，至少是有助於審美快感的，而之前的哈奇森是極力排斥認識對審美的影響的，在某種程度上，傑拉德的觀點更接近於休謨。然而，這帶來很多問題。當傑拉德認為判斷力本身就能產生快感時，這種快感是否是審美快感？判斷力是否屬於趣味能力的一部分，如七種內在感官那樣？如果審美判斷同時需要趣味和判斷力，那麼何者優先？

　　根據傑拉德先前的理論，判斷力並不像內在感官那樣屬於趣味的要素，而且判斷力與想像力是截然不同甚至相反的兩種能力，判斷力傾向於分析，想像力則傾向於聯結和綜合。既然它不屬於趣味的範疇，那麼判斷力所產生的快感也就不屬於審美快感。至於趣味和判斷力何者優先，則無法從傑拉德的理論推斷出來。不過，我們至少需要提問，既然內在感官本身是先天的，它們能夠自然地發生作用，為什麼又需要判斷力的監督呢？因為這顯然是在推翻內在感官的先天性這個主張，而是轉向認為需要想像力等其他因素的引導。應該說，傑拉德意識到了哈奇森美學中的這種悖謬，他認為趣味需要後天的培養和鍛鍊。

完善的趣味

　　在傑拉德看來，各種內在感官固然是先天的，但先天的內在感官卻還不是完善的。同時，人們在這方面的先天稟賦參差不齊，有些人的感官先天就健全而活躍，不經多少教育和鍛鍊就有很高的水平，而有些人的感官天生虛弱而遲緩，若不經過後天的教育和鍛鍊就不能做出敏銳和正確的鑑賞。傑拉德認為，無論是外在感官還是內在感官，都是可以在後天提高的，經過教育和鍛鍊，有些人的能力要優於他人。只不過，相對而言，外在感官是「人性

的根本原則，就如物質世界的基本成分或規律，在很大程度上不受我們能力的影響」，而內在感官「是派生和復合的官能」，易受其他原因的影響而變化；「前者更多是直接服務於我們生存而非快樂」[047]，完全服從於人的本性的造物主的決定，而後者雖有利於我們的幸福和娛樂，但並不是生存之必需，而在很大程度上要依靠我們自己的培育和提高才能達到完善。顯而易見，傑拉德在哈奇森和休謨之間採取了一條折中的道路。

最後，傑拉德總結，趣味的完善在於判斷力和想像力的完善，具體表現為四個原則：敏感、精雅、正確以及這幾個原則的協調。[048] 這些都是在經過長期專門的鍛鍊之後獲得的。然而，在這個過程中也存在大量複雜的問題。

敏感指的是心靈是否能快速而細緻地觀察到對象的性質並產生活潑的情感。每個人的敏感程度天生存在差異，傑拉德注意到，雖然遲鈍不是優點，但過度的敏感也是缺陷。「在某些人當中，趣味極為敏感，以至於只是帶著熱烈的興趣和狂熱的陶醉來觀察藝術和自然的所有優點，觀察不到任何缺陷和汙點，也不感到嫌惡。有些人則只專注於推理，滿足慾望，追求利益，完全是趣味的滿足或不適的陌路人。」[049] 所以，對於趣味來說，重要的是培養一種適當的主觀狀態或態度，既不能過於遲鈍，也不能過於敏感。

所謂培養或鍛鍊，很大程度上就是形成一種習慣，而習慣的形成又依賴於重複。然而，這裡又產生一個悖論。「它們（習慣）透過重複給心靈以很大的順暢，而不給這種順暢以負擔，結果習慣就導致比（心靈初次知覺對象）時較少的愉悅或不適。」[050] 而傑拉德在論述內在感官時卻強調趣味快感必須要有新奇等因素造成的困難，以便心靈在克服困難的過程中和在對成功的意識中獲得滿足，但傑拉德認為這個悖論只是表面上的悖論（seeming

---

047 Alexander Gerard, An Essay on Taste, London, 1759：100.

048 同上，第 104 頁。

049 同上，第 106—107 頁。

050 Alexander Gerard, An Essay on Taste, London, 1759：107.

paradox）。[051] 因為重複和鍛鍊最終只會讓我們更準確地區分美和醜，只對那些真正美的性質保持敏感，從而給我們帶來更加高雅精緻的快感。

任何自然景色和天才作品只要被長期重複觀照就必然使人覺得索然無味，喪失興趣，但是「趣味的對象是無限多樣的，沉浸於這些對象中的人卻不斷地改變其目標，感受到真正不同的快樂和痛苦，儘管在最高層次上，這些感受是一致的。因此他就保持著一種新奇，使他保持知覺的活潑性，不斷地運用趣味會產生某些效果，即抵消甚至常常超過因重複而逐漸衰退的敏感」[052]。所以，鍛鍊之後的趣味所獲得的快感主要來自對不同對象之間進行的比較，而且趣味所涉獵的範圍越廣，這種比較就越細緻，人們便可以發現從前並未注意到的細節，因比較而來的快感就越活潑。

對某一個對象的重複觀察會使知覺變得順暢，因而減弱印象的強度，但傑拉德認為這種順暢如果是適度的，不但不會減弱我們從中獲得的快感，而且會使快感變得「更加完整和準確」[053]。因為在重複之後，我們就能發現更細微的性質並形成相應的觀念，我們更清楚地知道是什麼性質使我們感到快樂。所以，有時一個毫無經驗的人對某些對象無動於衷，當人們向他指出其中的美或醜的性質時，他馬上就能做出讚賞或嫌惡的反應。完善趣味需要的不是直接、粗糙的反應，而首先是正確、準確的判斷。

同時，當知覺經過鍛鍊變得精細而活潑之後，「習慣會增強思想的來源和過程，由此我們就得到了一種反省的感覺；這種感覺必須與其原因的活力保持某種比例。因而習慣於將自己的能力擴張以適應巨大對象的幅度，心靈就習慣於擴張自己進入一種崇高的情感。經過鍛鍊，它就能熟練地將統一性和多樣性相綜合」[054]。因此，由習慣產生的「反省的感覺」，也就是心靈將

051　同上，第 108 頁。
052　同上，第 109 頁。
053　同上，第 110 頁。
054　Alexander Gerard, An Essay on Taste, London, 1759：110.

內在的各種觀念進行擴大、比較和組合的能力，這些能力越是熟練，心靈就越對自己表示讚賞，從而獲得快樂。這些能力的增強會讓我們越容易接受那些我們習慣於接受的對象，因為它們更容易吸引我們的注意力，喚起心靈中曾存在的情感。

我們可以看到，傑拉德所強調的由習慣或鍛鍊而得到增強的敏感，其作用是把外在對象在心靈中以觀念的方式重新呈現，並對這些觀念進行比較、組合，真正使心靈感到快樂的不是外在對象本身，而是在觀念之間進行推移的想像力，這種快感不是直接來自對象本身，而是來自心靈自身的活動。「一個具有趣味的人把想像的快感置於更高的地位，他認為它們更高貴、更真實。」[055] 因為來自想像的快感不受外在對象的左右，也不受慾望的干擾，它雖然比不上由外在對象直接刺激起來的情感更激烈，但卻更純潔（refinement）和雅緻（elegance），而且消除了種種幻想和狂熱之後，判斷力也能做出更正確的評價。所以，趣味快感也是一種適度或溫和的快感。

精雅與敏感是一脈相通的問題，在一定程度上敏感就形成精雅，只不過敏感側重於描述知覺的活潑與細緻，精雅則側重於描述情感的雅俗之辨。人天生的趣味很少能分辨較低俗和較高雅的趣味，所以有些人只要看到自然或藝術中極小的優點就得到極大的滿足，而有些人對這些優點棄之如敝屣，原因在於前者沒有經過鍛鍊，從未見識過真正優秀的對象，後者則見多識廣，能對對象的性質做出高下之分。「泰斯庇斯[056] 在他所處的時代無疑讓人們迷戀，儘管他那些鄙俗殘缺的描寫不能給後來慣於欣賞索福克勒斯和歐裡庇得斯的更高雅的人以任何愉悅。普勞圖斯粗俗的戲謔不僅取悅於一般的趣味，而且得到了西塞羅的讚賞，直到宮廷中的高雅在機智和幽默上變得精緻之

---

055 同上，第 111 頁。
056 西元前 6 世紀古希臘詩人，悲劇創始者。

前，其聲望一直不減。」[057] 後來的人之所以對古老的作家進行批評，就在於他們的趣味變得更為完善，使他們對低級的作品失去了興趣。所以，「趣味的精緻和優雅主要依賴於知識的獲得和判斷力的提高」[058]，也就是說，既要有豐富的積累，也要有仔細比較的能力。

最終來說，低級趣味是直接的、激烈的、粗俗的，高雅趣味則是想像的、溫和的、精緻的。在具備了豐富的積累和精確的判斷力之後，人們就會在自己內心形成一個理想，以此作為判斷具體對象的標準，不過傑拉德認為這個理想很少能得到滿足。因為「當想像被展現其前的完美之物所激發和提升時，它就自然而然地（of its own accord）幻想更加完美的結果，比藝術家實際能創造出來的結果更完美。因為所運用的材料難以被駕馭，實際的創造總是難以符合完美的設想」[059]。傑拉德認為，達文西的很多畫作之所以未能完成，正是因為他對此感到絕望。無疑，20 世紀很多美學家所強調的讀者的能動性，在傑拉德這裡以想像力的規律得到了說明。從創作方面來說，具有完善趣味的藝術家不應描寫事物本來的樣子，而是應該描寫其應該是（ought to be）的樣子。「敏感使我們對我們所知覺的美或缺陷有著強烈的感觸。經驗使我們在它們即使不明顯時也能發現它們。正確必須更進一步，使我們不被虛假的表象所欺騙，不會讚賞明顯鮮明的錯誤，也不會譴責平淡的優點，而且能根據其優劣為每一種性質指定恰當的地位。」[060] 人們在趣味上之所以會做出錯誤的判斷，一方面，是因為人們在天資上的缺陷，或者受到環境的影響；另一方面，更多的是因為對象的性質很多時候並不明確，容易被混淆。對象的性質之所以不明確是因為有些性質表面上相似或接近，實質上卻是相反的。「鋪排誇張和匠心獨創，刻板模仿和自然天成，可能被相互

057　Alexander Gerard, An Essay on Taste, London, 1759：117.
058　同上，第 118 頁。
059　Alexander Gerard, An Essay on Taste, London, 1759：124—125.
060　同上，第 134 頁。

錯認。要在貧乏和質樸、含糊和微妙、晦澀和文雅、囉唆和華麗、虛弱和柔美、乾癟和清晰之間做出正確的辨別並非易事，要在生硬和莊重、浮誇和奇崛、呆板無趣和恰如其分之間做出區分談何容易。」[061] 只有經過鍛鍊和培養的趣味才能解開虛假的面紗，真正確定它們的真偽。

除了辨別真偽，趣味的正確還意味著「我們不僅普遍感受到快樂，而且還要知覺到我們是以何種特殊方式感受到快樂的；不僅要辨別對象具有某種優點，還要確定這是一種什麼優點」[062]，也就是說，我們必須知道快感的原因是什麼，屬於什麼類型。因為一個對象總是具有多種性質，其中有些是主要的，有些是次要的，它們分別會刺激前文所述的七種內在感官，正確的趣味能夠把這些性質進行分析，並理清它們之間的關係。

最後，趣味的正確還取決於對象的美及其給人快感的程度或等級。不同類型的美總是混合在一起，同時在我們的心靈中形成一種綜合性的快感，趣味要判斷這些美和快感的比例是否恰當。例如，如果很多對象都給人以崇高的感覺，但在有些對象中，崇高與新奇相混合；在另一些對象中，崇高與德行相混合，趣味不僅應該將這些不同的崇高的原因加以分析，知其所以然，而且應該判定哪種崇高更優越。

但是，正確與否的標準究竟存在於何處呢？休謨認為經典作品可作為參照物，因為它們在流傳過程中已經得到了人們的肯定，也就是普遍同意可作為一個標準，但傑拉德顯然否認這個標準。在某種程度上，正是普遍同意導致人們做出很多錯誤的判斷。「錯誤或有缺陷的法則，或者是我們自己確立的，或者是默默從他人那裡接受來的，可能敗壞或約束我們的趣味，使我們做出錯誤的決定。」[063] 由於亞里斯多德聲名顯赫，後人對他規定的許多法則

---

061 同上，第 137 頁。
062 同上，第 140 頁。
063 Alexander Gerard, An Essay on Taste, London, 1759：144.

都不敢有些許微詞；因為莎士比亞受人愛戴，其作品中的諸多瑕疵也被認作是創造。一代有一代之文學，同樣，一代又有一代之批評，過去的作家和批評家只屬於過去，不能作為永恆的標準。最終來說，標準只能存在於我們自己心中，我們只應該順從自己自然的感受。「不正確的趣味或者來自我們內在感官的先天遲鈍，或者來自判斷力的虛弱。前者使我們的情感變得模糊不定，難以做出比較，後者使我們無法知覺到哪怕是最清晰的觀念或最明顯的性質之間的關係。在兩種情形中，心靈都會因遲疑不決而困惑不安。這是一種令人不適的狀態，我們便渴望設法從中擺脫出來。」[064] 因此，正誤的標準就是我們的心靈是否從我們自己的感受中得到另一種快適。但是，傑拉德的推論顯然是自相矛盾的，因為使趣味產生差異的正是人的能力天生存在差異，所以自然的感受並不可靠。當然，除非我們認為人天生還有一種對由趣味而來的情感的判斷能力，就像沙夫茨伯里所說的「面對情感的情感」。不過，這仍然會使問題變得更加複雜，我們不得不懷疑這更深一層的能力是否可靠。

最後，趣味的完善需要各種原則的適當結合，即適度均衡（due proportion）。傑拉德把這個要素看作是正確的延伸，即「這不僅是局限於對象各部分的恰當和正確，而是擴及整體」[065]。因為「趣味不是一種簡單的能力，而是許多能力的集合，這些能力因其活力、題材、原因方面的相似，已經相互聯結並結合在一起」[066]。但是，並非每一種結合都是完善的，如果趣味中的每一個要素各自為政，或者秩序不當，就會產生乖戾的效果。同樣，如果我們內在的各種力量結合不當，也不能形成完善的趣味。就前一種情況而言，如果想像力過於活躍，就會使我們對對象失於細緻的分辨和比較，導致不正確的趣味；就後一種情況而言，如果我們過於喜愛崇高，那麼

---

064 同上，第 142 頁。
065 Alexander Gerard, An Essay on Taste, London, 1759：146.
066 同上，第 146 頁。

就會排斥美所產生的優雅，導致情感上的粗魯。

趣味的各種要素或能力之間的不均衡很多時候來自各人的天性，有些人天生喜愛崇高，有些人則偏愛優美。「些微的不均衡無須苛責，因為這是自然的。但是如果超出了一定的界限，人們就會認為這種不均衡蛻化為偏狹和扭曲的方式。然而，這種扭曲很大程度上不能歸於某種原則天生的過度，而是其他原因所致。原始的過度只是為這種不均衡奠定了基礎，其他原因則加強了這種天生的不均衡，使其愈發明顯。這些其他原則的根源就是思想的狹隘，由此，我們無法一次清晰地理解許多的觀念，也不能理清觀念之間的關係，確定它們各自的契機，而是陷於煩亂和困惑。」[067] 除非多加鍛鍊，豐富自己的經驗，養成良好的習慣，否則就不可能使趣味各原則取得恰當的均衡，因為鍛鍊可以擴大我們的視野，讓我們接受更為廣泛多樣的對象的風格，不為我們自己的偏好所束縛，也不為對象表面的炫麗所迷惑，從而做出正確的評價。「趣味各原則的恰當均衡意味著各原則的正確，除此之外，也意味著心靈的開闊和包容（an enlargement and comprehension）。」[068]

在對藝術作品的鑑賞中，完善的趣味意味著人們可以準確地分辨其主要特徵和內在構成，但更應該把注意力放在對其整體的把握上。沒有藝術作品是完美無缺的，但好的作品首先應該是一個整體，不能讓細微的局部蓋過整體；另一方面，好的作品也不意味著四平八穩、平淡無奇，而是能突破成規，樹立獨特的風格。正確的批評家也許只注意條分縷析，而偉大的批評家則能抓住作品的整體，發現其獨特創造。「的確，最偉大的批評家關注的不是某個較好的局部，而是更高層次的美；不是對庸才的冷漠遲鈍細節吹毛求疵，而是關注天才的大膽創新，是創新使（天才的作品）達到極致，擁有非凡的熱情，放棄那些細枝末節。總而言之，博得我們讚歎的不是那些免受指責的

---

067 同上，第 151 頁。
068 同上，第 152 頁。

無錯平庸，而是勇敢精進，縱然夾雜著些錯誤，甚至因其粗獷的唐突讓人惋惜。」069

趣味的運用

在《論趣味》的第三部分，傑拉德專門論述了趣味的職能和意義，其中涉及趣味與天才和批評的關係，同時也涉及了趣味在藝術和科學中的作用。

在 18 世紀英國美學中，天才這一概念首先出現在沙夫茨伯里的《道德家》一文中。沙夫茨伯里在其中保留了濃厚的柏拉圖主義的神祕色彩，用來表示自然的內在精神，也指藝術家對這種精神的領悟能力，天才使藝術家能夠像神一樣進行創造。傑拉德是沙夫茨伯里之後再次詳細論述這一概念的作家，他雖然去除了其中的神祕色彩，但仍保留了其創造的內涵。「天才首先和主要的特徵就是創造，體現在想像力廣闊的包容性上，體現在對具有某種聯繫但相距最遙遠觀念的敏捷聯結上。」070 可以看出，傑拉德仍然運用心理學的原則來定義天才。天才最主要的特徵是想像的敏捷，「只要一個觀念出現於心靈中，他們（富有天才的人們）便立刻將所有其他觀念都攬入視野，哪怕這些觀念只有一點關聯」071。憑藉這種能力，天才在看似雜亂無章的眾多對象中迅速選出具有某種關聯的那些觀念，並賦予它們秩序，而且這種秩序看起來彷彿是自然而然的。

此外，天才的創造性也體現在「運用恰當的材料表現其意圖的能力上」072。這一點在藝術中尤其重要，否則天才就是空洞無用的。「天才就是優秀的建築家，不僅選取材料，而且把這些材料搭配成規則的結構。」073

069　Alexander Gerard, An Essay on Taste, London, 1759：155.
070　同上，第 173 頁。
071　同上，第 173 頁。
072　同上，第 175 頁。
073　同上，第 176 頁。

　　天才的這兩個特徵都與趣味相似，甚至趣味就是天才的一部分，兩者之間可以相互彌補增益。無疑，天才和趣味都來自想像力，天才運用想像力去創造美的對象，而趣味運用想像力來感受美的對象。但是，在傑拉德看來，天才的想像雖然敏捷而富有熱情，但未必正確，趣味的想像卻是心靈固有的能力，因此天才需要趣味的矯正；反過來，有人雖富有趣味，卻沒有創造能力，這樣的趣味仍然是狹隘的，而天才則創造出更為豐富多樣的規則，也因此擴大趣味的界限，賦予趣味以更大的活力。只有兼具天才和趣味的大師才能創造出藝術法則，成為後世批評的標準。

　　同樣，趣味是批評家的必備能力，而批評家也能提高趣味。「一個批評家必須不僅能感受，而且必須具有精確的辨別力，這種辨別力能使一個人清楚地反省他的感受，並向他人解釋這些感受。」[074] 因此，批評家的特點在於他對趣味具有理性分析的能力。普通人只是積累了藝術中的美和醜，知道哪些令人快樂、哪些令人不快，但也僅限於此，而批評家則可以運用更多的能力知其所以然，知道哪種快樂是崇高還是美，來自模仿還是來自荒誕。

　　除了能夠解釋審美快感的原因，傑拉德認為批評家還應該對趣味進行分類和評級，這也是他強調哲學對於批評家重要性的主要原因，而哲學主要指的是分類和評級的方法。「趣味知覺到特殊的美和醜，因而提高我們需要解釋的事實，而經驗則使我們推斷出結論來。但是，如果沒有健全的抽象能力、最強的推理能力、細緻而正確的歸納能力和關於人性原則的深厚知識，就不能形成結論。」[075] 這些方法無疑來自培根所確立的歸納法。歸納不是簡單的總結，而是要根據普遍原則對現象進行有效的整理。普遍原則就是人性的原則，根據這個原則，我們可以明白對象因何令人快樂或不快。

　　「透過系統的歸納，那些較低級類別的普遍性質自然首先得到確定，但

074　Alexander Gerard, An Essay on Taste, London, 1759：181.
075　同上，第 181 頁。

傑拉德

一個正直的批評家並不滿足於此。透過重新歸納，從而推進到較高的細緻程度，他將確定那些較不明顯的特徵，根據這些特徵把幾種較高一級的類別歸於同一種類之下。重新歸納使他進一步分析，發現最高級的種類，並規定最廣泛的藝術規律。因此他就達到了儘可能普遍的區分，而不至僅僅停留於對一般優點或缺點的沒有意義的確定上。」[076]

的確，傑拉德是第一個在藝術批評中提出系統方法的人，雖然顯得較為簡單，但在趣味與哲學之間建立了有效的聯繫。

傑拉德認為趣味的對象有三種，分別是自然、藝術和科學。的確，在論述七種內在感官的過程中，他並沒有把趣味的對象局限於藝術作品。他是根據趣味與理性的比重來確定趣味與這三個領域的關係的。「自然是藝術和科學的共同課題，趣味和理性在其中是一同被運用的。在藝術中，趣味是最終的法官，而理性只是其侍從；在科學中，理性是至高無上的，但只有以趣味作為輔助，理性才能收穫利益。」[077]

在面對自然時，理性的作用是考察其規律，而只有趣味才能發現其美。人的幾乎每一種內在感官都能在自然中找到恰當的對象，其中既有整個宇宙浩大無垠的體系，也有每一種事物所呈現出的規則、秩序和比例；既有多樣繽紛的色彩，也有壯麗的河海山壑、日月輪迴、四季交替，無不充滿令人驚奇的炫麗景象。在藝術領域中，各種服飾和用具，雖然主要以其效用滿足人的需要，但也表現出美醜之分，給人苦樂之感。尤其是美的藝術（fine arts），「模仿自然中的優越之處，為趣味提供了更適當的材料，這正是其價值所在。音樂、繪畫、雕塑、建築、詩歌和雄辯，構成其獨特而專屬的領域，其權威至高無上」[078]。

076　同上，第 183 頁。

077　Alexander Gerard, An Essay on Taste, London, 1759：187.

078　同上，第 189 頁。

首先，趣味在科學中的作用值得關注。傑拉德說：「科學不僅可能包含真理或謬誤，而且也包含美或醜、優秀或缺陷。」[079] 雖然主宰科學的是理性，趣味只是輔助，趣味一旦越出合理的界限就會產生種種偏見和錯誤，但是趣味的輔助不是可有可無的。趣味的作用不是發現真理，建立體系，而是對科學的知識和體系進行有效的傳播和鑑賞，並且讓人在自然中發現更多的美。其次，科學發現中人的理性能力的施展和成功本身就是令人愉快的，這促使人們更加勤奮地發現自然的祕密，因此趣味快感對科學也有促進作用。再次，科學中的理性和趣味應該是一致的，大凡正確的推理都會讓人感受到美，使人肯定其結論的正確，而那些不規則的理論也是令人不快的，它們多數也是不完善的。「牛頓的理論不僅憑藉其正確的推理滿足人的理解力，同樣也因其簡潔和優雅使趣味愉悅。」[080] 這樣的認識必然使人想到康德在《判斷力批判》中的觀點，即反省的判斷力對純粹理性的認識造成了引導性的作用。由此可以看到，在 18 世紀，人們已經把趣味的領域主要限定為美的藝術，趣味的作用卻並不限於此，而是滲透到認識、技術和道德等一切領域中；所有的認識和實踐不僅應該滿足功利的需要，也應該在趣味上給人以快樂。各個學科和領域的確有著自身的法則，各自之間卻不是相互隔絕的，聯繫它們的不僅是普遍的形而上學，同樣也是趣味快感。趣味之所以能發揮這樣的作用，一個重要的原因就是由其產生的快感的特殊性，至少從傑拉德的邏輯來看是這樣的。

趣味快感特徵有以下幾個方面：首先，對象豐富，性質精雅。「良好的趣味能給一個人以他人無法得到的享受，並且使他從藝術和自然中幾乎所有事物上獲得娛樂。因為在產生快樂的過程中，即使心靈勞作但不使其疲憊，能使心靈滿足而不使其厭倦，良好的趣味給他擴大了幸福的範圍。」[081] 其

079　同上，第 189 頁。
080　同上，第 191 頁。
081　Alexander Gerard, An Essay on Taste, London, 1759：192.

次，與知性的快感相比，趣味快感雖然較少教導的意義，卻更讓人著迷，也更容易獲得。「自然美向所有人開放，儘管只有少數人擁有財富，但多數人都可以得到藝術奇觀帶來的享受。趣味比理性更容易也更有把握得到提升。的確，有些人無法取得最高的完善，但極少人完全沒有趣味的自然天賦，以至於不能從恰當的對象上接受快感。」[082] 並不是每一個人都能成為權威的批評家，但人人都可以從趣味中得到自己的滿足。再次，與外在感官的滿足相比，趣味快感更高雅。外在感官，在一定程度上與物質慾望緊密相連，其滿足給人以極大的快感，但只要滿足就容易產生厭膩和焦慮，而趣味快感則允許有無限的提升，讓人精益求精。同時，只求物質滿足的人很容易招致他人的輕蔑，而一個有著良好趣味的人卻只會得到他人的尊重，使其愈加受到歡迎。最後，趣味情感給人們的娛樂增添許多榮耀。如果沒有優雅和高尚的內涵，感官快樂就是無趣而可鄙的；有了趣味的潤飾，財富的獲取才能實現仁善和高尚的目標。

不僅如此，趣味還對人的性格和情感具有深遠的影響。像趣味一樣，情感也受到想像的作用，趣味和情感有著同樣的原因，來自同一源泉，因此兩者是相互類似、相互促進的。「想像的景象之所以能觸動趣味是因為它把距離遙遠的觀念構成一體，這個景象又會激發情感。聯想也對趣味具有巨大影響，而每一個精心研究過情感的哲學家都說明了情感是多麼依賴於聯想。」[083] 由此可以推斷，何種類型的趣味將會造就何種類型的情感。

因為，趣味和情感都容易受具體的形象而不是抽象概念的影響，「告訴我們一個人如何慷慨、仁善並富有同情心，或者如何冷漠、自私並鐵石心腸，對其性格的這種一般描述過於模糊而不能激發愛或恨。把這些性格所表

---

082 同上。
083 同上，第196—197頁。

現的一系列行為再次展示一番，這樣的故事立刻就顯露出相應的情感」[084]。但是，只有富有趣味的人才能更敏捷地展開想像和聯想。榮譽對多數人都有影響，但只有其趣味適於欣賞宏偉壯麗之景的人才能更體味到榮譽的偉大，更容易受到感染。同樣，在社會交往中，富有趣味拒斥貪婪於財富和物慾的人，而更傾心於有著高雅趣味的人，因為他們能共享趣味帶來的快感。

傑拉德的意思應該是：當一個人的趣味習慣於接受具有某種性質的對象時，他的情感也將會趨向於表現為這種性質的形式。在趣味上敏感的人也具有活潑的情感，而粗鄙低俗的趣味只能產生更粗鄙低俗的情感。「只要雅緻趣味盛行之處，它就賦予我們行為的原則一種精緻和優雅，讓我們蔑視粗俗之人所熱衷的鄙俗粗野之物。甚至在我們與粗俗之人被同一樣事物吸引時，雅緻趣味也使我們以一種高雅的方式來感受這些事物。」[085] 顯而易見，傑拉德賦予趣味情感的性質以及趣味對於情感的影響都蘊涵著某種道德內涵。事實上，傑拉德也肯定了這一點，雖然他認為沙夫茨伯里等人美善同一的主張有些極端。「經驗極少會支持這種意見。一種對於美的藝術的趣味與一種對德行的高尚感覺，根據這個假設是同一的，但常常是分離的。」[086] 在傑拉德看來，趣味和德行遵循著不同的原則，趣味只是影響德行的一個因素，而不是全部。但是，「從人的心靈的許多公認的性質來推斷，趣味自然更有利於美德而不是惡德」，儘管趣味和美德並不完全一樣。

傑拉德認為，邪惡的情感多半來自扭曲的趣味，因為這種趣味使人以一種不當的方式對待事物。「毋庸置疑，奢侈、揮霍、野心，主要出於這個原因。顯而易見，如果趣味是完善的，以至讓人發現（上述惡德）是一種虛假的美或崇高，或者至少是來自這些惡德及其對象的一種低級的美或崇高，並

084　Alexander Gerard, An Essay on Taste, London, 1759：198.
085　同上，第200頁。
086　同上，第202頁。

且如果趣味慣於接受更純潔、更高貴的目標，那麼曾誤導許多人的那些觀念必然對人們失去影響。惡德常常是由敗壞或誤用的趣味導致的，假使趣味是正確和恰當的，惡德就幾乎被消滅，因為我們對於事物的態度在多數情況下會是正確的，是與事物的本性相符的。」[087] 一個慣於接受高雅快感的人自然而然會輕視感官快感，能夠抵禦慾望的誘惑，而慾望正是高尚情感的障礙。同時，這樣的人也會消除占據其心靈的偏見，因為他已經慣於接受快適的情緒，厭惡因粗野情感而生的狂躁。有著平靜情感的人總是仁善的人。「只有當一個人的心靈被音樂、繪畫或詩歌的魅力所軟化時，才會更容易被友誼、慷慨、友愛和所有善良的情感所感染。」[088] 因而，完善的趣味本身並不是美德，而是使擁有它的人的情感變得溫和善良，更樂意去被善良的性格和行為所感染。

趣味之所以對美德具有如此影響，是因為「人的心靈的所有秉性都有著密切的關聯，一者發生較大變化時，會使其餘秉性也產生相似的變化。一種健全的趣味不僅會被呈現於其面前的最細微的對象所感動，而且使靈魂中所有其他力量變得異常敏感。趣味的提升使一個人在每一場合都容易被細微的情緒感染。這又使道德感變得更加敏銳，使道德感的所有知覺變得更加強烈而細膩」[089]。所以，具有高雅趣味的人對所有善良的情感和行為都充滿喜愛，一如對所有惡德和惡行充滿厭惡。因為，凡是善良的情感和性格，其言行舉止必然是優雅雍容的，反之必然是醜陋猥瑣的。這是人性的自然規律，也是文明的民族優於野蠻的民族的地方。野蠻的人只能見到粗糙簡陋之物，因而其情感也是暴戾狂躁的，其道德感也是遲鈍的，不能辨別較細微的善惡。在文明的社會中，人們能更多見識優美的藝術，趣味得到了提升，情感也變得細膩敏銳，對善惡也有更深刻的感受。

087　Alexander Gerard, An Essay on Taste, London, 1759：203.
088　同上，第 204 頁。
089　同上，第 205 頁。

凱姆斯

凱姆斯

亨利‧凱姆斯（Henry Home, Lord Kames, 1696～1782，也被譯作亨利‧霍姆），出生於蘇格蘭貝里克郡，16歲之前一直在家中接受多名家庭教師的教育，之後跟隨一位高級法官的文書做學徒，1723年成為一名出庭律師，次年成為大律師，多年後成為巡迴法庭的法官。但他還有更多頭銜，如農學家、哲學家和作家，曾創立愛丁堡哲學協會，參與精英協會，與休謨和亞當‧斯密交往甚密，同樣是蘇格蘭啟蒙運動中的核心人物。他的主要著作有《道德和自然宗教的原則》（1751）和《批評原理》（1762），後者是一部美學著作，而且稱得上是18世紀英國最全面、系統的美學和批評著作之一。這部著作旨在描述人性中的知覺和情感規律，以作為對任何美的藝術展開批評的依據。顯而易見，凱姆斯延續了之前作家們的主題和基本思想，但他的體系從整體上而言更加完備，在具體問題上也不乏創見，稱得上體大思精。事實上，其影響也非常深廣，先後再版30多次，直到19世紀德國美學大行其道之時，它才逐漸淡出人們的視野。如果將其置於18世紀英國美學的發展歷程中，凱姆斯最突出的貢獻在於全面而詳細地描繪了情感的規律，從而為確定美感的性質和趣味的活動方式提供了一個起碼是貌似精確的坐標。

趣味與批評

批評的對象是美的藝術，而美的藝術則是趣味快感的主要來源。所以，凱姆斯的任務便是：一方面，確定趣味的快感的性質、原因和規律；另一方面，探討構成美的藝術的內容及其法則，這構成了《批評原理》的主要內容。

繼承源遠流長的古代傳統，凱姆斯認為趣味主要依賴視覺和聽覺，這兩者的知覺方式和給人的感受（feelings）都有別於其他感官。一切知覺都發生於外物對感官造成的印象，但在觸覺、味覺和嗅覺的知覺中，人們可以明確意識到外物對感官的印象，在視覺和聽覺那裡則沒有。因此，由這兩種感

官而來的快樂和痛苦的感受不是純粹肉體的，而是精神的，也是較為精細的。這些原因使得視聽的快感，也就是趣味快感具有獨特的性質。它們雖然源自感官，但超越了肉體的快感，雖然像知性的快感那樣是精神性的，但卻無須人們付出艱苦的努力。所以，視聽的快感也兼具其他兩者的優點，它們像感官快感那樣容易獲得，也像知性的快感那樣高貴優雅。當然，艾迪生在《想像的快感》中已經發表了同樣的看法，但凱姆斯指出，視聽的快感發展還可以讓人們進而享受道德和宗教上的快樂。由此可以確定，凱姆斯並不像柏克那樣關注視覺和聽覺的生理機制，也不認為趣味快感與生理器官的運動存在必然的關係，而是如休謨一樣，著重研究由它們而來的觀念和思想及其存在方式在心靈中的效果。他也許覺得沒有必要用想像或內在感官這些概念來表明趣味快感的特殊性，或者認為視聽的知覺與想像並不存在根本的區別。不過，我們將看到，他在很多時候仍然倚重這兩個概念。

視聽之所以能帶來特殊快感，其根源在於人天生的知覺規律。他對知覺的看法顯然有別於休謨和洛克，在後者那裡，知覺是從感覺和反省開始的，最初形成的是各個分離的簡單觀念或印象，而在凱姆斯看來，人首先得到的是「一個持續的知覺和觀念的序列（train）」，「沒有一個事物顯得是孤立和完全缺乏聯繫的，所不同的是：這些聯繫有些緊密有些鬆散，有些近有些遠」[001]。只是在有些時候我們注意某些觀念而忽視其他觀念，才使得這些觀念看起來是孤立的。這更接近於現代心理學中的格式塔。只不過，在描述使知覺和觀念形成無盡序列關係的時候，凱姆斯多半採納了休謨總結的模式，如因果關係、時空接近、高低、前後、相似相反等。因此，只要有一個觀念出現於心中，其他一系列觀念就同時隨之而來。觀念之間關係的顯現受到兩個主觀因素，如意志、心境和個人判斷力的影響，這兩個因素使我們傾向於

---

001 Lord Kames, Elements of Criticism, Vol. 1. London, 1765：26.

突出觀念間的某種關係，但總有些傾向對所有人都是一樣的。例如，我們總是先看到一個事物的主體，然後再延伸到其附屬或裝飾部分；我們總是首先把一個事物看作整體，隨後才考慮其細微的構成部分；想到沉重的物體總是沿河而下，輕紗的煙霧總是升騰而上；想到一個家庭時，總是先祖先後後代；想到歷史事件時，總是在時間上由遠及近、由因到果；在科學考察中，我們總是由具體的結果追溯到普遍的原因等，這些思維方式是自然的。

心靈在順著這些自然關係運動時總是伴隨著苦樂的情感。

「現在看來，我們因本性的構造而喜愛秩序和關聯。當一個對象透過某種適當的關聯進入心中時，我們就意識到從此而來的某種快感。在同等級別的對象中，快感與關聯的程度是成比例的，而在不同級別的對象中我們要尋求某種秩序時，快感主要來自富有秩序的排列。在順自然進程或我們對秩序的感覺而追溯對象，人們都能意識到（這種快感是如何而來的）。心靈輕快地順河流而下，從一個整體到部分，或從主要部分到附屬部分，但要順著相反的方向，人們就意識到這是一種顛倒的運動，這種運動是令人不快的。」[002]

根據這個原則，「凡符合我們觀念的自然進程的藝術作品就是適意的，與此進程相反的作品就是不適意的」[003]。因而，在凱姆斯看來，適意和不適意並不是人的情感狀態，而是對象或觀念的性質，它們分別在人心中引發快樂和痛苦的情感，換言之，適意和不適意是人認識到的事實，即一個對象是否符合認識和道德的法則，由此可以確定，至少趣味情感是經認識之後產生的，或者說是反省的產物。也許他應該像休謨區分直接印象和間接印象那樣，把情感區分為直接情感和間接情感或反省情感。事實上，他也曾說，情感本身也常常是思考或反省的對象。這個區分可以讓凱姆斯得出這樣的結論，即使一個對象或觀念本身直接帶給人痛苦，但在反省之後則是適意的，

002　Lord Kames, Elements of Criticism, Vol. 1. London, 1765：30—31.
003　同上，第 31 頁。

因而讓人快樂：「由畸形事物或野蠻行為引發的痛苦情緒，在被反省時也是適意的，就像由河流或高聳屋頂引起的快樂情緒一樣，在被反省時也是適意的。悲痛和憐憫的痛苦情感是適意的，這是所有人都贊同的。」[004] 或者說人可以以參與者和旁觀者兩種角色的態度來體驗同一個對象，作為旁觀者，一個人既可以反省別人，也可以反省自己，趣味情感始終要保留這兩種態度。

面對一個花園，我直接感覺到了快樂或不快，但同時我也在反省這快樂或不快是否適意，即是否合理，從而再次產生快樂或不快的情感。問題是，我們是否有必要做出這樣的區分，或者說我們是否真的是這樣體驗的。不過，凱姆斯可以說，前一種快樂或不快不是趣味判斷，它們可能是不合理的。比如，我見到花園中有一座金色的假山，我感覺到了悅目的快樂，但這種快樂也許不合理，因為這座假山與整個花園的素雅靜謐並不協調，因而我又感到了不快；我也會想到花園的主人是在炫耀，過著一種奢侈淫靡的生活，這時，我的快樂又令人痛苦。這樣的體驗始終伴隨著認識和推理。無論如何，對對象的適意和不適意與情感上的快樂和痛苦的區分，為凱姆斯的藝術理論鋪平了道路。

然而，令人疑惑的是：這樣的反省及其對象是否屬於視聽的範圍，尤其是當人們面對人的行動的時候，情況就更加複雜，除非凱姆斯認為視聽的知覺始終伴隨有認識和道德判斷的反省，只是這樣的反省並不總是被人們意識到。不過，可以認為凱姆斯始終堅持，任何觀念，無論是知識的、道德的，都必然透過視聽對象表現出來，因而可以被人直覺到，併作出相應的情感判斷。所以可以肯定，雖然把趣味的對象限定在視覺和聽覺的範圍內，但凱姆斯並不認為這樣的對象僅僅局限於作為外在感官的視聽的直接對象，因為趣味除了從自然現象中獲取快感之外，更多地面對的是藝術作品，而且他多數

---

004 同上，第91頁。

時候討論的也是面對藝術作品的趣味。藝術作品，尤其是詩歌，除了語音之外，如果還有什麼是視聽的對象，那麼它們必定是由想像，至少是內在的視聽構造起來的。無論如何，他不會認為趣味快感來自直接的視聽感官，倒不如說，視聽從外在或內在世界接受了某些對象，並讓心靈以一種旁觀者的態度對藝術的內容及其表現形式經歷複雜的情感體驗。

所以，視聽的快感雖然是先天的，是透過直覺的方式表現出來的，但也需要鍛鍊加以提高，提高的途徑就是培養在藝術方面的趣味。「對這些藝術的趣味就像自然生長在泥土中的樹木，但如果不經栽培就不能臻於優秀。這種趣味是容許淨化的，只要悉心照料，就能得到極大的提升。」[005] 因為，就像人的道德感一樣，藝術的趣味也會受到習俗、教育和性格方面的影響，這些影響可能有益也可能有害，只有對人的本性和藝術的規律進行深入研究，才能使其得到正確的發展。

這就是批評這門學科的內容和任務。批評並不僅僅是總結和歸納藝術法則，理性的推理可以讓趣味變得成熟而敏銳：「對這些令人快適的對象的推理實踐趨向於成為一種習慣，而這種習慣又會增強推理的能力，使心靈適應這些對象中更複雜和抽象的部分。」[006] 另一方面，批評並不完全是抽象的，因為其對象是感性的、令人快適的，由淺入深的訓練使「這種推理變得敏銳，足以解開哲學中所有的複雜難懂之處」[007]。這也就是批評的推理不同於數學和形而上學推理的地方，因為它是實踐性的，「數學和形而上學不能提高我們關於人的知識，也不能運用於生活中的一般事務，而一種對藝術合理的趣味源於理性的原理，卻終於交往中優雅的主題，並使我們在社會中的行為變得高貴而得體」[008]。所以，批評既提升人的情感，也提升人的理解，推而廣

005　Lord Kames, Elements of Criticism, Vol. 1. London, 1765：14.
006　Lord Kames, Elements of Criticism, Vol. 1. London, 1765：16.
007　同上，第 17 頁。
008　同上。

之，它使人們遠離狂躁的情感，克制自私的慾望，不致耽於遊戲田獵；它激發人們投身於社會交往，同情他人，培育道德感，熱愛美德，憎惡醜惡。

毫無疑問，在凱姆斯看來，藝術的本質在於模仿，正確合理的模仿是適意的，因而在趣味上給人以快樂。無論是藝術創造還是鑑賞，都需要對藝術模仿的對象和技巧有深入而正確的研究和認識，這個過程是不斷增進的，但最終可以接近人的認識、情感和道德的本性。然而，這種正確並非僅僅是理性認識的正確，而是感性表現的真切和合理，他稱之為理想的呈現（ideal presence），以區別於實際的呈現（real prensence）。

與實際的呈現不同，凱姆斯把理想的呈現比作是「一場醒著的夢」（a waking dream），「就像一場夢，當我們反省自己當前的處境時它就消失了；相反，實際的呈現是由目光來保證的，需要我們的信念，不僅是在直接的知覺中，而且在隨後反省這一對象也是這樣」[009]。同時，理想的呈現與反省的回憶也有區別：「當我想到一件過去的事情時，但沒有形成任何形象，這很難說是在反省或回憶我親眼所見的事情。但是，當我非常清晰地回想一件事情時，以至能夠形成一個完整的形象，我把它知覺為在我眼前的事情。這種知覺是一種直覺行為，反省是無法進入其中的，就像無法進入視覺的行為一樣。」[010]顯然，理想的呈現就是如在眼前的呈現，我可以作為一個假想的旁觀者親歷事件，以至於理想的呈現常常十分模糊，與反省的回憶無法區分。

藝術描寫的目的就是營造一種理想的呈現，使讀者彷彿成為旁觀者，親歷整個事件的發生。當讀到歷史中的西庇阿在扎馬戰役中征服漢尼拔時，「我感到兩位英雄正投入戰鬥，我感到揮舞刀劍，鼓舞軍隊，我以這種方式經歷了這場戰役，每一個細節都歷歷在目」[011]。只有在此時，讀者對被描

009　同上，第 77 頁。
010　同上。
011　Lord Kames, Elements of Criticism, Vol. 1. London, 1765：78—79.

寫的人物產生同情，達到忘我的境界。「這就是一種幻想的快感（pleasure of reverie），處於這種快感中的人忘記了自己，完全被在心靈中穿過的觀念所占據，他所構想的對象真正地存在於他眼前。」[012] 這是普通回憶所做不到的，或者是因為它們的觀念太模糊，或者是因為，如果觀念很清晰的話，又過分急切地想要看到結果。這正違反了情感發生的規律：「我們的情緒從不是即刻發生的，甚至在能最快地達到高潮時，也要經歷生髮和增強的幾個不同階段。要給這幾個階段以時機，把每一種情緒的原因在恰當的時刻呈現於心靈之前是必要的，因為一種情緒只有透過印象反覆地予以激發，才能達到高潮。」[013]「當理想的呈現是完整的時，我們把每一個對象都看作是在眼前，整個心靈被富有趣味的事件占據，無暇反省。」[014]

相反，如果讀者時刻都在反省事實的真假，他就不可能產生任何同情性的情緒。即便是歷史也是這樣，它之所以被認為是真實的，是因為它比傳說給人以更生動的觀念。最能表現理想的呈現的體裁是戲劇，繪畫的效果要次之。因為繪畫把心靈封閉在一段時間內，這段時間內沒有事件的接續。同時，情緒不能在瞬間或憑藉單個印象就活躍起來，而是需要不斷給印象予以提示和增強。

「透過理想的呈現這種方式，語言的影響不僅局限於內心，而且還擴及理解力，並能增強信念。因為，當事件是被以生動的方式敘述時，每一個情節都彷彿在我們眼前，我們不必費力去質疑事實的真實性。」[015] 凱姆斯的主張沿襲了亞里斯多德的學說，文學應該模仿可能發生的事情，要使情節接近於自然或常理，同時也應該有生動的細節描寫，使整個場景歷歷在目。所以他反對史詩中的機械神（machinery），因為它偏離了常識，過分誇張，也許這能帶來暫時的新奇，卻不能像理想的呈現那樣使讀者產生同情性的情緒。

---

012 同上，第 79 頁。
013 同上，第 79—80 頁。
014 同上，第 80 頁。
015 同上，第 84—85 頁。

當然，凱姆斯也想到一個問題，即如果理想的呈現就是讓讀者身臨其境，信以為真，那麼人們就不需要任何虛構了，而且只要敘述能達到這種效果，歷史和傳說也沒有區別。凱姆斯的解釋是：「現實事件中的榜樣非常少見，以至沒有其他途徑的幫助就不能產生德行的習慣。即使現實事件產生了這樣的效果，歷史學家們也沒有記載下來。」[016] 因此，為了培養我們的道德感，人們就從真實的歷史中選取些故事，或進行純粹的虛構，給我們樹立起來榜樣，透過生動的描寫，讓我們全情投入，激發我們的同情性情緒，從而養成一種內在的習慣，即一種行善的衝動。這與培根的說法無異。

情感及其規律

雖然凱姆斯沒有明確表示，但毫無疑問的是，在他看來，藝術模仿的對象主要是具有情感的人及其行為。的確，任何事物的形式都能給人快樂或痛苦的情感，但這些形式不過是情感的衣垢而已。藝術的目的是正確地模仿情感的運動，無論作為原因的情感是否是令人快樂的，只要得到正確的認識和表現，它們就能被轉化為適意的，因而在被反省時給人帶來趣味上的快樂。所以，批評的首要基礎就是認識情感及其客觀規律。很難說凱姆斯對情感的論述像休謨那樣有什麼統一的原則，雖然他慣於在對比中說明許多情感性質，其中的某些觀點也有一定的啟發性。

除了將所有情感區分為快樂和痛苦，並指定其原因是對象的適意和不適意外，凱姆斯對情感的一個重要區分是：有些情感跟隨著慾望，並促使人行動，而有些則不跟隨著慾望，前者可被稱作情感（passion），而後者則是情緒（emotion）。如對花園、建築等對象的感受是不跟隨慾望的，而對善良或惡劣行為的感受是跟隨慾望的，即希望它們的主體得到好報或懲罰。甚

016　Lord Kames, Elements of Criticism, Vol. 1. London, 1765：87.

至對無生命對象的感受也可以是伴隨慾望的，例如對於財富、待售的畫作就總是有占有的慾望，因為對它們的感受在我們心中激起了內在行為，這種內在行為影響意志，使我們做出外在行為。不過，情感與情緒之間是可以轉化的：「一張姣好的容貌在我們心中激起一種快樂的感受，如果這種感受消失時沒有產生任何後果，那麼用恰當的話來說它就是情緒；但如果這種感受，因為對象反覆地呈現於眼前，變得非常強烈，以至伴隨著慾望，那麼它就不能被稱作情緒，而應被稱作情感。」[017] 情感和情緒都有其原因，這個原因對於情感來說也是其對象，但對於情緒則不是對象，換句話說，情緒有原因，而沒有對象。

人的情感不同於動物的本能，而是審慎的（deliberative），也就是有預期目的的，行為是實現目的的手段，而慾望就是行為的動機。「從經驗中我們得知，慾望的滿足是愉快的，而對快感的預見經常變成行動的額外動機。」[018] 接受哈奇森在《論情感和感情》中的看法，凱姆斯根據目的又把審慎的情感分為自私的和社會的，雖然兩者可以彙集在同一個行為中，「如果慈善單就其把一個人從困苦中解脫出來，那麼這個行為純粹是社會的；但是如果從另一方面來說是為了享受一種高尚的行為所帶來的快感，那麼這種行為又是自私的」[019]；相反，由於本能沒有有意識的目的和慾望，也就無所謂是自私的或社會的。

慾望的強度取決於對象的性質，同時也決定情感的強度。慾望的強度與無生命的存在、有生命的存在和理智的存在對象之間是成正比的。面向理智的存在的慾望之所以最強烈，是因為「我們的慾望是受偏愛的滿足所左右的，我們滿足慾望的手段，在幫助或傷害一個理智的存在時是不超出其目的

017　Lord Kames, Elements of Criticism, Vol. 1. London, 1765：42.
018　同上，第 45 頁。
019　同上，第 46 頁。

的，而面向一個無生命的存在的慾望既不會產生快樂也不會有痛苦，所以除了獲得財富外沒有更高的滿足」[020]。基於這個原因，凱姆斯認為人類的語音在激發情緒和情感方面是最有力的。「相比於無生命的對象，聲音除了其本身的效果外，還被人為營造以引起恐怖和歡樂。」[021]

因此，以人的品質和行為為原因的情感與眾不同。凱姆斯說，對德行的同情性情感實際上不是情感也不是情緒，因為它們包含著慾望，卻沒有對象：「一個感謝的行為在旁觀者或讀者那裡不僅產生對行為者的愛或尊重，而且還產生一個單獨的感受，這個感受是對感謝的模糊感受，沒有一個對象。然而，一個感受使旁觀者或讀者傾向於做出感謝的行為，但不是在一般場合下的感謝行為。……這種感受具有以下方面的獨特性，它伴隨有做出感謝行為的慾望，但沒有對象；儘管心靈在這種狀態下渴望一個對象，毫不理會並沒有釋放這種慾望的機會。任何友善或懷有好意的行為在另一個場合中不被關注，現在卻被熱切地注視，這種模糊的感受進而轉化成一種真實的感激情感。在這種情形下，善意是加倍地得到回應的。」[022] 凱姆斯的意思是：在面對高尚的行為時，旁觀者的感受是雙重的，既有對行為者的崇敬情感，希望行為者得到好報，同時也有一種單獨的情緒，即旁觀者自己也試圖做出相同的行為。這也許是心中的一種模仿，因為他沒有意識到缺乏現實的條件，也沒有實現的對象，簡而言之，旁觀者把行為的品質或性格暫時移植到了自己心中，或者將自己看作是行為者本身。凱姆斯把後面的這種感受叫做對德行的同情性情緒。

凱姆斯把這種同情性情緒看作是先天的、自然的，而且是促使人行善的最終動力。「觀察到在人類天性中有這種德行的刺激物讓人驚嘆：正義被感

---

020 同上，第49頁。

021 同上，第50頁。

022 Lord Kames, Elements of Criticism, Vol. 1. London, 1765：55—56.

到是我們的責任，由自然的懲罰得到保衛，罪惡從不會逃脫懲罰，一種對尊嚴和卓越美德的溫暖感覺是讓人去做高尚慷慨事情的最有效的刺激物。」[023] 同情性情緒的作用是透過榜樣來實現的，而不是抽象的觀念，榜樣會給旁觀者一種暗示，久而久之，這種暗示在旁觀者心中形成了習慣，使其時刻準備把榜樣所給予的情緒實現出來：「這種獨特的情緒將樂意找到一個對象來將自己施加於其上，無論如何，它必然要產生某種效果。因為那種善良的情緒在某種程度上就是德行的一種鍛鍊。它是一種引導性的心理鍛鍊，如果沒有外在地表現出來的話。」[024] 有生命、有理智的人作為原因和對象的同情性情感或情緒無疑是從休謨那裡得到啟發的。同時，在以敘事為主的藝術中，這些情感和情緒也是核心內容。

同休謨一樣，凱姆斯認為情感總是處於運動當中，而這種運動又總是伴隨著其原因或對象的變化。情感的運行就如物質的運動一樣：「需要一個持續的外部原因，當這個原因撤銷時，它也就停止了。」[025] 因為一種情感或情緒總是與某種知覺或觀念相聯結，不能孤立地存在。的確，在有些時候，強烈的情感會使其原因在心靈中延宕一段時間，但也不可能永遠如此，因為新的知覺不可避免地要進入心靈。另外，即使情感會延續一段時間，但其強度或性質卻不可能始終如一。情感的強度取決於其原因對心靈造成的印象，當這個原因是單獨存在時，其印象就較強；如果心靈要分散注意力去關注多個對象，其印象就較弱，但每一種情感或情緒都有不同的運動軌跡。一些情緒一開始就強烈但不能持久，如好奇和恐懼；有些情緒一開始時就達到其完滿狀態，並持久很長時間，由樹木花草等無生命的對象引起的情緒便是如此；有些情感，如愛和恨是逐漸達到頂峰的，又慢慢開始衰退，而有些情感則永不消退，如嫉妒、驕傲、

023　同上，第 58 頁。
024　同上。
025　同上，第 95 頁。

怨恨等。當然，情感或情緒的增強和衰退還受環境的影響。

　　情感性質和運動同樣受到心靈內部觀念聯結的影響，因為心靈在沿著各種關係在觀念之間運動時，也在傳遞情緒或情感。只要觀念序列中的某一個觀唸給人以快樂的情緒，這種情緒就會傳遍整個序列。一個英雄身上微不足道的細節看起來也大放異彩，就像亞歷山大的歪脖子也被國人模仿，彷彿真的是美的；在一個戀愛中的人眼中，情人的一舉一動都讓他陶醉。[026] 同樣，敵人身上的所有特徵都是壞的，被人嘲諷，帶來壞消息的人也變成了人們厭惡的對象。像休謨一樣，凱姆斯也認為這種心理規律正是宗教迷信的根源。不過，凱姆斯稱由這種聯想而來的情緒為次生情緒，相應地，次生情緒由以發生的情緒或情感便是初級情緒

（primary emotion）。[027] 次生情緒的強烈程度依賴於觀念間聯繫的緊密程度，反過來次生情緒的產生也曾加強觀念間的聯繫。但是，次生情緒也很容易轉化為情感，如果其附著物成為慾望的對象的話。因此，一種情感常常產生另一種情感。這種情況在自愛（self —— love）這種情感上最明顯，凱姆斯認為自愛是最強烈的一種情感。每一個人都愛自己，但是這種愛不斷地擴散到子女身上，對子女的愛也是非常強烈的，雖然是一種次生情緒，卻很容易轉化為帶有慾望的情感，甚至能與最初的自愛情感相抗衡。

　　根據對象的性質和運動方式，凱姆斯列舉了情感的存在和運動方式，包括情感和情緒的發展和衰退，混合共存，知覺、意見和信念對情感和情緒的影響等。總的來說，情感和情緒與它們的對象之間存在相似性：「不同環境下的運動都產生與之相似的感受，例如，遲緩的運動引起倦怠的不快的感受，緩慢而一致的運動引起平靜而快樂的感受，敏捷的運動產生激奮精神的活潑感受，並推動一種行動。

026　Lord Kames, Elements of Criticism, Vol. 1. London, 1765：60.
027　同上，第 62 頁。

水流經石頭而降落，在心靈中引起一種與狂躁混亂的激動，這與其原因是極為相似的。當力量是經過某種努力而發揮出來的時，觀者感到一種相似的努力，好像這力量就在他心靈中發揮。一個龐大的對象，讓人感到有東西在心中膨脹。一個上升的對象使觀者站得筆直，聲音也產生與之相似的情緒或感受。一個低調值的聲音是心靈下沉，如果這種聲音還是飽滿的，就含有某種莊重的感受，這種聲音與其產生的感受是一致的；一個高調值的聲音透過喚醒心靈而使其振奮，如果這種聲音還是飽滿的，就既喚醒心靈，也使其膨脹。」[028]

對象的混合導致情感和情緒的混合。例如，不同的聲音同時發出就可以形成和聲，在人們聽到和聲時，這兩個聲音也可以被分辨出來，因此和聲產生的情緒也是混合或複雜的，而非單一或簡單的。視覺對象不同性質的混合也可以產生混合的情緒。例如，一棵樹是由多種顏色、形式和大小構成的，它雖然被知覺為一個對象，所以其產生的是一種複雜的情緒，而不是結合起來的不同情緒。然而，只有相似的情緒或情感才容易結合在一起，不同的情緒或情感則不可能同時發生，只能前後相隨，即使這種轉變發生得非常迅速。在這兩極之間，情緒由於其原因的某種相似或者具有某種細微的聯繫總是在不同程度上進行結合，產生複雜情緒。例如，一片美麗的風景和飛翔的鳥兒所產生的情緒在很大程度上就是相似的，雖然它們的原因僅有細微的聯繫。一個處於不幸中的情人，她的美麗給人以快樂，她的不幸卻讓人痛苦，兩種情緒雖然截然不同，但也能產生結合，因為它們的原因具有密切聯繫，這種複雜情緒可謂苦樂參半，或者可以叫做甜蜜的愁苦，或者快樂的痛苦。無論如何，把原因加以組合或者因為不同感官的同時參與所產生的複雜情緒要比單一的情緒更為強烈。令人奇怪的是凱姆斯認為，音樂不適合表現惡

028　Lord Kames, Elements of Criticism, Vol. 1. London, 1765：144.

毒、殘忍、嫉妒和暴怒等反社會的情感，因為音樂本身要求各個音符之間都是和諧的，所以與這些情感之間不存在任何相似性。[029]

知覺、見解和信念影響著情感和情緒的變化和運動，因為這幾者之間都是相互聯繫、相互影響的。任何情感都可能為外在對象抹上一層特殊色彩，在心靈中生成相異的知覺、見解和信念。凡符合心靈當下狀態的印象或觀念很容易呈現出來，而與此相悖的印象或觀念就顯得微不足道。所以，冷靜的心情適於精確的知覺和思考。即使來自最有智慧的人的意見，只要他被髮現帶有某種情感或偏見，就不會被人採信。但是，情感總是要為自己找到合理的藉口，因而就會賦予對象以某種色彩。凡我們為之奮鬥的事業就被認為是崇高的，凡我們反對的人就被描述為是卑下的。尤其是那些不適意的情感，「由於它們的影響，對象被放大或縮小，一些細節被增添或矇蔽，為了滿足證明（情感為合理）的目的，每一個事物都被變色或偽裝」[030]。這些影響會造成判斷的錯誤，而且主體自己甚至意識不到這種影響。

凱姆斯對情感和情緒的論述內容龐雜，雖然他習慣性地運用二分法辨析了多種類型，但很難說這些二分法有著統一和連貫的標準。不過，這些理論仍然為他的批評體系提供了較為充分的基礎，尤其是他對於快樂和痛苦、適意和不適意的區分，使得趣味能夠區別於直接感覺，藝術能夠區別於現實生活。藝術是對飽含情感生活的反省和認識，正確和合理的模仿能給人帶來趣味上的快樂，但歸根到底，藝術是模仿，甚至是虛構，而且虛構能夠做到真實，這種真實指的是情感的真實。當然，藝術給人的趣味情感本身也就包含了認識和道德的價值。

029　同上，第113—114頁。

030　Lord Kames, Elements of Criticism, Vol. 1. London, 1765：125.

凱姆斯

崇高與美

對於 18 世紀的人們所熱衷於討論的各種美的形態，凱姆斯的觀點與柏克有些近似，那就是認為它們是對象的性質，而非人心中的情感，對於這類性質的知覺需要的是視聽的感官。但他也與柏克有著極大的不同，那就是認為這些性質並非是柏克所描述的各種物質屬性，而是指各種感官所知覺到的適意，正如他把美歸於事物的第二性質。同時，他也避免像柏克那樣，用生理學的規律來解釋美的效果，而是堅持了心理學的原則。正如上文所描述的那樣，表面上，他認為知覺美的能力是外在感官，實際上卻是觀念聯結或想像和同情。從某種程度上說，凱姆斯將柏克及其之前的理論進行了糅合，使其結論更符合常識，但內在充滿了矛盾。值得注意的是，對於藝術批評而言，關於各種美的描述也可以用來解釋藝術作品本身的形式，因而形式美也具有獨立的價值。

凱姆斯把美的對象分為兩類：一類是單個對象，另一類是對象間的關係，前一類包括了美、崇高、運動和力量、新奇、高貴和優雅（dignity and grace）、可笑、機智等，後一類包括了相似和差異、一致和多樣、協調和適當、習俗和習慣等。很顯然，他儘可能地把之前人們論述的題目都納入了自己的體系中。不過，崇高與美是其中的主角，很多時候，其他各個要素對它們造成輔助作用。

對於狹義的美，凱姆斯聲稱，就其本意而言，指的是視覺對象的適意。這個主張不是毫無來由，因為「美」這個詞在西方歷史上很多時候就專指視覺對象的性質。只是因為其他對象給人的感受與視覺對象給人的感受存在相似性，美才泛指各種對象。同時，凱姆斯認為，視覺對象相比其他外在感官的對象是最複雜的，每一個對象都具有多種屬性，包括顏色、形狀、長度、寬度和厚度等，也包括很多部分，例如一棵樹就由樹幹、樹枝和樹葉構成。

所有這些東西都構成一個複雜的對象。每一個屬性和部分都給人以不同的情緒，不過，這些情緒都有著相同的特徵，那就是甜蜜和歡快（sweetness and gaiety）。

凱姆斯把美分為兩種：內在美和關係美（intrinsic beauty and relative beauty）。這兩個名稱與之前哈奇森和傑拉德所謂的絕對美和相對美不同，它們是根據對象的性質而區分的。內在美指的是單個對象的美，而關係美則指一個對象相對於其他對象的效用的美。這個區分更接近於奧古斯丁以來的傳統。不過，凱姆斯認為，這兩種美很多時候也是密切關聯的。內在美僅僅是感官的對象，例如對一棵橡樹、一條河流，對它們的知覺只需要視覺行為，而關係美則同時伴隨著理解和反省活動，例如一件工具或機器的美，除非我們知道它們的作用和目的，否則我們就無法知覺到它們的美。「總之，內在美是根本的美，而關係美則是與某種好的目的或意圖相關的手段的美。」[031] 但是，兩種美並不是完全分離的，它們更多地統一在同一個對象上，這個對象也因此顯得是美妙的（delightful）。「人體的每一個部位就兼具兩者。一匹馬的精美比例和苗條的體型天生就適於奔跑，使人看上去就感到快樂，一方面是由於其對稱，一方面是由於其效用。」[032] 這裡又能見到霍加斯的影子。

在內在美當中，最複雜的是形狀的美，因為一個形狀會由很多性質構成，「例如，把一個身體看作一個整體，其形狀的美源自其規則性和簡單性；從部分與部分之間的關係來看，統一性、比例和秩序都促成了形狀的美」[033]。

所以，形狀的美的特徵就包括規則性和簡單性、統一性、比例、秩序。對這些特徵的感知也依賴人先天的直覺。顯然，凱姆斯承認哈奇森所謂的內在感官。在所有這些特徵當中，凱姆斯最看重的是簡單性。他的解釋是：當

031　Lord Kames, Elements of Criticism, Vol. 1. London, 1765：159.
032　同上，第 160 頁。
033　同上。

眾多的對象或細節一起湧入心靈時，人的注意力很容易分散，人不能同時關注到所有的部分或細節，只能順次予以關注，因而不能形成一個完整的形象；相反，簡單的對象是最容易被掌握的，能讓人清晰地注意到其所有細節。同時，在藝術作品中，簡單性就意味著「高貴和莊嚴」（dignity and elevation），這是一種高級的美。從一定程度上說，凱姆斯認為美的其他特徵不過是簡單性的不同形態。因為這些特徵也很容易讓人把握對象，「讓我們把對象形成更清晰的形象」[034]。

崇高源於空間上的巨大，這巨大又有兩種：一是橫向上的巨大，二是縱向上的高聳，凱姆斯特意將前者稱作宏偉，但宏偉和崇高的對象都讓人產生某種程度上的恐懼和崇敬。「宏偉的對象使觀者努力擴張他的身體，這在普通人完全屈服於自然時表現得尤為明顯，在描述宏偉的對象時，他們自然而然地全力使自己的身體在空中擴張開來。高聳的對象產生一種不同的表現，它使觀者向上伸展，並踮起腳尖。」[035]

像傑拉德所說的那樣，凱姆斯認為單憑空間上的巨大並不能構成宏偉或崇高，而且也需要有一些美的特徵的參與，即規則性、比例、秩序和顏色等。在巨大這個前提下，所參與的美的特徵越多，對象就越顯得崇高或宏偉。羅馬的聖彼得大教堂、埃及的金字塔和高聳入雲的阿爾卑斯山之所以宏偉和崇高，就是因為它們也包含著一些美的特徵。身著統一制服的軍團、同一色的馬群，顯得宏偉並令人生畏，但是如果它們其中沒有某種統一性或一致性而是雜亂無章，那就絲毫不顯得宏偉。所以，無論是美的對象還是崇高或宏偉的對象，都應該首先是適意的。只不過，在崇高或宏偉的對象當中，規則性和比例等特徵由於對象的巨大而不能被人注意到，所以也就不需要很精確的規則和比例。同樣，在崇高或宏偉的藝術作品中也不需要精確的規則

034　Lord Kames, Elements of Criticism, Vol. 1. London, 1765：162.
035　同上，第 170 頁。

和比例。因而相比之下，宏偉或崇高的情緒不是甜蜜和歡喜，「一個適意的巨大對象占據了整個注意力，使心中充滿了強烈的情緒，這種情緒儘管是極其快樂的，但更多是嚴肅的而不是歡悅的」[036]。

觀者甚至會感到一種狂喜，心靈衝破了任何限制，進入一種無限的境界。然而，凱姆斯提出了一個與前人不太相符的觀點，即宏偉或崇高的對象也應該有一定的限度，不能過分巨大或高聳，因為這樣的對象不能被眼睛一下子把握，從而使心靈處於渙散或困惑的狀態，也就不能有一種明確而快樂的情緒。

凱姆斯也論述了道德意義上的崇高，或者說只有這種崇高才是真正的崇高。物質對象的從小到大、從低到高、由近及遠的運動都會產生一種宏偉或崇高的情緒，當然這些對象在一定程度上應該是巨大的。廣闊的平原、大海讓人的目光從一點延伸到無限遠，也使人的身體感到一種橫向的拉伸，高聳的山峰則使眼光從低到高一直攀升，也使人的身體有一種縱向伸展的感覺。總之，對象的性質所帶來的特殊的身體運動都會使心靈產生一種一致的運動，這種運動也就是一種情緒。在藝術中也同樣運用這種方式來表達一種崇高的思想或情感，「人們必定已經觀察到，若干思想或情感被巧妙地排列成一個遞升的序列所產生的令人愉悅的效果，給人以越來越深入的印象：在一個段落中，各個成分的這種排列就被稱之為一種高潮（climax）」[037]。由此，凱姆斯也把視覺對象的崇高或宏偉擴張到抽象的領域中。一種道德品質之所以被人稱為是崇高的，是因為它讓人感到其主體藐視一切渺小的東西，從而讓觀者在感覺上有一種上升的運動。國王的地位就用王座的居高臨下來表達，祖先之所以被尊敬是因為他們讓人們從現在一直追隨到久遠的年代。而且，凱姆斯聲稱，最偉大的崇高莫過於「最英勇和高尚的人的行為」[038]。

---

036 同上，第 171 頁。
037 Lord Kames, Elements of Criticism, Vol. 1. London, 1765：182.
038 同上，第 183 頁。

凱姆斯

「當主題是他自己這個類的歷史時，人們必定意識到一種更恆久和甜蜜的崇高。他欣賞如亞歷山大或凱薩、布魯圖斯或伊巴密濃達等最偉大的英雄的崇高。他與這些英雄一起沉浸在最崇高的情感和最驚險的征程中，與他們共有一種豪邁，想不到自己竟與他們同氣相連，有著同樣的心境，久久不能平靜。」但是，凱姆斯指出，當人們遇到關於更高的存在者，即神和聖徒的作品時，情況就不同了，因為人們跟不上詩人的想像，亦即無法想像這些存在者所處的是一個什麼世界，因而也不能使自己保持一種飽滿的崇高情緒，反而有一種從高處急速墜落的感覺，但這種墜落的感覺像崇高一樣不是平緩的，而且也能給人一種特殊快樂。

根據崇高的一般特徵，凱姆斯強調，藝術中表現崇高應該突出主要對象和整體，不要鋪排微末之物；繪畫中不要使畫面分割為碎裂的部分，要使每一個事物都保持整體；在詩歌中可以運用對比，或欲揚先抑的方法。

至於新奇，凱姆斯說它最能吸引人，他透過比較說明了新奇的效果。一個新鮮的對象產生的情緒叫做驚奇（wonder），這種情緒立刻占據了整個心靈，使其無暇顧及其他對象。新奇之所以能對心靈產生影響的原因是人性中有一種先天的好奇心，這種好奇心促使人獲取知識，實現有利的目的。為了確定新奇的本質，凱姆斯把由新奇引起的驚奇與驚羨（admiration）區別開來，他認為驚羨只針對做出非凡之舉的人。同時，凱姆斯還區分了驚奇與驚詫（surprise），驚詫的原因是對象的出現是出乎意料的。一頭大象對於一個英國人來說是驚奇的，而對於一個印度人來說不值得驚奇，但如果印度人在英國看到大象，他就感到驚詫。不過，驚奇和驚詫有一個共同特徵，即持續時間短暫，它們一旦達到高潮就立刻衰退，驚奇變為熟悉，驚詫變為適應。

在凱姆斯看來，驚奇本身既不快樂也不痛快，但它們會在不同的情況下使其他情緒發生改變，因而自身也成為快樂的。所以，驚奇的情緒或者直接成為適意的，或者間接地引發人的恐懼，有時候適意和恐懼兩種情緒結合在

一起。另一方面，驚奇也受對象的性質的影響，如果對象是無害的，驚奇就是一種快樂的情緒；如果對象是極其危險的，同樣，驚詫自身也難以確定是快樂或痛快，但凱姆斯認為在有些情況下，出人意料的對象完全抑制心靈，使其暫時處於一種麻痺狀態；如果對象是危險的，會使毫無準備的心靈陷入狂亂無助之中，失去所有能力。凱姆斯說這種狀態無所謂快樂和痛快，因為此時的心靈毫無意識，而且這種狀態是短暫的，因而也不具有恆定的特徵。不過，這種狀態與多數作家所說的崇高的情緒倒是相似的。顯然，凱姆斯有意識地反駁柏克關於崇高的觀點。在他看來，只有清醒的頭腦才能感覺到審美的情緒。最終，凱姆斯認為單純的驚詫是不適意的，如果與某種原因相配合則可以加倍地使一個對象令人快樂或痛快。

在各種美的形態中，有一組確實值得特別關注，那就是高貴和優雅，凱姆斯用它們來形容人的性格、行為和情操，也可以說，它們表示的是德行的美。美的藝術正是根據人性中的這些法則來表現性格、情操和行為的尊嚴與優雅或者與之相反的性質，因此也決定了藝術本身的尊嚴和優雅或者相反的性質。人的行為本身包含著道德上的價值，但在凱姆斯看來，富含審美意味的行為具有更多的道德價值特性，這種特性決定著藝術應該如何表現人的行為，以營造恰當的審美效果。

一如既往，凱姆斯用比較的方法進行了辨析，例如高貴與偉大的差異。

「人的行為表現在許多不同的方面，它們本身表現為偉大或卑微的；對於行為者而言，它們表現為適當或不適當的；對於被它們感染的人來說，表現為正確或不正確的。我現在還要加上一條，它們也被區分為高貴和卑劣。如果人們傾向於認為，對於人類的行為來說，高貴與偉大一致，卑劣與卑微一致，那麼反省之後，它們的區分卻是非常明顯的，一個行為可以是偉大的但並不高尚，卑微卻並不錯誤。但是，我們只能把高貴賦予高尚的行為，卑劣賦予錯誤的行為。每一個高貴的行為使行為者得到尊敬和尊重，而卑劣的

行為讓人輕蔑。一個人因偉大的行為被人讚賞卻經常不被愛戴或尊重，一個人也並不總是因瑣細或卑微的行為而被蔑視。凱薩橫渡盧比孔河的行為是偉大的，但並不高貴，因為其目的是征服其他國家；行軍中的凱薩在小溪中解渴是一個瑣細的行為，但這個行為並不卑劣。」[039]

如此看來，偉大是一種客觀的描述，而高貴則能產生一種獨特的情感，是內在德行的感染力，這種德行超越一切外在條件，不再以任何可見的表現來衡量，代表著人性的完善。這彷彿是孟子所謂的「浩然之氣」，「其為氣也，至大至剛；以直養而無害，則塞於天地之間」，擁有這種德行的人以正義為己任，而不再為他人的評價所左右，所謂不以物喜，不以己悲，他可以捨生取義，行於天地之間而問心無愧。

「優雅可以這樣被定義，即來自高雅動作和表現尊嚴表情的適意的外表。其他精神品質的表現對這種外表來說並不是本質性的，但可以極大地提升之。」[040] 如果說高貴重在描述內在品質，高雅則偏重其外在表現，具有高貴德行的人自然是隨心所欲不踰矩，舉手投足器宇不凡，既不是不修邊幅，也不是矯揉造作，一切都源自自然的流露。高貴和優雅這對概念自然會讓人聯想到後來德國的席勒提出的秀美與尊嚴，它們的內涵也是基本相當。

滑稽

值得人們注意的是凱姆斯對滑稽（ludicrous）的論述。這一點應該是受到了沙夫茨伯里、哈奇森和傑拉德的影響，當然也是對 17 世紀以來英國流行的諷刺藝術的反思。滑稽源於對象的可笑，在外在方面表現出來的情緒是笑。「人有這樣一種本性，即他的能力和官能在施展中會很快地變得遲鈍。睡眠的恢復、中斷一切活動，都不足以使他保持旺盛精力：在他清醒的時候，

039　Lord Kames, Elements of Criticism, Vol. 1. London, 1765：286.
040　同上，第 288 頁。

不時的娛樂對於使他的心靈從嚴肅的事業中鬆弛下來是必要的。」[041]

首先，可笑的對象看起來是輕微瑣碎的，因為我們不會笑話對於自己和他人來說是重要的東西；真正的不幸之後引發憐憫，而不可能是可笑的，但輕微或空想的不幸卻是可笑的，不值得憐憫。其次，在自然和藝術的作品中，違反慣例或明顯過度和短缺的東西才是可笑，例如一張過長或過短的臉是可笑的。總之，「凡是正確、恰當、得體、美麗、勻稱或宏偉的東西都不會是可笑的」[042]。

其次，在大部分情形中，可笑與其他情緒或情感是不能並存的，除了一種情形，即由不適當的行為產生的輕蔑，可笑與情緒相結合產生的是嘲諷或恥笑。所以，引人發笑的對象有兩類：可笑的和荒謬的，它們之間的區別是：可笑的對象僅僅是令人快活的（mirthful），而荒謬的對象既令人快活也令人輕蔑，因而也帶著一定的痛苦情緒。

但是，可笑和荒謬雖然有所差異，但其效果來自某種對立形成的滑稽。例如，用一種高雅的風格來描寫低下的對象，以極大的努力來完成一件瑣屑或沒有價值的事情，或者低下的人不切實際地追求極其高貴的事業或品質。只不過，凱姆斯認為所要對比的東西之間的距離不應該太大，否則就會超出讀者想像力的界限。同時，在引起可笑的效果時，一個虛構的故事應該具有活潑的形象或情節，能夠讓人感到這些形象或情節是真實的，也就是說，它們可能在現實中發生。例如，一個被偽稱是荷馬所作的故事《蛙鼠之戰》，是對《伊利亞特》的諧仿，其中老鼠們因為青蛙們的背信棄義而對青蛙們宣戰。與此同時，宙斯倡議眾神參與戰爭，但雅典娜因為受過老鼠的傷害而拒絕參戰。結果，老鼠們把青蛙們打得一敗塗地，宙斯為了不讓青蛙滅絕，派了螃蟹們阻止老鼠，最終挽救了青蛙。凱姆斯說，這樣的故事就超出了人的

041　Lord Kames, Elements of Criticism, Vol. 1. London, 1765：218.
042　同上，第219頁。

想像力，人們無法認為老鼠和青蛙知道什麼是正義，因而也就不能引起人們的興趣來。無疑，可笑或荒謬在凱姆斯那裡是以社會和道德意義作為基礎的，是表達社會關係和道德規範的一種模式，也就是說，它們只是一種虛假的高貴。從這一點來說，凱姆斯，包括哈奇森，都遵循了亞里斯多德的主張，即喜劇模仿的是比平常的人壞的人，雖然這種人的品質不是有害的，但地位必定是低下的。所以，所有滑稽的風格成為上等人描述下等人的特有方式。

還有一種滑稽叫做幽默，可分為兩種：一種是性格的，一種是藝術的。有些作家有意描寫一下本身就滑稽的對象，以使讀者發笑，但這只表明他是個滑稽的作者，因為他並沒有表現他自己的性格。幽默的作家是這樣的：「他假裝得很認真和嚴肅，對對象的描述引起歡快的笑聲。一個在性格上真正幽默的作家，不是有意而為的，如果是有意為之，他必定是為了成功而假裝這種性格的。斯威夫特和豐丹在性格上就是幽默的，他們的作品也充滿幽默。艾迪生的性格卻不是幽默的，但他那種精妙和雅緻的散文作品卻極盡幽默之能事。阿巴思諾特的幽默畫則在詼諧上超過前面那些人，顯示了偉大的天才，因為如果我沒有說錯的話，他在性格上沒有那種獨特性。」[043]

此外，凱姆斯也提到了反諷（irony）和諧仿等滑稽的類型。「反諷以一種獨特的方式把事物轉化成荒謬的，這種方式在於去嘲諷用偽裝來誇耀或自詡的人。」[044]「諧仿必須與任何一種嘲諷區別開來，它透過模仿一些嚴肅的重要事情來為一個輕快的主體賦予生氣；它是滑稽的，而且可能是可笑的，但嘲諷並不是其中的必要成分。」[045] 不過兩者並不相互對立，「嘲諷可被成功地運用於諧仿，而諧仿也可以被用於幫助嘲諷」[046]。

從沙夫茨伯里以來，嘲諷成為一個批評中的熱點，他曾說嘲諷是檢驗真

043　Lord Kames, Elements of Criticism, Vol. 1. London, 1765：293.

044　同上，第 296 頁。

045　同上，第 297 頁。

046　同上，第 298 頁。

理的最好標準，經不起嘲諷的真理就是虛假的。而後來的作家，如哈奇森和傑拉德卻說正面的事物是不能被嘲諷的，凱姆斯很多時候也這樣認為。顯然，他熟知沙夫茨伯里的言論。「被羞辱的人奮起反對，堅持嘲諷對於嚴肅的主題來說是不適宜的。真正嚴肅的主題是絕不適於被嘲諷的。但是也有人被鼓動去反對這個觀點，當人們懷疑某個對象是否真正嚴肅時，嘲諷是決定這個爭議的唯一方法。因而這是一個著名的問題，嘲諷是否是真理的檢驗？」[047]

　　凱姆斯是從另一個角度來看待這個問題的：「用準確的詞語來表述這個問題應該是，嘲諷的感覺是否是把荒謬的事物與不荒謬的事物區分開來的恰當檢驗。人們理所當然地認為，嘲諷並不是推理的主題，而是感覺或趣味的主題，這就是我的出發點。沒有人懷疑我們的美感是美的事物的真正檢驗，同樣，偉大感是偉人或崇高之物的真正檢驗。我們的嘲諷感是否是荒謬之物的檢驗這個問題難道就更可疑嗎？嘲諷不僅是真正的檢驗，而且確實是唯一的檢驗。因為這個主題與美或宏偉一樣並不受理性的管轄。如果任何主體，出於時尚或習慣的影響，已然得到了某種尊敬，雖然從本質上說它們不配這個稱號，那麼什麼是消除這些人為的嘉美的適當方式，並還這個主題以本來面目呢？一個具有真正趣味的人會誠實地看待這個主體，但是如果他猶豫不決，就讓他運用嘲諷這個檢驗，它能將這個主題從虛假的關聯中分離出來，赤裸裸地展現其本來的不適宜。」[048] 如果一個機智的人要極力嘲諷那些最嚴肅和重要的事情，凱姆斯認為，這等於在濫用機智，必然「經不起正確而精細的趣味的檢驗。最終，真理即使在普通人那裡也會取得勝利。因為嘲諷這種才能被歪用到錯誤的目的上而去譴責它，這一點也不荒謬：如果一種推理的才能因可能被歪用而被譴責，還有誰會覺得可笑呢？可是，後面這個情形

047　同上，第 299 頁。
048　Lord Kames, Elements of Criticism, Vol. 1. London, 1765：299 –300.

的結論與前面那個情形同樣是正確的：也許更正確，因為推理這種才能是最經常被歪用的」[049]。

最終說來，凱姆斯認為嘲諷只是一種消極的檢驗方式，只是在人們對某些事情感到困惑時才值得去運用，而對於肯定的、嚴肅的和重要的事情則不能被嘲諷。

但是無論如何，嘲諷是不應該被完全阻止的，在某些特定情況下，只有它能承擔起還原真理的任務來。「如果我們真的失去了檢驗真理的這個標準，我不知道結果會怎樣：我看不到什麼標準會讓我們避免人們把微末之事冒充為重要的事情，把外表和形式冒充為實質，把迷信或狂熱冒充為純潔的宗教。」[050]

凱姆斯真正推崇的滑稽是機智。與前幾種滑稽不同，機智不能用以形容行為、情感和外在事物，「可以確定的是，『機智』一詞適用於滑稽，並因其獨特性而伴隨有某種驚詫的思想和言談（thoughts and expressions）。同時，在一種形象的意義上，機智表現了一種創造滑稽的思想和言談的承諾：我們通常說一個機智的人，或一個富有機智的人」[051]。由這個定義可以把機智分為兩種：即思想的機智和言語或言談的機智。同時，思想的機智也有兩種：即滑稽的形象、把關係甚微的事物滑稽地結合在一起。

滑稽的形象因其獨特而讓人驚詫，這樣的形像是自然中沒有的，而是來自想像，因為想像是最活躍的官能，所以它構造的形像往往出人意料。同樣，把關係甚微的事物結合在一起產生滑稽的效果也是因為想像的這種結合往往超出人的意料。在機智這種效果中，想像的靈光一現使心靈充滿歡悅，讓人處於一種輕鬆快活的狀態中。

049　同上，第 300 頁。
050　同上。
051　同上，第 301 頁。

言談中的機智通常被叫做詞語的遊戲（a play of words）。「這種機智多數時候依賴於選擇一個具有多重意義的詞語：透過這種技巧，在語言中玩弄出變戲法一樣的騙局，簡單直白的思想附上了一種截然不同的面貌。」[052] 不過，凱姆斯認為詞語的遊戲只是一種粗淺的機智，但很多民族的人都喜愛這種娛樂，變得越來越精緻，以至於讓人們對它充滿爭議。因為語言作為一種交流的工具系統，其意義要求是相對精確的，但有些詞的意義卻是多重的，也就是雙關語，以至於使相同的思想有了新的形式，這種形式使讀者的好奇心在探究其真實意思的過程中得到了滿足。這種娛樂並不會延續很長時間，因為當語言變得成熟時，原先的同義詞就漸漸變得有了明顯的差異，人們從中得到的新奇感也就隨之消失了。即使一種語言中存在很多歧義，但詞語的遊戲並不適用於嚴肅的作品。

情感的表現

在凱姆斯的情感理論中，很有特色的一部分是情緒和情感的外在符號，亦即情感的表現，這就等於把人的表情和行為當作了一種專門的審美對象。對於這一論題，之前的美學家們，除了作為畫家的霍加斯之外，稍有涉及。霍加斯注意到了表情和動作與人的性格之間的關係，而且很注重它們本身給人的美感，但從心理學和哲學層面來系統地描繪情感的表現方式，以為藝術批評提供科學根據，凱姆斯確有開創之功，雖然他所依賴的心理學和哲學原則本身並非獨創。毫無疑問，與對情感規律的描述和分析一樣，這部分內容將為檢驗藝術的表現是否正確和準確提供必要的根據。這一系列的內容更讓人們確信，藝術的魅力和真正的美源於人自身的本性和性格，而知覺美的能力絕不僅僅是視聽感官，而是內在的直覺、想像和同情。

052　Lord Kames, Elements of Criticism, Vol. 1. London, 1765：309.

凱姆斯

靈魂和身體的關聯是如此密切，以至於靈魂中的每一次振動都在身體上產生一個可見的效果。同時，在這種活動中存在一種奇妙的一致性，每一類情緒和情感恆定不變地伴隨著其特有的外在面貌。這些外在面貌或符號被看作一種自然的語言也許不是不合適的，當情緒和情感在心中發生時，這種語言或符號將它們表現給所有的旁觀者。希望、恐懼、喜悅、悲痛都有外在展現：一個人的性格從他的臉上就能讀出，而且人們知道，給人留下深刻印象的美不是來自漂亮皮膚的固定特徵，而是來自善良的本性、健全的理智、生氣、可愛，或者其他精神品質，這些品質是表現在容貌上的。[053]

顯然，凱姆斯相信任何內在的心理活動都自然地和必然地會表現在外在的身體上，但是另一方面，他也清醒地意識到，要理解身體上的語言是一件複雜的事情。因為要理解這些語言或符號需要的不僅是眼睛，眼睛只能看到形象、色彩和運動及其它們之間的組合，但是內在的情感是不可見的，要在外在形象與作為其原因的情感之間建立關聯則需要其他能力。簡單地說，單純的外在形象、色彩和運動是所有事物都具有的，它們給人的快樂只是物質或外在的美，是透過眼睛或其他外在感官就可以直觀到的，而人身體的各種性質和特徵則必然有內在的情緒和情感的原因，要讀懂這些東西就需要穿透它們，揭示它們與情緒和情感的隱祕關聯。

首先，凱姆斯對身體符號進行了分類：「情感的外在符號有兩類：自覺的和不自覺的。自覺的符號也有兩類：有些是任意的（arbitrary），有些是自然的。詞語很明顯是自覺的符號，而且是任意的；除了表達某些內在情緒的簡單聲音，這些聲音在所有語言中都是一樣的，必定是自然的作品。因此無意中驚嘆的聲調在所有人中間都是一樣的，還有同感（compassion）、痛恨和失望的聲調，也是一樣的。」[054]

053　Lord Kames, Elements of Criticism, Vol. 1. London, 1765：336.
054　同上，第337頁。

「其他類型的自覺符號包括自然伴隨某種情緒的一些姿勢或手勢（attitudes or gestures），它們之間驚人的一致。外露的喜悅（joy）是透過跳躍、舞蹈或身體的某種拉伸來表達的，外露的悲痛是透過身體的下降或壓低來表現的，在所有民族和時代中，伏倒和跪倒都用來表示深深的崇拜。」[055] 總之，在自覺的符號當中，人造的語言是任意的，而身體動作是自然的。身體動作這種自然符號是透過同形方式來表達情緒和情感的，也就是說，身體的高低姿態和運動也表達著情緒和情感的高低狀態，情緒和情感的高低意味著快樂和痛苦這兩個級別類型。同時，身體某些部分的姿態和運動同樣也能夠暗示某種特定的情緒和情感：「例如，謙卑自然地透過把頭低垂來表達，傲慢則揚頭，失落和沮喪則把頭歪在一邊。」[056]

身體與情緒、情感之間的同形關係在被觀察並總結出規律之後，藝術家便有了可資利用的素材，藝術作品當中也形成了某些固定的模式。最明顯的便是戲劇中演員的表演了，他們把平常的姿態和動作加以誇張並形成固定的程式，就能更有效地吸引和打動觀眾。

與自覺的符號相對的是不自覺的符號，它們都是自然的，「或者是某一種情感所獨有的，或者為許多情感所共有。每一種活躍的情感都有一種獨有的外在表現，但快樂的情感是例外，讚賞和歡樂（admiration and mirth）就是如此。快樂的情緒都是較不活躍而具有共同的表現，從中我們可以總結出某一種情緒的強度，但不是這一類情緒的強度。我們知覺到一種歡快或滿意的表情，但卻不能再知覺到更多東西了。所有痛苦的情感都是猛烈的，因其外在表現而能被相互區別開來。因此，恐懼、恥辱、憤怒、焦慮、沮喪、失望，都有獨特的表現，我們對它們的體會不會有任何混淆：有些痛苦的情感在身體上產生猛烈的效果，如發抖、扭曲和暈厥。但是這些效果在很大程

055　Lord Kames, Elements of Criticism, Vol. 1. London, 1765：338.
056　同上，第 339 頁。

度上取決於性情的獨特性，在所有人中間都是不一致的」[057]。

不自覺的符號當表現在面貌上時也有兩種類型：有些是短暫的，情緒消失時，這種表現也就消失了；另一些則是因為猛烈的情感不斷髮生而逐漸表現出來的，這種情感在某個人身上形成了某種特有的性情和脾氣，因而這種表現成為那種情感的固定符號，這些符號是可被用以表示一種性情和脾氣的。在這裡，我們彷彿看到了休謨人格理論的影子。在休謨看來，情感是貫穿各種知覺的一條紅線，是情感鑄就了一種較為穩定的人格。凱姆斯的意思是比較明確的，短暫的表現不表達一種性格，而固定的符號則是某種性格的表現。嬰兒因為尚未形成成熟的身體和特定的性格，所以其各種表情都是隨意而短暫的，而且很難為人們理解，當他成為青年時，身體變得硬朗成熟，表達情感和情緒的姿態也就逐漸穩定下來，也容易為人辨別。

的確，凱姆斯想像身體姿態這種自然符號是一種普遍的語言，「空間的距離、種族的不同、語言的差異，都不會掩蓋或使其迷惑，即使教育具有強大的影響，但也沒有能力去改變或歪曲，更別說毀滅其意義了。這是上蒼的審慎安排，因為如果這些符號像詞語一樣是任意和可變的，那麼陌生人的思想和意圖對我們就是完全隱藏著的，這將導致社會形成巨大甚或無法克服的障礙。但是，正如物質是富有秩序的，喜悅、悲痛、恐懼、恥辱等情感的外在形式也形成了一門普遍的語言，打開了一條直通人心的道路」[058]。凱姆斯還是想像上帝這種創造或人的這種自然本性最終是有利於社會交往和人類的整個幸福的。

首先，幾乎可以肯定地說，凱姆斯對於情感和情緒的表達這個問題理解得過於簡單了，尤其是將語言這種符號納入其中的時候。的確，沒有人會懷疑人的情感和情緒都必然要得到外在的表達，但是認為所有情感和情緒都會

057　同上，第 342 頁。
058　Lord Kames, Elements of Criticism, Vol. 1. London, 1765：342.

必然自然地表達出來卻是值得懷疑的。其次，凱姆斯認為詞語是自覺的符號，卻是任意的。一來他沒有說明任意的是什麼意思，如果任意指的是毫無規律的話，那麼就不能說這是一種普遍的符號；二來他沒有說明他所指的詞語僅僅是象聲詞還是表意的詞語，但無論如何兩者是不同的，表意的詞語可以是約定俗成的，卻不會是任意的。再次，也是最根本的，身體的姿態是自覺的，也是自然的符號，這在一定程度上是矛盾的，因為身體的姿態可以是自然養成的，但如果有意識地加以運用，那麼符號與情感之間也許就不存在一致的關係了。

也許是為了對後一個疑惑加以解釋，凱姆斯補充了行為（actions）這種符號，並認為它是「人心最有效的解釋者（interpreters）。透過觀察一個人在一段時間裡的行動（conduct），我們會準確無誤地發現推動他做出行為的種種情感，他的所愛和所恨」[059]。

不過，與此同時，他卻說道：「它的確稱不上是一種普遍的語言，因為只有具備洞察力的天才或者廣泛見識的人才能徹底地理解它，然而它是一種人人都能在某種程度上辨別出的語言。而且它與其他外在符號結合在一起時，就為我們對他人做出行為的方向提供了充分的手段：當我們理解了這個道理時，如果我們犯了錯誤，那麼這錯誤絕不是無知的必然結果，而是出於莽撞和疏忽。」[060] 所以，當他再說即使有些情緒和深思熟慮的情感並不突然也不強烈，但無論如何行為還是能將內在情感暴露出來時，顯然就不講道理了。只能說，凱姆斯希望任何情緒和情感都能夠自然地表露出來，在社會交往中儘可能不要去刻意掩飾情感。繼而，凱姆斯提出了情感接受的五條原則：第一，每一個或每一類情感都有特定的符號，它們必定會在旁觀者那裡產生某種印象。第二，快樂的情感符號在旁觀者顯得是適意的，痛苦的情感符號

---

059 同上，第 343 頁。
060 Lord Kames, Elements of Criticism, Vol. 1. London, 1765：343－344.

是不適意的，只有驕傲這種情感是例外，它在主體心中是快樂的，但其符號則可能是不適意的。第三，適意的對象始終產生快樂的情緒，不適意的對象產生痛苦的情緒，因此快樂情感的外在符號是適意的，也必定在旁觀者那裡產生快樂的情緒，反之則是不適意的、痛苦的。第四，所有快樂情感的外在表現基本都是一致的，而痛苦情感的表現則是不同的。同理，快樂情感的符號在旁觀者那裡產生的快樂情緒也是一致的，而痛苦情感的符號在旁觀者那裡產生的痛苦情緒則是不同的。第五，痛苦情感的外在符號有些是動人的（attractive），有些則是可憎的（repulsive），這取決於痛苦情感本身是否是適意的。

的確，情感和情緒表現的一般規律是存在的，這為人類社會的順暢交流提供了充分的媒介，但凱姆斯清醒地意識到，這些一般規律對藝術來說並沒有實際意義，因為藝術的目的並不是表現這些一般規律，而是表現在具體情境中的情感和情緒。為此，他提出了情態（sentiments）這一概念。「對不同情感具有一個概括的觀念，還不能使一個藝術家對所有情感都做出正確的再現。綜上所述，他應該只是同一種情感在不同人中間的不同表現。情感從性格的每一個特質那裡接受一種色彩，因此一種情感在感受、情態和表達的不同情形中，很少能在兩個人中間是相同的。」[061] 很顯然，情態指的是具有個體色彩的情感和情緒，這樣的情感是具體而現實的，而非理論和邏輯的。在凱姆斯看來，藝術作品所要表現的正應該是這種具有特殊性的情態，而非關於情感的一般觀念，否則它將失去表現力（expression）。無疑，這讓人想到他先前所謂的那種理想的呈現。

首先，因為情態是特殊情感，所以在表現時必須具有更大的準確性，這種準確性來自對所要再現的人的性格和情感的深入體會，獲得這種準確性也需要一種「非凡的天才」。不過，在具體的創作中，對情態的把握不僅需要

061　同上，第356頁。

外在的觀察，而且還需要一種內在的體驗，即設身處地，對於作家來說尤其如此。「唯一的困難就在於，作家只有湮滅自己（annihilating himself）才能成為另一個人，這需要他對假定性格的情態了如指掌，這種情態絕不是透過研究，甚至知覺流露出來的，而且這種情態對於他來說常常是令人愉悅新穎的，正如對於讀者那樣。」[062] 一個平庸的作家只是站在旁觀者的角度來描寫人物的動作和語言，彷彿這些東西不是發自人物內心的。不過，讓人意外的是，凱姆斯認為最難塑造這種情態或性格的體裁是哲學對話，這也不由得讓人想起自沙夫茨伯里以來在英國興起的對話體哲學作品。「透過賦予每一個說話者以合適的性格，在推理中間穿插性格，使其不僅在思想上，而且在表達上富有獨特性，需要卓越的天才、趣味和判斷力。」[063]

其次，最難表現人物的情態，但較為動人的作品是戲劇。一般的作家只是個旁觀者，是用自己的反省、冷漠的描寫和華麗的雄辯來娛樂讀者；一般的演員也只是像一個路人一樣表述人物的語言，這樣演出的戲劇只能叫做描寫的悲劇（descriptive tragedy）。在戲劇中，「情態應該顯得是情感的合法子孫，而敘述的情態則與此相反，只是情感的私生子」。凱姆斯說莎士比亞的人物雖然並不完美，但的確展現了自然的情態，而法國作家們的作品就是一種典型敘述的情感，到處都是千篇一律的誇張雄辯，但沒有一處自然流露的情態。在《李爾王》當中，李爾王在女人們面前表達被背叛時的愛恨糾結，劇中沒有誇張激烈的雄辯，只有失望落寞時的欲言又止，而在高乃依的《西拿》中，當艾米莉亞的陰謀被髮現後，奧古斯都卻赦免了她與其情人，這本是艾米莉亞表達其驚喜與感激的最佳情景，在凱姆斯看來，這種情態本應以激烈的動作加以表現，但高乃依卻使艾米莉亞像一個旁觀者一樣敘述自己的處境。

062　Lord Kames, Elements of Criticism, Vol. 1. London, 1765：357.
063　同上，第 358 頁。

要準確地表現情態，凱姆斯總結出藝術中表現情態應遵循的幾條法則：第一，「情感很少會一致地延續很長時間，它們通常是起伏不定的，高漲與平息相互急速交替，除非情態符合這種起伏的規律，否則它們就不是正確的」[064]。第二，「情感的不同階段及其不同方向，從生到滅，必須仔細地根據它們的順序來表現：因為將這個順序錯亂，情態就顯得是牽強而不自然的。

例如，怨恨，當被一種惡意的傷害而激起時，就要向傷害者發泄：因而復仇的情態首先出現，並且在被傷害的人為自己感到哀痛時，必定要在某種程度上耗盡」[065]。第三，「有時一個人同時被幾種不同的情感所激動，在這種情況下，心靈就像鐘擺一樣搖擺」。第四，「自然賦予我們情感，當情感適度時是極為有益的。無疑，自然有意使情感服從於理性和良知的統治，因而情感與理性和良知相對立而占據主動的情形是違反自然規律的。心靈的這種狀態是一種無序，人人都以此為恥，極力要隱藏和掩飾之」[066]。

這些法則以及其他觀點無疑突破了古典主義的藩籬，而且有諸多發人深省之處。例如，作家只有隱藏自己才能更深切地體會到作品中人物的情態，最有效地表達情態的方法並非一味地雄辯，而是沉默或自然的流露。這些法則並不規定藝術的形式，一切都以再現真實的情感運動為目的，這自然暗示了古典主義的終結和浪漫主義的萌動。

論藝術的形式

凱姆斯用《批評原理》的第二捲來討論藝術的問題。西伯爾說：「儘管熱衷於藝術中的批評話題並確立法則，但凱姆斯更關心『原理』而非『批評』。藝術透過在人心中激起適意的感受而給人娛樂，因而批評問題總是由

064　同上，第 364 頁。
065　Lord Kames, Elements of Criticism, Vol. 1. London, 1765： 365.
066　同上，第 369 頁。

心理學、美學得到闡明和解決的。」[067] 凱姆斯關於藝術的看法都建立在他先前情感理論的基礎上。

　　凱姆斯對藝術進行了簡單的分類描述。他認為，在所有美的藝術中，只有繪畫和雕塑在本質上是模仿。聲音和動作在某種程度上也能透過音樂被模仿，但是就音樂本身而言，與建築一樣是原始的創造。但是，語言是個更複雜的問題。「語言像音樂或建築一樣不是從自然那裡模仿，除非是在模仿聲音或動作的地方，像音樂那樣。因此，在描寫獨特的聲音時，語言有時具備這樣一些詞語，即它們除了具有激發觀念的習慣力量之外，還因其柔和或刺耳等特徵而與被描寫的聲音相似，而且有些詞語因其發音的迅捷或遲緩而與它們所表示的動作相似。語言的模仿力量還能更進一步：有些詞語的高亢適於成為高尚觀念的恰當符號，粗鄙的對象則被聲音刺耳的詞語來模仿，多音節的詞語發音平緩適於表現悲痛和憂傷。詞語對心靈具有一種特別的效果，是從其意義和模仿力量那裡提煉出來的，它們因其聲調的圓潤、甜美、模糊或粗澀而對耳朵來說是較適意或不適意的。」[068] 我們可以這樣總結，語言兼具模仿和表現兩種力量。然而，除此之外，凱姆斯還指出，語言還有一種更優越的美，即表達思想的美。這種美與思想本身的美是可以分開的，因為即使是本身並不美的對象也可以用優美的語言來表達，甚至掩蓋了對象本身的不適意。因此，凱姆斯總結了語言的四種美：來自聲音的美、語言意義方面的美、來自聲音和意義相似的美、格律美。然而，從整體上看，語言的形式或語音本身可以是美的，但前提是它們能符合意義的美。這並不代表凱姆斯認為形式完全服從於意義，意義本身不是抽象的觀念，而總是帶有情感色彩，所以完整的意義是由語言各層次的要素構成一個和諧的整體而得到表達。

067　Walter John Hipple, The Beautiful, the Sublime, and the Picturesque in Eighteenth-Century British Aesthetics Theory, Carbondale：The Southern Illinois University Press, 1957：100.
068　Lord Kames, Elements of Criticism, Vol. 2. London, 1765：3－4.

凱姆斯

　　語言的聲音美包括字母、音節、詞語、語句和話語等各個層次。值得關注的有兩點：一是聲音從簡單到復合總是讓人感到更多的快適，尤其是在強調和長度上遞增的組合最能表現語言的聲音美。二是，單一聲音的平滑和粗澀本身無所謂適意和不適意，只有在一種語言系統中才能顯出來，但是凱姆斯有一個觀點很有新意，即相比之下粗澀的發音要比平滑的發音更有意義。「一種連當地人說起來都困難的語言，必定會接受一種較平滑的語言，但假設有兩種語言，其當地人說起來都很順暢，依我看來，較粗澀的語言應該更受歡迎，即使它還保留著一些更為圓潤的聲音，這很明顯與清晰聲音對心靈的不同效果有關。一種平滑的聲音因為能使心靈鎮定並使其平靜下來因而是適意的；相反，一種粗澀突兀的聲音卻激勵心靈：在發音時被感覺到的努力會傳遞給聽者，聽者在自己心靈中也感到一種相似的努力，引起他們的注意，並促使他們行動。」[069] 所以，在語言中要充分利用對比的法則，因為聲音的變化比一致更容易對心靈產生影響。

　　所謂語言意義方面的美是就語言是傳達觀念的工具而言的，這種美清晰而明確。它可被分為兩種：「第一，是來自正確選擇詞語或素材來構造語句的美，其次是來自對詞語和素材適當組織的美。」[070] 簡言之，前者指的是用詞的恰當和正確，後者是句法的適當組織，兩者的缺失都會造成模糊含混。不過，凱姆斯更加詳細地論述了後者。最終來說，完美的表達就是在詞語、句法與觀念、思想之間形成相互對應的和諧關係，也就是用詞語和句法來表達思想中的觀念聯結和分離、相似和對立、一致和多樣等關係，賦予思想以語言上美的秩序。

　　聲音與意義的相似與上一個主題有一定的聯繫，這種相似關係有助於表達的清晰，但是如果意義的美偏重於詞語的選擇和句式的組織的話，突出了

069　同上，第 10 頁。
070　同上，第 14 頁。

語言結構對意義的塑造作用，聲音與意義相似的美則更強調語音本身的審美效果對於意義的助益，它更依賴於人心靈的感受能力或直覺能力。

聲音與意義的相似有時是自然的，這主要是指人造的象聲詞如非人造的自然聲音的模仿，如形容樹木倒下的詞語，「cracking」「crashing」等。但是，這種相似更多時候不是自然的，因為從實質上說，聲音與動作、情態等並不存在任何相似關係。這時，聲音對於動作和情態等對象的相似是透過人為的發音方式實現的：「同一段文字可以用不同的語調講出，高揚或低微、甜美或艱澀、輕快或憂鬱，以能和思想或情態相一致。」[071] 但是，「這種一致必須與聲音和感覺的一致區別開來，後者是不憑藉人為的發音方式的表達來被知覺到的，它們是詩人的作品，前者則必須歸因於讀者」[072]。所以，從根本上說，人為的發音方式是一種欺騙，然而宏偉、甜美和憂鬱等性質或思想必然會被表達出來並被轉化為詞語，而詞語本身就是一種聲音，因而在聲音和其他感覺、動作以及內心思想給人的印象之間也能建立起一種相似關係，這種相似不是自然的模仿關係被知覺到的，而是因為它們分別在人心中造成的情緒存在某種相似關係。同樣，詞語組合而成的語句的連續發音給人的印象也與其表達的意義給人的印象之間存在一致性，這是因為連續的發音是一種運動，其表達的意義和思想也是一種運動，這兩種運動給人的感覺能建立起一種一致關係，而且這些運動及其相似關係更為複雜，也更令人快樂。細心的讀者可以發現，凱姆斯這裡所根據的原則與他在論述情感與其原因之間的對應關係時所運用的感應原則是一脈相承的。

凱姆斯試圖把聲音與意義的相似關係與他所描述的情感運動的規律廣泛聯繫起來，以凸顯這種相似關係所造成的強烈的審美效果。因為語言的聲音與其表達的對象之間本身存在巨大差異，但出人意料的是，它們在心靈中造

071　Lord Kames, Elements of Criticism, Vol. 2. London, 1765：68.
072　同上。

成的感受或情緒卻又存在驚人的相似，這種差異和相似之間的對比關係因此產生了驚異的效果，所以重又增強了聲音與其表達的對象之間的相似給人的快感。

從某種程度上說，格律美在凱姆斯那裡是對以上三種美的綜合。聲音、意義及兩者的一致在實踐中逐漸被總結出來，形成了一定的法則，這些法則也就是格律。只不過，格律是由連續的聲音構成的，而不是停留在單個字母、詞語的層面上，而且形成法則的格律具有了音樂一般的韻律。作為一種法則，韻律是對聲音的長短、高低和快慢富有秩序的組織，服從一致與多樣相結合的基本規律。雖然格律有多種樣式，並在各個時代和民族中有不同表現，但凱姆斯總結了格律的五個基本要素：一是構成格律詩行的音節的數目，二是音節的不同長度，三是結合在詞語中的音節的排列，四是發音的暫停或停頓，五是音節在音調上的高低輕重。在這五個要素中，前三個是本質性的，否則就無法與散文區分開來。發音的停頓是為了分割語句及語句中的成分，增強格律的韻律以及為閱讀時換氣提供機會。音調的高低輕重也是為了突出韻律，因為它加強了閱讀時的節奏感。

在這些原理的指導下，凱姆斯分析了各種修辭，如比較、比喻、隱喻和寓言等。有情感理論作為根據，凱姆斯的解釋也總是能帶來很多新意。例如，他對擬人的解釋，擬人即「賦予無生命的事物以意識和自己的運動」，從而給人一種錯覺。凱姆斯認為這種修辭的根源是心靈的一種自然傾向，「心靈被某種情感激動時，傾向於賦予無生命的事物以意識。這是情感對我們的觀念和信念影響的一種獨特事例」[073]。在凱姆斯那裡，擬人有兩種類型，即動情的擬人（passionate personification）和描寫的擬人（descriptive personification）。前一種是詩中人物表達情感的一種手段，

---

073 Lord Kames, Elements of Criticism, Vol. 2. London, 1765：181.

即把無生命的事物當作傾訴的對象。有些情感，如哀傷、恐懼和喜悅等，是人們急切地想要宣洩出來的。通常情況下，獨白就能使其滿足，一旦這些情感變得過分強烈時，就只能透過他人的同情而得到滿足，但是如果他們拒絕他人同情這種自然的安慰方式，便傾向於轉向無生命的事物，將這些事物看作是富有同情心的存在。[074] 描寫的擬人是指詩歌的作者把一個無生命的對象賦予一種能動的力量，但並不確信這個對象就是真正有生命的，所以這種擬人只是臨時把一個對象賦予不完整的意識或自覺的行動。

這種擬人可被看作是明喻的一種。例如，《哈姆雷特》中的詩句：「看哪，黎明身披赤褐色的鬥篷，在那東方高山上的露水上漫步。」[075] 凱姆斯認為，後一種擬人是不完整的，因為被描寫的對象並沒有人一般的靈性，這種擬人只是想像的結果，而前一種擬人則真正把無生命的事物當作了富有情感和意識的人，言說者對此深信不疑，雖然有時只是暫時的深信。同時，從另一個角度說，動情的擬人適於表達強烈的情感，而描寫的擬人則適於表達緩和的情緒。

在對各門藝術的評述中，凱姆斯對園藝的看法值得一提。

從對心靈的情緒或感受影響的強度和廣度來說，各門藝術可以分為幾個級別。首先是詩歌，它能夠激發人性中幾乎所有的情緒。繪畫要次之，因為它只能透過視覺來激發人的情緒，尤其擅長表達痛苦的情感，因為痛苦的情感是透過外在符號表達出來的。園藝除了透過規則、秩序、比例、色彩和效用來產生美的情緒之外，還可以激起宏偉、歡快、狂樂和憂鬱的情緒，甚至是粗獷和驚奇的情緒。最後是建築，它有規則、秩序、比例產生的美，但在色彩上有欠缺。不過，建築在效用上最有優勢。[076]

074　同上，第 182 頁。
075　Lord Kames, Elements of Criticism, Vol. 2. London, 1765：186.
076　同上，第 339 頁。

相比較起來，園藝有一個優勢，它可以有各式各樣的景觀，連續地引發不同的情緒，只要它具有足夠大的面積；較小的園藝，如果讓人能一眼盡收，那就最好營造一種印象，或豔麗，或嬌美，或朦朧，但絕不要試圖將這些印象混雜在一起。建築也同樣如此，即使它能夠被營造得很宏偉，但也不要試圖創造多種表現力。建築很難得到長足的發展，一方面，是由於材料的缺乏；另一方面，是各種裝飾樣式不夠豐富。

　　因而，對於園藝和建築來說，最主要的原則就是簡樸，繁複的裝飾只能讓人眼花繚亂，無法形成一個整體印象。只有低俗的藝術家才會堆砌各種瑣碎的裝飾，就好像一個缺乏趣味的女人要在衣著的每一處都填滿飾物。華麗裝飾的另一個惡果是讓對象變得更加矮小猥瑣。就園藝本身來說，其原則有以下幾條：第一，一個園藝最簡單的設計就是需要各種自然對象：樹木、小徑、花壇、溪水等的點綴；第二，更複雜的設計有建築物和雕塑，但自然事物和藝術作品要相互裝飾；第三，最完美的設計是要把各種東西都聚集在一起，不僅要產生美的情緒，還要產生宏偉、豔麗等情緒，這些東西要合理配置，或者是拼接，或者是接續，要視具體情況而定。例如，豔麗和朦朧的相互接續能給人以最大的快樂（因為對比的效果），但如果把它們拼接在一起則是令人不快的混雜，具有類似特點的對象如果拼接在一起卻會有更好的效果。[077]

　　與住所相毗鄰的園藝一定要規則，也就是要與作為中心的建築的特點相一致，而在遠離這箇中心的地方則需要更散漫的設計，如果有更大的面積，就會形成宏偉的效果，但小巧的園藝只好符合嚴格的規則。廣袤的田野最好用樹木分割成一眼能全覽的板塊，將這些板塊設計成儘可能多樣的風格，這樣會使美的景觀成倍增加。[078] 園藝不是一門創造性的藝術，而是對自然的模仿，或者本身就是被修飾過的自然。凡是不自然的東西都應該被摒棄，

077　Lord Kames, Elements of Criticism, Vol. 2. London, 1765：343.
078　同上，第 347 頁。

如裁成動物狀的灌木、吐水的野獸。在園藝設計中，一切瑣碎的東西都應該避免，所以不要把小徑和樹籬造成迷宮。[079] 凡爾賽的園林在這方面犯了很多錯誤，它們的設計者試圖去除任何自然的東西，認為自然的東西對於一個偉大的君王來說太過粗俗，但這些東西與阿拉伯的故事一樣不過是國王的娛樂。[080] 從這些言論中不難看出，凱姆斯倡導的是一種質樸莊重的審美趣味。

趣味的標準

最後，凱姆斯來到了 18 世紀英國美學中一個聚訟紛紜的話題：趣味的標準。相比於休謨的《 趣味的標準 》，凱姆斯的思考要複雜得多。

凱姆斯首先確定，就「 趣味 」這個詞的本義來說，人們確實沒有必要指責相互不同的傾向，甚至在其他外在感官方面也是如此，即使有人偏愛腐屍勝過香花，偏愛噪聲勝過妙樂，人們也無須驚詫。即使將這個論斷擴及其比喻義上面，人們也很難加以反駁，有人喜愛布萊克默勝過荷馬，喜愛自私勝過仁慈，因為只有他自己才能知道什麼東西對他自己來說適意或不適意，其他人很難將意見強加給他。這個推斷雖然有一定的道理，但也難以令人完全信服。

慣於進行二分法的凱姆斯想到，具體情況應該具體對待。「 趣味無爭辯 」這句諺語在有些時候無疑是正確的，因為人們很多時候並不是刻意地喜愛或不喜愛某些東西。如果有哲學家要為人類的快感劃定個界限，他也不會事無巨細，而是把源自不同對象的快感進行分級，而且人們也只能知覺到一些較為粗略的分類，許多不同的快樂同樣令人喜愛。何況個別人的偏好並不源於趣味，而是出於習慣、模仿或怪癖。在凱姆斯看來，他自然無意於精細的分類，為的是讓每一個領域都充滿許多快樂，「 每一個人都可以對自己

079　同上，第 348 頁。
080　同上，第 349 頁。

那一份快樂感到滿意,而不去嫉妒他人的快樂」[081]。如果某一種趣味過於精緻,那就會讓多數人蜂擁而至,其他領域則無人問津。「在我們現在的處境中,很幸運多數人對他們的選擇都不很挑剔,而是很容易就適應了命運交給他們的職業、快樂、事物和群體。即便其中有些令人不快的情形,習慣也很快使其變得舒適。」[082] 這樣看來,趣味的標準關乎社會交往法則和秩序。

然而,總有一些趣味是出自人的共同本性的,這個時候人們自然會談論好的趣味和壞的趣味、正確的趣味和錯誤的趣味,人們常常會批評某些作家或畫家的作品是好是壞。如果這些做法並不違背常識,也不是毫無意義的,那麼趣味的好壞必然在人性中有其基礎。凱姆斯相信:「如果我們能探明這個基礎,趣味的標準也就不再是個祕密了。」[083] 言下之意,符合人類共同本性的趣味是好的,相反則是壞的。

縱然存在文化和習俗上的差異,凱姆斯相信,人類的本性仍然是永恆的、普遍的,無論在道德方面還是美的藝術方面均是如此。當人們在某些重要事情上的觀點遭到反對的時候,他總是感到不快,因為他以為自己的觀點是符合共同標準的,對持有異議的人感到憤慨。當然,如果只是細枝末節、無關緊要的事情,人們便不會如此斤斤計較。

在趣味問題上,哪些事情才是重要的呢?「有無數人耽於賭博、吃喝等粗俗的娛樂,覺得美的藝術帶來的更雅緻的快樂毫無意思,但是與所有人類都說著相同語言的這些人,也宣稱自己喜愛更雅緻的快樂,始終贊同那些有著更高雅趣味的人,為他們自己那些低下鄙俗的趣味感到羞恥。」[084] 可以看出,無論是什麼樣的人,都能感覺到人性的尊嚴,視其為最高權威,即使他自己有著特殊偏好。

---

081 Lord Kames, Elements of Criticism, Vol. 2. London, 1765:383.
082 同上。
083 同上。
084 同上,第386—387頁。

因我們對於共同標準的確信而產生的趣味和情操上的一致性，引出了兩個重要的終極根源，一個與責任有關，另一個與消遣有關。在道德上，我們的行動毫無例外地都應該指向善而抵制惡，這是人類社會的最大幸福，為了達到行為上的一致，意見和情操上的一致就不可或缺。

在通常的消遣上，尤其是美的藝術，一致性的根源也是顯而易見的。正因為有這樣的根源，才能產生了豪華精緻的建築、優美的花園和無處不在的裝飾，它們都普遍地給人快樂。如果沒有趣味上的一致性，這些東西就不會得到任何榮譽上和利益上的回報。「自然在每一個地方都始終如一，我們由自然造就，因而對美的藝術有著高雅的品位，這美的藝術是幸福的偉大源泉，並對美德也大有助益。同時，我們生而有一致的趣味，以為那高雅的品位提供恰當的對象，若非這樣的一致性，美的藝術就從不會綻放光彩。」[085]

這也引出了另一個最終根源。人類因出身、職位或職業而被分成不同的階層，這種情形無論多麼必要，都導致了相同地位的人之間產生隔閡，這個後果卻因為所有階層的人都能接近公共景觀和娛樂而在一定程度上有所緩解。這樣的集會對支撐社會性感情來說至關重要。所以，為了這種社會性感情，自然而然地就會形成趣味的標準，任何個體都會毫不遲疑地予以贊同。這個標準確定了什麼行為是正確或錯誤的、適當或不適當的。同樣地，美醜的標準也因此而形成，以讓人們贊同好的趣味，譴責偏離普遍標準的趣味。

然而，歷史告訴人們，沒有比美的藝術的趣味更為多變的東西了，一如道德趣味。不過凱姆斯巧妙地化解了這個難題。變化和差異並不能說明道德和藝術方面的所有趣味都是同樣正確和高雅的，它們只能說明趣味是不斷進化的：最初的人類沒有結成緊密的社會關係，因而是野蠻殘忍的，但社會逐漸形成了嚴謹的秩序，人類也具備了理性，趣味變得精緻起來。「要確定道

085　Lord Kames, Elements of Criticism, Vol. 2. London, 1765：387—388.

德的法則，我們不會求助於野蠻人的共同感，而是更加完善的人的共同感；在形成統治美的藝術法則的時候，我們也有同樣的訴求：在這兩方面，我們都不是問心無愧地依賴於地方性和暫時性的趣味，而是依賴於高雅民族的最普遍和最持久的趣味。」[086]

當然，藝術趣味的正確和錯誤並不像道德趣味那樣鮮明，因為後者的對象是行為，是非常明確的，而藝術趣味的對象卻不是這樣。再者，道德趣味作為行為的法則和法律，因為要讓人們來遵守，所以必須要明晰、確切，而道德趣味僅供娛樂，如果過於強烈鮮明，反倒容易讓人們忽視更重要的事情，而且也消除了好壞趣味的差異，這等於阻止人們相互競爭，也就阻止了藝術的發展。

這樣一來，道德趣味在所有人那裡都是一樣的，但更精緻的藝術趣味卻只屬於少數人。那些以苦力為生的人完全不需要美的藝術所需要的趣味，也有很多人沉溺於感官享受，沒有資格談論趣味。所以，藝術趣味的標準雖植根於普遍人性，但只有在少數人身上得到體現。對整個人性以及藝術和道德方面的趣味危害最大的便是感官淫樂，因為在時間推移過程中，淫樂必定會泯滅所有的同情性，導致野獸般的自私，讓人成為行屍走肉，反之藝術上的趣味卻需要教育、反省和經驗，這些東西只有在有規律的生活中活力才能得到保持，並保持人的自然本性。

---

086 同上，第 389 頁。

參考文獻

[1] Shaftesbury，Anthony Ashley Cooper，the third earl，Characteristics of Men，Manners，Opinions，Times，ed. Klein. Lawrence E.，Cambridge University Press，1999.

[2] Francis Hutcheson，An Essay on the Nature and Conduct of the Passion and Affections，with Illustrations on the Moral Sense，ed.，Garrett，Aaron，Indianapolis：Liberty Fund，Inc.，2002.

[3] Francis Hutcheson，An Inquiry into the Original of Our Ideas of Beauty and Virtue in Two Treatises，Indianapolis：Liberty Fund，Inc.，2004.

[4] David Hume，Of The Standard of Taste and Other Essays，ed.，John W. Lenz，Indianapolis; New York：The Bobbs Merrill Company，Inc.

[5] Joseph Addison，The Works of Joseph Addison，London：George Bell and Sons，1902.

[6] William Hogarth，The Analysis of Beauty，ed. Ronald Paulson，New York; London：Yale University Press，1997.

[7] Edmund Burke，A Philosophical Enquiry into the Origin of our Ideas of the Sublime and Beautiful，ed. Boulton，London：Routledge & Kegan Paul Limited，1956.

[8] Alexander Gerard，An Essay on Taste，London，1759.

[9] Lord Kames，Elements of Criticism，London，1765.

[10] Hugh Blair，A Bridgment of Lectures on Rehtoric，Carlisle，1808.

[11] Archibald Allison，Essays on the Nature and Principles of Taste，Edinburgh，1811.

[12] William Gilpin，Three Essays：on Picturesque Beauty; on Picturesque Travel; and On Sketching Landscape：to Which is Added a Poem，On Landscape Painting，London，1794.

[13] Uvedale Price，On the Picturesque，As Compared with the Sublime and the Beautiful; And on the Use of Studying Pictures，For the Purpose of Improving Real Landscape，London，1796.

[14] Paul S.Ardal，Passion and Value in Hume』s Treatise，2nd ed.，Edinburgh：Edinburgh University Press，1996.

[15] Walter Jackson Bate，From Classic to Romantic：Premises of Taste in Eighteenth-Century England，Cambridge：Harvard University Press，

1946.

[16] Aun Bermingham; John Brewer，ed.，The Consumption of Culture 1600-1800：Image，Object，Text，London and New York，1995.

[17] Edward A.Bloom，Lillian D.Bloom，ed，Joseph Addison and Richard Steele：The Critical Heritage，London and New York：Routledge，1980.

[18] Giancarlo Carabelli，On Hume and Eighteenth-Century Aesthetics：The Philosopher on a Swing，trans，Hall，Joan Krakover，New York：Peter Lang Publishing，Inc.，1995.

[19] John Cannon，Aristocratic Century：The Peerage of Eighteenth-Century England，Cambridge：Cambridge University press，1984.

[20] Terry Eagleton，The Ideology of the Aesthetic，Oxford，Basil Blackwell Ltd.，1990.

[21] Ekber Fass，The Genealogy of Aesthetics，Cambridge University Press，2002.

[22] Peter Kivy，The Seventh Sense：A Study of Francis Hutcheson』s Aesthetics and Its Influence in Eighteenth-Century Britain，New York：Burt Franklin & Co.，Inc.，1976.

[23] James Van Horn Melton，The Rise of the Public in Enlightenment Europe，Cambridge University Press，2001.

[24] Adela Pinch，Strange Fits of Passion：Epistemologies of Emotion，Hume to Austen，Stanford：Stanford University Press，1996.

[25] Claudia M.Schmidt，David Hume：Reason in History，Pennsylvania：Pennsylvania University Press，2003.

[26] William Robert Scott，Francis Hutcheson：His Life，Teaching and Position in the History of Philosophy，Bristol：Thoemmes Press，1992.

[27] David Summers，The Judgment of Sense：Renaissance Naturalism and the Rise of Aesthetics，Cambridge University Press，1987.

[28] Wladyslaw Tatarkiewicz，A History of Six Ideas：An Essay in Aesthetics，Hingham：Kluwer Boston，Inc.，1980.

[29] Wladyslaw Tatarkiewicz，History of Aesthetics，ed.，Harrell，J.，Bristol：Thoemmes Press，1999.

[30] Dabney Townsend，Hume』s Aesthetic Theory：Taste and Sentiment，London and New York：Routledge，2001.

[31] Charles Whitney，Francis Bacon and Modernity，New Haven and London：Yale University Press，1986.

[32] William B.Willcox; Walter L. Arnstein，The Age of Aristocracy：1688-1830，5th ed.，Lexington; Toronto：D. C. Heath and Company，1988.

[33] David，Zaret，Origins of Democratic Culture：Printing，Petitions，and the Public Sphere in Early-Modern England，Princeton：Princeton University Press，2000.

[34] 奧夫相尼科夫：《美學思想史》，吳安迪譯，西安：陝西人民出版社，1986年。

[35] 鮑桑葵：《美學史》，張今譯，桂林：廣西師範大學出版社，2001年。

[36] 伯克：《崇高與美：伯克美學論文選》，李善慶譯，上海：新知‧讀書‧生活三聯書店，1990年。

[37] 伯納德‧曼德維爾：《蜜蜂的寓言：私人的惡德，公眾的利益》，肖聿譯，北京：中國社會科學出版社，2002年。

[38] 柴惠庭：《英國清教》，上海：上海社會科學院出版社，1994年。

[39] 笛福：《笛福文選》，徐式谷譯，北京：商務印書館，1960年。

[40] 哈貝馬斯，《公共領域的結構轉型》，曹衛東等譯，上海：學林出版社，1999年。

[41] 黑格爾：《美學》，朱光潛譯，北京：商務印書館，1979年。

[42] 霍布斯：《利維坦》，黎思復、黎廷弼譯，北京：商務印書館，1985年。

[43] 馬克斯‧韋伯：《新教倫理與資本主義精神》，於曉、陳維綱等譯，北京：生活‧讀書‧新知三聯書店，1987年。

[44] 吉爾伯特、庫恩：《美學史》，夏乾豐譯，上海：上海譯文出版社，1989年。

[45] 加達默爾：《真理與方法．哲學詮釋學的基本特徵》，洪漢鼎譯，上海：上海譯文出版社，1994年。

[46] 蔣孔陽、朱立元主編：《西方美學通史》，上海：上海文藝出版社，1999年。

[47] 舍斯塔科夫：《美學史綱》，樊莘森譯，上海：上海譯文出版社，1986年。

[48] 卡西勒：《啟蒙哲學》，顧偉銘等譯，濟南：山東人民出版社，1988年。

[49] 康德：《判斷力批判》，鄧曉芒譯，北京：人民出版社，2002年。

[50] 克羅齊：《美學的歷史》，王天清譯，北京：中國社會科學出版社，1984年。

[51] 昆廷‧斯金納：《霍布斯哲學思想中的理性和修辭》，王加豐、鄭崧譯，上海：華東師範大學出版社，2005年。

[52] 萊辛：《拉奧孔》，朱光潛譯，北京：人民文學出版社，1979年。

[53] 洛克：《教育片論》，熊春文譯，上海：上海人民出版社，2005年。

[54] 洛克：《人類理解論》（上下冊），關文運譯，北京：商務印書館，1983年。

[55] 繆靈珠：《繆靈珠美學譯文集》（第二卷），章安祺編訂，北京：中國人民大學出版社，1987年。

[56] 默頓：《17世紀英格蘭的科學、技術與社會》，範岱年等譯，北京：商務印書館，2000年。

[57] 培根：《新工具》，許寶騤譯，北京：商務印書館，1984 年。

[58] 錢乘旦、陳曉律：《英國文化模式溯源》，上海：上海社會科學院出版社，成都：四川人民出版社，2003 年。

[59] 桑德斯：《牛津簡明英圖文學史》，高萬隆等譯，北京：人民文學出版社，2000 年。

[60] 舒曉昀：《分化與整合：1688—1783 年英國社會結構分析》，南京：南京大學出版社，2003 年。

[61] 索利：《英國哲學史》，段德智譯，濟南：山東人民出版社，1992 年。

[62] 塔科維茲：《古代美學》，北京：中國社會科學出版社，1990 年。

[63] 塔爾凱維奇：《西方六大美學觀念史》，劉文潭譯，上海：上海譯文出版社，2006 年。

[64] 梯利：《西方哲學史》，葛力譯，北京：商務印書館，1995 年。

[65] 瓦特：《小說的興起：笛福、理查遜、菲爾丁研究》，高原、董紅鈞譯，北京：生活‧讀書‧新知三聯書店，1992 年。

[66] 王覺非主編：《近代英國史》，南京：南京大學出版社，1997 年。

[67] 維柯：《新科學》，朱光潛譯，北京：商務印書館，1989 年。

[68] 休謨：《人性論》，關文運譯，北京：商務印書館，1980 年。

[69] 休謨：《自然宗教對話錄》，陳休齋、曹棉之譯，北京：商務印書館，1962 年。

[70] 亞當‧斯密：《道德情操論》，蔣自強、欽北愚、朱鐘棣、沈凱璋譯，北京：商務印書館，1997 年。

[71] 閻照樣：《英國近代貴族體制研究》，北京：人民出版社，2006 年。

[72] 英加登：《對文學的藝術作品的認識》，陳燕谷、曉未譯，北京：中國文聯出版公司，1988 年。

[73] 詹姆斯‧塔利：《語境中的洛克》，梅雪芹、石楠、張煒譯，上海：華東師範大學出版社，2005 年。

[74] 章輝：《經驗的限度：英國經驗主義美學研究》，北京：中國社會科學出版社，2005 年。

[75] 朱光潛：《西方美學史》，北京：人民文學出版社，1963 年。

[76] 朱立元主編：《西方美學範疇史》，太原：山西教育出版社，2006 年。

[77] 朱立元主編：《現代西方美學史》，上海：上海文藝出版社，1993 年。

十八世紀前半葉英國美學史：

美學起源 × 各派名家 × 詳盡析論，從文藝復興的遺緒到美的確立，研究西方美學必讀之作

作　　者：董志剛

編　　輯：朱桓嫿

發 行 人：黃振庭

出 版 者：崧燁文化事業有限公司

發 行 者：崧燁文化事業有限公司

E - m a i l：sonbookservice@gmail.com

粉 絲 頁：https://www.facebook.com/sonbookss/

網　　址：https://sonbook.net/

地　　址：台北市中正區重慶南路一段六十一號八樓
815 室

Rm. 815, 8F., No.61, Sec. 1, Chongqing S. Rd.,
Zhongzheng Dist., Taipei City 100, Taiwan

電　　話：(02)2370-3310

傳　　真：(02) 2388-1990

印　　刷：京峯彩色印刷有限公司

律師顧問：

國家圖書館出版品預行編目資料

十八世紀前半葉英國美學史：美學
起源 × 各派名家 × 詳盡析論，從
文藝復興的遺緒到美的確立，研究
西方美學必讀之作 / 董志剛著 . --
第一版 . -- 臺北市：崧燁文化事業
有限公司 , 2022.06

　面；　公分

POD 版

ISBN 978-626-332-441-1（ 平裝)

1.CST: 美學史 2.CST: 西洋美學
3.CST: 十八世紀 4.CST: 英國

180.941　　　111008560

331

電子書購買

臉書